사랑에 관한 신학적 윤리적 탐구

사랑의 윤리

사랑에 관한 신학적 윤리적 탐구

사랑의 윤리

초판 1쇄 인쇄 | 2020년 7월 23일
초판 1쇄 발행 | 2020년 7월 30일

지은이 이창호
펴낸이 임성빈
펴낸곳 장로회신학대학교 출판부

등록 제1979-2호
주소 04965 서울시 광진구 광장로5길 25-1(광장동 353)
전화 02-450-0795
팩스 02-450-0797
이메일 ptpress@puts.ac.kr
홈페이지 http://www.puts.ac.kr

값 17,000원
ISBN 978-89-7369-460-0 93230

＊이 도서의 국립중앙도서관 출판예정도서목록(CIP)은
 서지정보유통지원시스템 홈페이지(http://seoji.nl.go.kr)와
 국가자료공동목록시스템(http://www.nl.go.kr/kolisnet)에서
 이용하실 수 있습니다. (CIP제어번호 : CIP2020027374)

사랑에 관한 신학적 윤리적 탐구

사랑의 윤리

이창호 지음

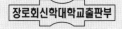
장로회신학대학교출판부

사랑하는 아내 은영에게

머리말

　　예수 그리스도는 온 성경을 관통하여 하나님이 주시는 뜻을 '사랑'으로 집약하여 가르치신다. 하나님 사랑과 이웃 사랑, 이른바 사랑의 이중 계명이 '온 율법과 선지자' 곧 성경 전체를 통해 하나님이 주시는 규범적 가르침들의 강령^{본뜻}인 것이다. 사랑이 뜻이다. 윤리학적 개념으로 사랑이 기독교인들이 삶과 실천의 가장 중요한 기준으로 받아들여야 할 핵심적인 규범이 되는 것이다. 기독교인들은 하나님의 의도를 존중하여 전 삶의 영역에서 근본적인 규범으로서의 사랑을 구현하기 위해 힘쓰는 것이 마땅한 것이다. 성경에 선명하게 드러난 예수 그리스도의 신학적 윤리적 가르침에 본질적으로 근거하면서, 가톨릭과 개신교 신앙 전통의 가장 중요한 토대가 되는 고대교회의 신학자 어거스틴 이래로 기독교 신학과 윤리의 역사는 기독교인의 윤리적 삶을 규율하고 안내하는 가장 중요한 규범은 사랑이며 기독교인들은 삶의 모든 영역에서 '사랑'을 따라 행동하고 또 살아야 한다는 넓은 공감대를 형성해 왔다. 사랑은 신자들의 교회내적 삶뿐 아니라 교회 밖 영역 곧 정치사회 공동체와 생태 공동체를 포함하는 모든 삶의 영역에서 그들의 도덕적 판단과 선택 그리고 행동을 규율하는 규범으로서 작용해야 한다는 인식인 것이다.

기독교 신학과 윤리의 역사가 공유해 온 사랑의 규범적 위치와 의미에 대한 기본적 인식을 소중히 여기면서, 본 저작에서 필자는 사랑에 대해 신학적으로 또 윤리적으로 탐구하고자 한다. 이를 위해 필자가 하고자 하는 바는 크게 두 가지이다. 먼저 사랑의 규범적 본질에 관한 일반적인 고찰을 수행할 것이다. 곧 사랑에 대한 기독교의 신학적 윤리적 논의를 총체적으로 살피는 것이다. 인간 사랑의 모범으로서의 하나님 사랑, 하나님 사랑과 인간 사랑의 관계성, 규범으로서 사랑에 대한 기독교의 기본적 이해, 기독교 '사랑'론의 패러다임적 접근들, 자기사랑의 문제 등을 주된 논점으로 삼을 것이다. 이러한 총론적 탐구를 통해 사랑에 대한 충분하고 정확한 규범적 이해에 이르게 될 것이다. 하나님 사랑에서 우리는 모든 인간을 대상으로 삼아 그 어떤 차별 없이 사랑하는 타자지향적인 순전한 자기희생을 체험하고 배우면서 그러한 신적 사랑을 인간 사랑의 규범적 모범으로 삼지만, 동시에 삼위일체 하나님의 온전한 '사귐'에서 인간 사랑이 지향해야 할 궁극적 목적을 찾는다. 이 궁극적 목적은 순수한 이타적 사랑의 행위자들이 상호적 사랑으로 형성하는 친밀한 사귐과 공동체이다. 참된 사랑을 통한 온전한 사귐과 공동체적 관계 형성은 하나님과 인간 사이에 그리고 자아와 타자 사이에만 이루어지는 것이 아니라 자기 자신에 대한 관계에도 해당된다는 점이 사랑에 대한 규범적 고찰을 통해 드러날 것이다. 기독교 사랑은 하나님 사랑의 넓이에 상응하여 그 대상 범위에 있어서 보편적이기에 모든 인간 존재를 포괄하며 그 보편적 범위 안에는 당연히 자아도 포함된다. 그러므로 자기 자신에 대한 적절한 사랑은 정당한 도덕적 명령으로 존중되어야 할 것이다.

또한 사랑의 윤리 담론을 사회윤리적으로 전개할 것이다. 사랑에 대한 규범적 이해에 근거하여 공적 정치사회적 영역에서 어떻게 사랑의 삶을 구현할 것인지에 대해 응답하고자 하는 것이다. 이를 위해 필자가 주로 다루고자 하는 주제들은 다음과 같다. 기독교회와 신자들이 공적 정치사회적 영역에서 구현해야 할 사랑을 '정치적 사랑'으로 칭하고 개념화할 것이며 또 정치적 사랑이 어떻게 구체적으로 현실화될 수 있는지에 대해 논구할 것이다. 다음으로 기독교 전쟁과 평화 전통을 포괄적으로 살필 것이다. 평화주의나 정당전쟁론과 같은 전쟁과 평화 이론들의 주된 목적이 평화의 유지와 회복이라는 점, 평화를 목적으로 한 폭력혹은 강제력의 금지 또는 허용을 정당화하는 가장 중요한 윤리적 기준들 가운데 하나가 사랑이라는 점 등을 고려할 때, 이 이론들에 대한 탐구는 정치사회적 차원에서 사랑의 윤리를 전개하는 데 있어 적절하며 또 필수적으로 요구된다고 할 것이다. 이처럼 사랑에 기초한 평화윤리를 모색하고 분단으로 고통하는 한반도 상황에 적용하여 분단을 극복하고 평화와 통일을 일구어가는 사회윤리적 책무를 논구하면서, 필자는 적용윤리의 차원에서 한국 정부의 통일정책을 기독교 전쟁과 평화 전통으로부터 도출한 규범적 통찰의 빛에서 분석·평가하고 기독교윤리적 대안을 제안하고자 한다.

　1장에서 필자는 기독교 사랑 이해에 있어서, 규범적 모범의 지위를 차지하는 하나님 사랑과 그 사랑에 상응하여 온전히 구현되어야 할 인간 사랑의 상관성을 신학적으로 또 윤리적으로 고찰하면서 사랑에 대한 규범적 인식을 심화하고자 한다. 하나님 사랑과 인간 사랑의 관계성이라는 주제를 논구하는 대표적인 이론가들로 아웃카 Gene Outka 와 포우스트 Stephen Post 를 생각할 수 있는데, 전자는 대체로 전통적인 유신론적·삼위일체론적 신론과 신중심적 틀 theocentric frame 안에서 하나님 사랑의 보편성과 일방향성이라는 특징을 강조하는 반면 후자는 구약성서의 예언자 신학과 과정신학의 하나님 이해 곧 하나님의 내재와 자기 제한 그리고 소통에의 염원 등의 특징을 강조한다. 다음으로 몰트만 Jürgen Moltmann 을 주목하고자 하는데, 몰트만의 접근은 일종의 제3의 길로서 앞의 두 학자의 접근을 포괄하는 통전적인 참고 틀을 제시한다고 필자는 판단하기 때문이다. 신론, 기독론, 인간론 등의 관점에서 이 세 학자의 신학적 논의를 검토한 후 거기로부터 윤리적 함의를 도출하고자 하며 이 셋을 비교·성찰하여 하나님 사랑과 이웃 사랑의 관계성 담론을 심화할 것이다. 1장에서 탐구하고자 하는 주요 논제들은 인간 사랑의 모범이 되는 하나님 사랑에 대한 규범적 성찰, 인간 사랑에서 하나님 사랑으로의 규범적 진로 설정의 가능성, 하나님을 사랑함과 이웃을 사랑함 사이의 존재론적 행위론적 구분과 유비 등이다.

기독교인들에게 타자를 위한 자기희생적 사랑을 실천하는 것은 구원의 조건이나 종교적 보상의 조건이 아니라, '마땅히 해야 할 바' 곧 도덕적 의무이다. 2장에서 필자는 이러한 사랑의 이타적 본질을 규범윤리적으로 논구하고자 하는데, 사랑의 자기희생적 이타성에 대한 철학적 기독교윤리적 탐구를 통해 그렇게 할 것이다. 이 장에서 기독론적 논거에 초점을 두고 자기희생적 이타성을 신학적으로 논하고자 하는데, 예수 그리스도의 삶과 가르침으로부터 규범적 이상과 내용을 도출하고자 시도할 것이다. 다만 기독론적 논의를 소중한 자산으로 삼되, 본 저작에서는 기독론적 해석을 포괄하는 동시에 또 넘어서는 접근을 시도할 것이다. 특별히 사랑의 규범적 본질을 논함에 있어서 삼위일체적 관점을 존중할 것이다. 사랑을 규범적으로 이해하고 정당화함에 있어서 기독론적 의미 곧 예수 그리스도의 윤리적 가르침과 실천의 의미를 진지하게 성찰하는 것도 중요하지만, 삼위 하나님의 인격 상호간의 '사귐'이라는 신적 사랑의 본질에 상응하여 기독교 사랑의 규범적 요체를 상호적 사랑에서 찾는 삼위일체적 관점도 필요하다고 생각하며 이 관점을 내포하는 통전적 방향성을 견지할 것이다.

3장은 현대 기독교 사랑의 윤리 담론을 전체적으로 살피고 비평적으로 성찰하는 것을 목적으로 한다. 필자는 현대 사랑의 윤리 담론을 주도하는 접근을 크게 두 가지 곧 보편 중심적 접근과 특수 중심적 접근으로 나누어 논구하고자 하는데, 전자는 윤리적 원리로서의 사랑에 대한 규범적 정의와 정당화에 초점을 두고 후자는 사랑의 본질을 정서적 역동과 경향성에서 찾고 기독교 '사랑'론을 전개한다. 전자에 속하는 대표적 학자들로는 아웃카와 메일랜더Gilbert Meilaender를 그리고 후자에 속하는 학자들로는 포우스트와 포웁Stephen Pope을 생각할 수 있다. 필자는 두 접근에 버금가는 하나의 접근 혹은 제3의 길로서의 지위를 차지할 수 있는 접근을 상정해야 한다고 판단하는데, 이 입장을 욕구 중심적 접근이라고 칭하고 그 대표자로서 틸리히의 사랑의 윤리를 탐색하고자 한다. 본 장의 목적은 기독교 '사랑'론의 패러다임을 체계적으로 정립·논술하고 기독교 사랑에 대한 신학적 윤리적 이해의 지평을 총체적으로 정리·해명하는 것이다. 기독교 '사랑'론의 패러다임적 접근들을 보편 중심적 접근, 특수 중심적 접근 그리고 욕구 중심적 접근으로 설정하고 각각을 논술한 후 비교·평가하여 사랑에 대한 온전한 규범적 이해를 추구할 것이다.

4장에서 필자는 자기사랑에 대한 현대적 논의의 지형을 정리하고 자기사랑에 대해 신학적으로 또 윤리적으로 평가하고자 한다. 자기사랑에 대한 신학적 윤리적 논의의 역사를 개괄적으로 살피고 핵심 논점들을 정리하여 제시할 것이다. 이 논점들에 대해 어떤 입장과 견해를 가지느냐에 따라 다양한 기독교적 '자기사랑'론이 산출된다고 할 수 있다. 본 장에서 네 명의 학자를 주로 다룰 것인데, 자기사랑을 전면적으로 부정하는 입장에서 적극적으로 정당화하는 입장에 이르기까지 네 가지의 대비적인 견해가 드러나게 될 것이다. 가장 부정적인 입장을 대표하는 니그렌Anders Nygren 으로부터 시작하여 가장 적극적인 옹호자로 바첵Edward Vacek, 그리고 그 중간에 할렛Garth Hallett과 아웃카를 다루고자 한다. 자기사랑에 관한 주요 논점들에 대해 이 네 학자가 각각 어떻게 응답하는지를 살피고 이들의 견해를 비교하고 또 평가하고자 하는데, 이러한 작업을 통해 좀 더 온전한 자기사랑에 대한 규범적 이해에 이를 수 있기를 기대한다.

5장에서 필자는 정치사회 영역에서 구현되어야 할 사랑의 규범적 내용과 실천적 양상을 규명하고자 한다. 정치적 사랑에 대한 기본적 이해로부터 시작하여 정치적 사랑이라는 규범적인 참고 틀을 좀 더 체계적으로 또 정교하게 정립·서술할 것이다. 아울러 서구 기독교와 한국교회의 정치적 사랑을 비교·평가함으로써 한국교회의 공적 참여의 이론적 실천적 성숙을 위한 토대를 더욱 건실하게 다지고자 한다. 다시 말해, 정치적 사랑에 대한 서구 신학적 견해들과 한국 기독교의 견해들이 서로 만나게 함을 통하여, 기독교 사랑의 정치적 적합성에 대한 좀 더 온전한 이해에 이를 수 있도록 하는 것이다. 이러한 목적을 이루기 위해, 서구와 한국 기독교의 정치적 사랑을 추적하고자 하는데, 사랑이 정치적 폭력을 어떻게 바라보느냐에 초점을 맞출 것이다. 필자의 탐구에서 주된 작업은 각각의 정치적 사랑 이론을 정립해 가는 데 있어, 그에 대한 신학적 근거들을 제시하는 것이다. 서구 신학자들, 곧 어거스틴, 니버Reinhold Niebuhr, 그리고 요더John Howard Yoder 의 신학사상과, 한국교회의 역사와 신학적 배경 등을 다루게 될 것이다. 필자가 다루고자 하는 교의적 주제들은 주권과 섭리론, 교회론, 종말론, 신학적 인간론 등이다. 이러한 신학적 탐구를 기초로 해서, 공적 정치사회적 영역에서의 기독교인의 사랑의 삶을 조명해 주는 윤리적 함의들을 도출해 내고자 한다.

6장에서는 평화의 실현을 궁극적 목적으로 삼는 기독교 전쟁과 평화 전통의 주요 흐름들을 검토하면서 이 흐름들이 평화의 실현을 궁극적인 목적으로 삼고 있다는 점과 이들의 규범적 요체가 사랑의 원리라는 점을 밝히고자 한다. 평화를 일구는 삶의 규범적 기초로서의 사랑의 윤리를 논구하고자 하는 것이다. 7장에서 필자는 기독교 '전쟁과 평화' 전통을 윤리적으로 탐색하여 규범적 판단의 틀을 모색하고 이 틀로부터 남한의 통일정책을 분석하고 평가하고자 한다. 6장에서의 탐구 곧 기독교 전쟁과 평화 전통의 대표적인 흐름들인 평화주의, 정당전쟁 그리고 거룩한 전쟁에 대한 신학적 윤리적 탐구에 근거하여 통일정책 분석·평가를 위한 '유형'들을 도출해 낼 것이다. 이 유형들은 "평화주의 유형", "정당전쟁 유형", "거룩한 전쟁 유형" 등이다. 한국정부의 통일정책에 내포된 규범적 지향과 기독교 '평화와 사랑'의 윤리 사이의 비평적 대화를 모색하는 데 있어 의미 있는 기반이 될 것이다.

본 저작을 통해 학문적으로 또 실천적으로 의미 있는 기여를 할 수 있기를 바라며 필자 나름대로 기대하는 바를 몇 가지로 제시해 보고자 한다.

사랑에 관한 신학적 윤리적 탐구 사랑의 윤리

첫째, 한국 기독교의 사랑의 담론 성숙과 윤리적 갱신을 위해 이바지할 것으로 기대한다. 인간 사랑의 모범으로서의 하나님 사랑, 하나님 사랑과 인간 사랑의 관계성, 동료 인간을 대상으로 하는 이웃 사랑, 자기사랑의 문제, 정치사회적 영역에서의 사랑 구현, 평화를 지향하는 사랑의 윤리와 실천 모색 등, 사랑에 대한 신학적 윤리적 논의를 총체적으로 전개함으로써 이론적으로는 사랑에 대한 규범적 이해를 심화·정교화하고 실제적으로는 기독교회와 신자들이 사랑의 행위자로서 성숙하기 위해 필요한 실천적 방향성과 방안들을 마련하게 될 것이다. 예를 들어, '정치사회적 영역에서 사랑을 구현함'이라는 관점에서 사랑의 윤리를 발전적으로 전개함으로써 한국교회가 공적 영역에서 사회윤리적 주체로서 적극적으로 또 유효하게 작용하기 위해 갖추어야 할 이론적 실천적 기반을 제공하게 될 것이다. 평화를 지향하는 사랑의 윤리를 제안함으로써, 기독교회와 신자들이 사회윤리적 실천을 통해 다양한 공적 정치사회적 관계들에서 존재하는 긴장과 갈등 그리고 충돌을 해소하고 평화라는 목적에 조금이라도 더 다가서는 데 이론적으로 또 실제적으로 보탬이 될 것이라고 필자는 생각한다.

둘째, 사랑과 평화에 대한 간학문적 담론의 장 마련과 강화에 이바지할 수 있을 것으로 기대한다. 사랑은 대표적인 보편적 언어이며 인간 삶을 구성하는 근본적인 지적 정서적 의지적 요소라는 점을 고려할 때, 사랑에 대한 기독교적 탐구와 논의를 통해 한편으로 사랑에 대한 보편적 이해의 틀 안에서 기독교 사랑 이해의 특수한 위치를 식

별하고 다른 한편으로 기독교 안팎에서 공유할 수 있는 사랑의 공동 기반을 찾아 인식과 공감의 폭과 깊이를 더할 수 있게 될 것이다. 또한 연구의 방법론적 특성으로 보아도, 본 연구는 사랑에 대한 간학문적 접근을 자연스럽게 내포한다. 사랑의 규범적 본질에 대한 탐구에 있어서 철학적 이해와 논의에 대한 고찰은 중요한 부분을 차지하며, 철학적 접근뿐 아니라 사회과학적 자연과학적 접근도 본 저술에서 드러나게 될 것인데 사랑의 본질을 사회생물학적 질서에서 찾는 일군의 기독교 신학자들의 방법론적 특징이 그 대표적인 보기가 될 것이다. 또한 평화윤리에 대한 연구도 간학문적 탐구의 특징을 두드러지게 내포한다. 정치적 사랑에 대한 개념적 실천적 논구, 정당전쟁과 평화주의 전통의 틀 안에서의 사랑에 기초한 평화윤리 모색, '평화와 사랑'의 윤리의 통일 정책과 실천에 대한 적용 등의 연구 과업 수행에 있어서 신학적 윤리적 철학적 접근이 많은 부분을 차지하는 것은 사실이지만 그러한 접근과 더불어 정책적 제도적 구조적 안목에서의 접근도 중요하게 채택되고 또 실제적으로 적용될 것이라는 점을 밝혀 두어야 하겠다.

셋째, 한국 사회 구성원들의 사랑 실천, 특히 한반도 평화 진작과 통일 완수를 목적으로 하는 공적 실천의 진전과 성숙을 위해 긍정적 역할을 할 수 있을 것으로 기대한다. 본 저작의 중요한 실천적 목적들 중 하나는 공적 정치사회적 관계들에서 존재하는 갈등과 충돌을 극복하고 평화를 일구어가는 데 있어 기독교회와 신자들이 무엇을, 어

사랑에 관한 신학적 윤리적 탐구 사랑의 윤리

떻게 할 수 있으며 또 해야 하는지를 제안하는 것이다. 다만 보편적 적용의 가능성을 진지하게 고려하면서 그렇게 할 것임을 밝혀 두어야하겠다. 그래서 필자가 제시하는 실천적 제안과 방안들은 상당 부분교회 공동체 밖 사회 구성원들이 채택할 수 있는 것들이며 기독교적고유성을 상대적으로 강하게 띠고 있는 것들이라 하더라도 그들이 참고하여 적절하게 적용할 수 있게 될 것이다. 예를 들어, 통일정책을 기독교적으로 분석·평가하고 윤리적 실천적 방안들을 제시할 것인데 그것들은 정책적 제도적 관점을 중시할 것이기 때문에 자연스럽게 적용에 있어 교회 안팎을 포괄하는 보편성을 띠게 될 것이다.

이 책이 나오기까지 사랑의 손길과 사랑의 공동체가 함께 해 주었다. 장로회신학대학교 임성빈 총장님을 비롯한 선배, 동료 교수님들, 학교를 위해 동역하는 직원 선생님들, 신학함의 길을 동행하는 우리 학생들, 예일대학교 논문 지도교수이셨던 아웃카 교수님 그리고 사랑하는 가족들에게 이 자리를 빌려 깊은 사랑과 감사의 마음을 전한다.

목차

제 1 장

하나님 사랑, 인간 사랑
그리고 두 사랑의 관계성

* 이 장은 다음 문헌을 수정·보완한 것이다. 이창호, "하나님 사랑과 이웃 사랑의 관계성에 대한 신학적·윤리적 탐구: 아웃카, 포우스트, 몰트만을 중심으로," 『장신논단』 48-1 (2016. 3), 253-81.

하나님 사랑과 이웃 사랑의 상관성을 살피는 것은 기독교 사랑의 본질을 온전히 파악하는 데 필수적인 과업이라 할 수 있다. 한편으로 하나님의 사랑은 이웃 사랑 곧 타자를 사랑함에 있어서 규범적 모범이 되기 때문이며 다른 한편으로 하나님을 사랑함과 이웃을 사랑함 사이에 존재하는 구분과 일치를 적절하게 존중하는 것이 이 두 가지 사랑을 온전히 구현하는 데 유익하기 때문이다. 먼저 하나님의 사랑은 인간 사랑의 모범이 된다. 기독교인들은 타자의 선(善)의 감소를 막을 뿐 아니라 적극적으로 타자의 선을 증진하기 위해 자기희생적 사랑을 실천하는 것을 마땅히 해야 할 바로 여기는데, 그러한 도덕적 인식과 결단의 근거는 예수 그리스도를 통해 드러난 하나님의 사랑 곧 자기희생적인 이타적 사랑에 있다. 다시 말해, 예수 그리스도의 모범과 가르침을 윤리적 삶의 근간으로 삼는 기독교인들은 예수의 삶과 윤리적 가르침을 따라 자기희생적인 이타적 사랑을 구현하고자 하는 것이다. 다만 하나님의 사랑을 모범으로 삼아 인간 아가페의 규범적 본질을 탐색하고자 할 때, 예수 그리스도가 온전히 구현하신 '자기희생적 이타성'을 우리의 이웃 사랑에서는 '완전히' 실현할 수 없다는 주장이나 예수 그리스도의 삶과 가르침에 근거하는 기독론적 초점 뿐 아니라 삼위일체적 관점도 존중하여 삼위 간에 이루어지는 친밀한 사귐 혹은 상호관계의 형성을 이웃 사랑의 중요한 규범적 모범으로 삼아야 한다는 견해 등을 적절히 고려할 필요가 있다.

또한 '하나님을 사랑함'은 '이웃을 사랑함'과 동일시되기도 하지만 동시에 둘 사이에 존중되어야 할 차이혹은 구분도 있다는 점을 인식하는 것은 기독교 사랑의 규범적 이해에 있어 중요하다. 하나님이 사랑하시는 대상을 사랑함으로 하나님을 사랑할 수 있으며 또 타자인 이웃을 사랑하면서 그 사랑에서 하나님과 하나님의 사랑을 인식할 수 있다는 점에서 하나님 사랑과 이웃 사랑은 동일시될 수 있다. 그러나 존중되어야 할 차이혹은 구분도 존재한다. 이러한 차이의 핵심 논점은 예배이다. 하나님 사랑의 주된 방식은 예배에 있고 인간은 예배의 대상으로 삼을 수 없다는 점을 감안한다면 이웃을 사랑함과는 구분되는 '하나님을 사랑함'의 길이 있다고 할 수 있다. 아울러 하나님을 사랑하면서도 아직 이웃을 사랑하지 않을혹은 사랑하지 못할 가능성도 있으며 반대로 이웃을 사랑하는 삶을 살아가면서도 아직 하나님을 사랑하지 않을혹은 사랑하지 못할 가능성도 있다.[1] 이렇듯 하나님 사랑과 이웃 사랑의 관계성에 관한 다양한 이론적 유형화의 가능성이 열려있지만, 이러한 이론화의 과정에서 진지한 비평적 성찰이 요구된다. 하나님을 사랑함과 이웃을 사랑함 사이의 섣부른 동일시의 시도는 우상숭배로 귀결될 수 있다는 점, 하나님의 사랑을 동료 인간을 대상으로 하는 다양한 형태의 이웃 사랑으로 환원하는 위험에 빠질 수 있다는 점 등을 비평적 관점의 보기들로 생각해 볼 수 있겠다.

　　지금까지 살핀 하나님 사랑과 이웃 사랑의 관계성에 관한 기본적인 인식과 문제의식을 소중하게 여기면서, 본 장에서 필자는 두 사랑의 관계성 이론을 정련화하고 이 관계성의 관점에서 사랑의 규범적

1　　Edward Vacek, *Love, Human and Divine: The Heart of Christian Ethics* (Washington, D.C.: Georgetown University Press, 1994), 141-46.

||||||||||| 사랑에 관한 신학적 윤리적 탐구 사랑의 윤리

기준을 제시하고자 한다. 이 목적의 구현은 좀 더 온전한 기독교 사랑의 윤리를 이론적으로 또 실천적으로 구축하는 데 의미 있는 기여를 할 것으로 기대한다. 하나님 사랑과 이웃 사랑의 관계성이라는 주제를 논구하는 현대 기독교윤리학계의 대표적인 이론적 접근은 크게 두 가지이다. 하나님의 보편적 이타적 사랑을 규범적 이상으로 삼는 보편 중심적 접근과 구체적인 사랑의 관계들에서 하나님의 사랑을 정서적으로 또 규범적으로 포착할 수 있다고 주장하는 특수 중심적 접근이다.[2] 전자의 경우는 아웃카 Gene Outka 를 그리고 후자의 경우는 포우스트 Stephen Post 를 대표적인 학자로 생각할 수 있다. 아웃카는 대체로 전통적인 유신론적·삼위일체론적 신론과 신중심적 틀 theocentric frame 안에서 하나님 사랑의 보편성과 일방향성이라는 특징을 강조하는 반면 포우스트는 구약성서의 예언자 신학과 과정신학의 하나님 이해 곧 하나님의 내재와 자기 제한 그리고 소통에의 염원 등의 특징을 강조한다. 다음으로 주목하고자 하는 학자는 몰트만 Jürgen Moltmann 이다. 몰트만의 접근은 일종의 제3의 길로서 앞의 두 접근을 포괄하는 통전적인 참고 틀 frame of reference 을 제시한다고 필자는 판단한다. 본 장에서 아웃카, 포우스트 그리고 몰트만의 '사랑'론을 주로 탐구할 것인데, 하나님 사랑을 모범으로 삼아 도출된 이웃 사랑의 규범적 내용, 실천 가능성의 관점에서 하나님의 사랑과 인간의 이웃 사랑의 차이혹은 구분, 하나님을 사랑함과 이웃을 사랑함의 존재론적 규범적 연속성과 차이, 인간 사랑에서 하나님 사랑으로의 규범적 전환의 가능성, '하나님을 사랑함'의 방식의 독특성 등을 주된 논점으로 삼을 것이다. 신론, 기독론, 인간론 등

---

2 이에 대해서는 3장에서 좀 더 상세하게 다룰 것이다.

의 관점에서 이 세 학자의 신학적 논의를 검토하고 거기로부터 윤리적 함의를 도출하고, 이 셋을 비교·성찰하여 하나님 사랑과 이웃 사랑의 관계성 담론을 심화하고자 한다. 결론적으로 하나님 사랑과 이웃 사랑의 관계성에 관한 규범을 제안함으로 본 장을 맺고자 한다.

I
인간 사랑의 모범으로서의 하나님 사랑

1. 아웃카의 하나님 사랑과 인간의 이웃 사랑에 관한 규범적 이해

1) 동등배려로서의 인간 아가페와 하나님 사랑의 모범

아웃카는 아가페를 '동등배려' equal regard 라 규정한다. 다만 아웃카는 이를 보충하기 위해 '자격 심사를 뛰어넘는 배려' unqualified regard 를 아가페 정의에 포함시켜 고려하기도 했다는 점을 밝힌 적이 있다.[3] 그래서 필자는 여기서 이 두 가지를 함께 생각하며 아웃카로 대표되는 보편 중심적 접근의 사랑 이해를 기술하고자 한다. 크게 두 가지 축이 있다. '동등'이라는 개념은 '사랑의 대상에 대한 가치 평가' recipient evaluation

---

3   Gene Outka, "Comment on 'Love in Contemporary Christian Ethics'," *Journal of Religious Ethics* 26 (1998), 438.

와 연관되며 '배려'라는 개념은 '사랑하는 주체의 헌신' agent commitment 와 연관된다.[4]

　'동등'에 담긴 의미부터 생각해 보자. 모든 인간을 차별 없이 사랑함을 뜻한다. 인간의 얼굴을 하고 있는 존재라면 누구든지 사랑의 대상이 되어야 하되, 동등하게 곧 차별 없이 사랑해야 한다. 그러기에 기독교 사랑은 '자격심사를 뛰어넘는' 사랑이어야 한다. 자격이 되면 사랑하고 그렇지 않으면 사랑하지 않는 것이 아니며 자격을 충분히 갖추면 더 사랑하고 그렇지 않으면 덜 사랑하는 것이 아니라는 말이다.

　이런 점에서 사랑의 대상인 이웃은 그 대상 이해의 근본적 특징에서 독립적이고 또 불가변적이다.[5] 어떤 의미에서 '독립적'인가? 사랑의 대상이 다른 이웃들과 구별이 되는 특징들을 보유하고 있다고 한다면, 그 특징들이 다르거나 혹은 우월하기 때문에 사랑의 대상으로서 그 이웃을 사랑하는 것이 아니라 그 모든 구별되는 특징들을 뛰어넘어 사랑한다는 점에서 독립적이다. 이러한 사랑은 대상의 특수한 조건이나 자격에 따라 결정되지 않기에, 일반적으로 사랑 못할 대상이라고 판단하는 원수까지도 사랑의 대상으로 삼게 되는 것이다. '불가변적'이라는 말의 뜻은 무엇인가? 사랑의 대상의 가치는 변하지 않으며 도무지 축소할 수 없을 만큼 값지다. 또한 그 어느 것에도 환원되거나 환치될 수 없는 독자적 가치를 가지는 것이다 irreducibly valuable.[6] 사랑의 대상인 이웃이 인간이라는 사실 그 자체로 우리는 그를 사랑한다. 다시

4　Gene Outka, "Agapeistic Ethics," in *A Companion to Philosophy of Religion*, eds. Philip Quinn and Charles Taliaferro (Oxford: Blackwell, 1997), 483.

5　Gene Outka, *Agape: An Ethical Analysis* (New Haven and London: Yale University Press, 1972), 9.

6　Gene Outka, "Agapeistic Ethics," 482-84.

말해, 인간 존재의 가장 심오한근원적인 차원에서 사랑의 대상의 가치를 평가할 때 그 어떤 차별도 용납될 수 없다. 신학적으로 말하면 창조와 구속에 드러난 하나님 사랑 앞에서 모든 인간은 '똑같이' 값진 존재이며 그 사랑 안에서 차별은 있을 수 없다. 여기에서 사랑의 대상 범위에 관한 중요한 규범적 원리를 찾을 수 있다. 기독교 사랑은 그 대상에 있어서 보편성을 가진다universal scope. 인간의 얼굴을 하고 있는 이라면 누구든지 사랑의 품에 품고자 하는 것이다all-embracing.[7] 그러므로 인간 아가페human agape의 보편성의 근거는 계몽주의나 칸트의 철학적 공리가 아니라, 모든 피조물 인간을 품고자 하시는 하나님의 사랑이다.

다음으로 '배려'의 의미를 생각해 보자. 이것은 사랑의 행위자의 관점에서 기독교 사랑의 본질을 표현하는 개념이다. 대가와 반응 때문에 사랑하지 않는다. 대가나 반응이 목적이 아니기 때문에, 그야말로 모든 것을 바쳐 사랑했는데 사랑의 대상이 적대적으로 반응한다고 해도 사랑한다. 사랑하되 지속적으로 또 끝까지 사랑한다. 배려는 단순히 동기나 마음의 상태를 뜻하는 것은 아니다. 배려라는 개념에 담긴 행위적 특징은 대상의 필요, 요구, 복지, 최선one's best 등을 깊은 관심으로 염원하고 충실하게 찾으며 또 찾았으면 할 수 있는 바를 최선을 다해 실천하는 것까지, 마음의 동기와 구체적 실천을 내포한 개념인 것이다.[8] 여기서 찾을 수 있는 기독교 사랑의 본질적 특징은 일방향성이다unilateral feature. 아웃카는 일방향성이라는 규범적 원리를 감안할 때 사랑의 주체는 자신의 사랑에 대한 반응이나 대가를 그 사랑의 대

---

7   위의 논문, 487-88.

8   Gene Outka, *Agape*, 16.

상에게 요구하거나^{demand} 적극적 의도를 가지고 기다려서는^{await or anticipate} 안 된다고 강조한다.[9] 만일 그렇게 한다면 일방향성이라는 원리를 위배하는 것이 되며 사랑을 '주고받음'^{give and take}을 전제한 거래적^{去來的} 관계로 변질시킬 수 있다는 것이다. 다만 그러한 전제가 철저히 배제된 상태에서, 자연스럽게 대상의 반응을 희망하는 것을^{desire or hope} 막을 수 없을 것이며 이를 도덕적으로 문제 있는 것으로 보기는 어렵다.

아웃카의 인간 사랑의 규범적 본질에 대한 윤리적 규정과 설명은 하나님 사랑의 본질 이해에 그 근거를 둔다. 그는 신중심적 틀에서 하나님 사랑을 해석하는데, 하나님은 창조자로 또 구원자로 모든 사람을 그 사랑의 품에 품고자 하신다. 아웃카는 하나님 사랑의 본질적 특징을 보편성에서 찾고 있는 것이다. 하나님의 사랑이 그 범위에서 보편성을 띤다면 인간의 사랑도 신적 사랑에 상응하여 보편성을 지향해야 한다는 것이 아웃카의 생각이다. 하나님이 창조와 섭리와 구원의 사랑으로 모든 인간 존재를 그 자체로 품고 사랑하신다면, 우리도 그 사랑을 모범으로 삼아 인간의 얼굴을 하고 있는 이라면 누구든지 사랑해야 한다는 말이다. 그러기에 원수까지도 사랑해야 하는 것이다.

또한 모든 존재를 품고자 하는 하나님은 대상에 대한 가치 판단이나 자격심사를 뛰어넘어 대상을 있는 그대로 받아들이고 사랑하고자 하며, 하나님의 이 사랑은 대가나 반응에 좌우되는 사랑이 아니다.[10] 여기서 하나님의 사랑은 일방향적이다^{unilateral}. 아웃카의 하나님

---

9 Gene Outka, "Universal Love and Impartiality," in *The Love Commandment: Essays in Christian Ethics and Philosophy*, eds. Edmund N. Santurri and William Werpehowski (Washington, D.C.: Georgetown University Press, 1992), 89.

10 위의 논문, 1-3.

사랑에 대한 이같은 이해는 니그렌Anders Nygren의 영향 아래 형성되었다. 현대 기독교 사랑의 윤리 담론의 출발점으로 평가받고 있는 스웨덴의 루터교 신학자 니그렌에게[11] 하나님의 사랑은 동기초월적인 사랑이다.[12] 이는 사랑의 대상이 보유하고 있는 특수한 가치에 대한 인식이나 평가에 근거한 동기에 의해 사랑의 행동이 유발되는 것이 아니라는 의미를 두드러지게 내포한다. 하나님의 본성이 사랑이시기에 곧 하나님은 사랑 자체이시기에 그렇게 사랑하실 수밖에 없다. 하나님의 사랑이 이러하기에, 그 사랑은 대상에 대한 가치 판단에 좌우되는 사랑이 아니라 그러한 판단을 초월한다.[13] 곧 신적인 사랑은 사랑의 대상의 가치에 대한 평가 혹은 재평가를 전제한다기보다는 원천적으로 평가라는 관념 자체를 넘어선다.[14]

요컨대, 동기를 초월하며 가치 판단을 뛰어넘는 하나님 사랑을 모범으로 삼아, 이웃 사랑의 삶에서 우리는 대상에 대한 가치 판단에 근거하여 사랑의 유무有無, 사랑의 강도, 사랑의 지속성 등을 결정하는 것이 아니라 그가 '인간' 곧 하나님이 사랑하시는 인간이기에 사랑한다. 모든 대상을 차별 없이 사랑하되, 대상이 갖는 가치와 대가나 반응에 좌우되어서는 안 되며 자기희생적 헌신으로 지속적으로 또 끝까지 사랑한다. 이것이 기독교 사랑의 규범적 본질인 것이다.

---

11 Gene Outka, *Agape*, 1.

12 Anders Nygren, *Agape and Eros*, trans. Philip S. Watson (Philadelphia: Westminster, 1953), 74-77. 니그렌의 하나님 사랑 이해에 대해서는 4장에서 좀 더 상세하게 다룰 것이다.

13 위의 책, 77-78.

━━━━━━ 사랑에 관한 신학적 윤리적 탐구 사랑의 윤리

2) 사랑의 궁극적 이상과 이웃 사랑의 현실

인간 사랑의 모범으로서의 하나님 사랑을 논하면서 아웃카는
기독론적 관점 뿐 아니라, 삼위일체적 관점에서도 그의 사랑의 윤리를
전개한다. 곧 아웃카는 하나님의 사랑은 일방향적 용서와 자비의 실천
을 내포하지만 그 궁극적 목적은 '관계성'에 있다고 주장하는 것이다.
여기서 사랑의 이상은 온전한 사귐 혹은 코이노니아이다. 그러므로 삼위일체
의 관점에서 인격 상호간의 '사귐'이라는 신적 사랑의 본질에 상응하
여 기독교 사랑은 규범적 이상으로 혹은 궁극적으로 '상호적 사랑'을 내포하
는 친밀한 공동체 형성을 지향해야 한다는 점을 밝히고 있는 것이다.[15]

---

14 니그렌의 하나님 사랑 이해가 아웃카의 사랑 윤리에 영향을 미쳤다고 해도, 다시 말해 니그렌
의 하나님 사랑에 대한 규범적 이해와 아웃카의 인간 아가페에 대한 규범적 이해 사이에 연속성
이 존재한다고 해도 아웃카는 니그렌의 사랑론에 전체적으로 동의하는 것은 아니다. 크게 두 가
지 점에서 비판적이며 이 두 가지는 서로 연결되어 있다. 첫 번째는 특수 관계들에 대한 니그렌
의 윤리적 판단에 관한 것이다. 니그렌은 하나님 사랑에 직접적으로 뿌리를 두고 있는 이웃 사랑
이 아닌 다른 사랑의 형태들을 부정적으로 본다. 예를 들어 니그렌이 생각하는 에로스는 자기중
심적 사랑의 지향의 총칭이라 할 수 있으며 자기 자신의 복지를 위해 자아를 독점적으로 배려하
는 것은 물론이고 타자나 하나님도 자기중심적 사랑의 도구로 삼기에 주저하지 않는다. 가치 판
단을 초월하여 사랑하는 것이 아니라 철저하게 가치 판단에 근거하여 사랑한다. 타자를 자기희
생적으로 배려하기보다 철저하게 소유지향적이고 이기적이며 자기중심적으로 자기 자신의 유익
을 추구한다. Gene Outka, "Agapeistic Ethics," 482. 니그렌이 하나님 사랑과 하나님 사랑에 뿌리
를 둔 이웃 사랑을 제외한 다른 사랑의 형태들, 특히 자기사랑과 우정 등에 대해 극단적으로 부정
적인 입장을 취한 점은 비판의 대상이 되어 왔다. 아웃카도 이러한 비판에 공감한다. 하나님 사랑
을 모범으로 하여 인간 사랑의 규범을 찾고자 했던 시도에서 니그렌을 긍정적으로 평가하면서도,
아웃카는 자기사랑의 긍정적인 측면과 우정의 중요성을 소홀히 하지 않는 것이 기독교 사랑의 본
질에 충실한 것임을 강조하는 방향에서 니그렌을 극복하고자 하는 것이다. 둘째, 니그렌은 하나
님 사랑이 행위의 기준과 동력의 측면에서 인간 사랑을 완전히 지배한다고 주장하는데 이에 대
해 아웃카는 비판적이다. 니그렌은 인간을 하나님 사랑이 흐르는 관(tube)으로 생각한다. Anders
Nygren, *Agape and Eros*, 735. 하나님 사랑은 인간 사랑의 규범적 모형으로 작용할 뿐 아니라 구
체적 사랑 행위의 감정적 동인과 행위의 동력으로 작용한다. 하나님의 사랑 없이 인간은 사랑할
수 없다. 하나님의 사랑 없이 우정, 부부, 연인, 부모·자녀 관계 등과 같은 특수 관계들 속에서 참
된 사랑은 있을 수 없다고 보는 것이다. 아웃카는 니그렌의 사랑 모형이 특수 관계들 속에서 이
루어지는 사랑의 고유한 지위와 특성을 전적으로 부정할 위험이 있다고 우려한다. Gene Outka,
"Theocentric Agape and the Self: An Asymmetrical Affirmation in Response to Colin Grant's
Either/Or," *Journal of Religious Ethics* 24 (1996), 37. 다시 말해, 니그렌의 모형이 사랑의 행위자
로서의 인간의 도덕적 잠재성을 폐기하고 있는 것은 아닌지 우려하고 있는 것이다.

15 Gene Outka, *Agape*, 176.

다만 이웃 사랑을 실천함에 있어서 보편성과 일방향성에 규범적 우선순위를 설정해야 한다는 아웃카의 신념을 지적해 두어야 하겠다. 원수를 사랑하는 것보다 원수를 친구로 만드는 것이 더 고상한 사랑의 형태라는 인식에서도 선명하게 드러나는 바와 같이 상호적 사랑의 규범적 궁극성을 견지하면서도, 아웃카는 인간의 차원의 사랑의 삶에서 일방향적 이타성에 규범적 우선순위를 설정해야 함을 강조하는 것이다.[16]

이상으로 보건대, 아웃카는 인간 사랑의 규범적 특징을 진술함에 있어 인간 사랑의 규범적 모범으로서의 하나님 사랑의 지위를 분명하게 인정한다. 여기서 그는 두 사랑 사이에 규범적인 연속성이 있다는 점을 제안하지만, 동시에 '규범적 이상의 실천 가능성'의 관점에서 하나님과 인간혹은 하나님의 사랑과 인간의 사랑 사이의 구분혹은 차이을 존중하고자 한다. 이러한 '존중'의 필연성에 대한 아웃카의 대표적인 논거는 크게 두 가지다. 첫째, "일방향적 이타성에 규범적 우선순위를 설정해야" 하지만 타자가 아닌 자아에게 사랑의 비중이 주어지는 것이 정당화되어야 하는 '규범적 필요성'에 관한 것이다. 아웃카는 기독교의 사랑이 하나님 사랑의 보편적 범위에 상응하여 자아와 타자를 동등하게 곧 자아와 타자 사이의 정확한 균등을 견지하며 사랑해야 한다고 주장하는 불편부당론자들impartialists에 대해 반박하면서, 타자가 아닌 자아에게로 사랑의 우선순위와 비중이 기울 수 있음을 밝힌다.[17] 신적 소명의 관점에서 오직 '나'만이 살아내야 할 것으로서 하나님이 부여하신

---

16   Gene Outka, "Agapeistic Ethics," 487.
17   이에 대해서는 자기사랑의 주제를 신학적으로 또 윤리적으로 고찰하는 4장에서 좀 더 상세하게 다룰 것이다.

고유한 삶의 계획과 여정이 있기에 그 소명에 충실히 응답해야 하며, 그렇게 함으로써 한편으로 하나님의 뜻을 존중하고 다른 한편으로 자기사랑을 실천한다는 것이다.[18] 같은 맥락에서 타자를 지극히 사랑하고 또 어떠한 희생을 치르더라도 구체적으로 사랑하고자 하는 의도가 분명하다 하더라도, 타자를 위해 대신할 수 없는 종교적 일들이 있다는 점을 아웃카는 지적한다. 구원이나 회개가 그 대표적인 보기가 될 것이다.[19] 둘째, 아웃카는 하나님의 이타적 사랑의 온전성을 인간은 '완전히' 구현할 수 없다는 점을 강조한다. 삼위간의 완전한 '사귐'의 형성은 각 위의 온전한 이타적 헌신을 내포하며, 그러한 온전한 이타성은 성자 예수의 사랑을 통해 역사적으로 드러났다. 그러나 예수 그리스도의 이타성을 규범적 이상으로 삼지만, 인간인 우리는 그것을 완전히 구현할 수 없다. 다시 말해 사랑의 실천 가능성이라는 관점에서 예수 그리스도의 사랑과 인간의 이웃 사랑 사이에는 분명한 차이가 있음을 인정해야 할 것인데, 특별히 '예수의 도무지 철회할 수 없는 타자지향성' Jesus' irreversible forness [20]을 고려할 때 더더욱 그러하다. 기독교 사랑은 대상을 위해 '백지수표'를 써 주는 것은 아니라는 점을 강조하면서, 아웃카는 사랑의 행위자의 자기희생적인 이타적 헌신에 대해 그 사랑의 대상이 같은 사랑으로 응답하기보다는 오히려 이기적 목적을 위해 그 헌신을 악용할 가능성이 있음을 염두에 둘 필요가 있다고 조언한다.[21] 사랑이 백지수표의 남발로 이어지는 것을 막기 위해 적절한

---

18   Gene Outka, "Universal Love and Impartiality," 51-53.

19   위의 논문, 60-62.

20   Gene Outka, "Following at a Distance: Ethics and the Identity of Jesus," in *Scriptual Authority and Narrative Interpretation*, ed. Garrett Green (Philadelphia: Fortress, 1987), 153.

21   Gene Outka, "Universal Love and Impartiality," 21-22.

자기배려가 필요하다는 아웃카의 주장은 기독교 사랑의 이타성은 적절한 자기사랑을 내포한다는 의미에서 완전한 신적 이타성과는 거리가 있다는 점은 역설적으로 증거 한다고 하겠다.[22]

2. 몰트만의 하나님 사랑에 대한 기독론적 삼위일체적 규범 모색

몰트만의 사랑에 대한 규범적 이해를 탐구함에 있어서 기독론적 관점 곧 신약성경에 나타난 예수 그리스도의 윤리적 가르침의 관점에서의 논의는 필수적이다. 예수 그리스도의 길을 윤리적으로 규명할 때, 몰트만은 무엇보다도 산상수훈 마태복음 5-7장에 주목한다. 산상수훈에 드러난 예수의 윤리는 실현가능하다는 점을 분명히 밝히면서,[23] 산상수훈의 윤리적 가르침에 근거하여 사회적 실존으로서 기독교인들이 핵심적으로 구현해야 하는 윤리적 기준은 무엇인지에 대해 논한다. 그 기준은 온전한 사랑과 평화의 실천이다. 다시 말해, 평화의 창조를 통해 증오를 극복하고 폭력의 모든 가능성으로부터 해방되는 것이다.[24]

몰트만에 따르면, 정치적 저항에 관한 예수의 윤리적 가르침은 "비폭력적인 [저항]이냐 아니면 폭력적인 [저항]이냐에 대한 작전적인 질문들이 아니라 하나님과 상응하는 義[의]에 관한 기본적 질문"과 연관된 것이다.[25] 예수의 철저한 사랑의 윤리는 하나님과 하나님의 의

---

22 이창호, "사랑의 규범적 본질에 관한 신학적 윤리적 탐구," 『장신논단』 47-1 (2015. 3), 221.
23 Jürgen Moltmann, *Der Weg Jesu Christi*, 김균진 · 김명용 역, 『예수그리스도의 길』(서울: 대한기독교서회, 1990), 188.
24 위의 책, 188-95.

에 대한 '혁명적인' 신학적 개념의 관점에서 해명될 수 있다. "예수에게 있어서 〈비폭력성〉이란 표어 하에 열거될 수 있는 모든 것은 이 〈하나님의 개념에 있어서의 혁명〉에 기인하며, 이 혁명을 그는 다음과 같이 시사하고 있다. 하나님께서는 악한 자들을 정당하게 심판하기 위하여 오시는 것이 아니라, 열혈당원이든 아니면 세리이든, 바리새인이든 아니면 죄인이든, 유대인이든 아니면 사마리아인이든 … 죄인들을 의롭다고 인정하여 주시기 위하여 오신다."[26] 예수의 말씀과 삶에서 비폭력으로 범주화될 수 있는 모든 것은 하나님과 하나님 사랑에 대한 혁명적 인식의 전환에서 오며, 그 사랑은 인간이 임의로 설정한 모든 차별적 구분을 뛰어넘어 모두를 포괄한다.

　　보복적 정의가 요구하는 의무를 훌쩍 뛰어넘는 예수의 사랑의 윤리는 원수사랑의 명령으로 요약된다. "원수사랑은 보상적인 혹은 보답적인 사랑이 아니라 변화를 불러일으키며 지적이며 또 창조적인 사랑이다. 선으로 악을 갚기 위해서는 실로 자유롭고 강해야 한다. 원수사랑은 원수와 원수의 의지에 굴복하는 것이 아니다. 오히려 그렇게 사랑하는 사람은 원수가 행동의 규범을 규정하도록 결코 허용하지 않는다."[27] 몰트만에게 원수 사랑의 계명은 하나님 사랑의 범위에 관한 규범적 이해에 있어서 근본적이다. 원수는 사랑할 수 없다. 그런데 사랑할 수 없는 대상을 사랑하라 하심은 사랑 못할 존재가 없으며 그러기에 모든 인간을 사랑의 대상으로 삼아야 한다는 윤리적 명령을 내포한다.

25　Jürgen Moltmann, *Der gekreuzigte Gott*, 김균진 역, 『십자가에 달리신 하나님』(서울: 한국신학연구소, 1979), 150.

26　위의 책, 151.

27　Jürgen Moltmann, *On Human Dignity*, trans. M. Douglas Meeks (Philadelphia: Fortress, 1984), 126.

이러한 사랑의 범위 이해는 모든 존재를 품고자 하시는 하나님의 사랑의 넓이에 상응한다. 하나님의 사랑을 받은 인간 곧 하나님의 은혜를 경험한 인간은 그의 사랑의 삶에서 하나님 사랑의 보편성을 가장 중요한 기준으로 삼는다. 이 점에서 몰트만은 하나님 사랑과 이웃 사랑 사이의 연속성을 강조한다. 하나님의 사랑을 받은 인간은 하나님을 사랑할 수밖에 없으며, 하나님을 사랑하는 가장 중요한 방식 중 하나는 타자인 이웃 곧 하나님이 사랑하시는 우리의 모든 동료 인간을 사랑하는 것이다. 그러므로 이웃 사랑은 '모든 인간'을 대상으로 삼으시는 하나님의 사랑에 상응하여 보편성을 지향하게 된다.[28]

그렇다면 이웃 사랑의 모범으로서의 하나님 사랑에 대한 몰트만의 규범적 이해는 일방향적 이타성과 보편성으로 집약된다고 결론지을 수 있는가? 사귐 혹은 친밀한 상호적 관계의 형성은 몰트만의 '사랑'론에서 어떤 규범적 의미를 갖는가? 이 질문들에 대한 답을 찾기 위해서는 창조·섭리론, 삼위일체론 등의 관점에서도 몰트만의 하나님 사랑 이해를 탐구할 필요가 있다. 몰트만은 하나님의 창조적 본성과 신적 생명을 구분함으로써 하나님과 세계를 구분하고자 한다. 창조적 본성과 신적 생명의 동일시가 하나님과 세계의 '범신론적 뒤섞임'으로 귀결될 수 있다는 점을 우려하는 것이다.[29] 그러나 동시에 몰트만은 하나님과 피조물 사이의 엄격한 분리도 경계한다. 하나님은 인간을 비롯하여 하나님이 지으신 모든 피조물들 안에 계신다. 이른바 범재신론적 세계

---

28 Jürgen Moltmann, *Der Geist des Lebens*, 김균진 역, 『생명의 영』(서울: 대한기독교서회, 1992), 330-31.

29 Jürgen Moltmann, *Gott in der Schöpfung*, 김균진 역, 『창조 안에 계신 하느님』(서울: 한국신학연구소, 1986), 131-32.

⊪⊪⊪⊪⊪⊪ 사랑에 관한 신학적 윤리적 탐구 사랑의 윤리

임재이다. 임재를 견지하되 범신론적 관계 설정에 빠지지 않기 위해 몰트만은 '코이노니아'라는 개념을 통해 하나님의 사랑을 설명하고자 한다. 하나님의 창조적 본성과 신적 생명의 동일시를 경계하기 위해 몰트만은 신적 삶^{생명}을 영원하고 무한한 '사랑'의 생명으로 보는 것이 좀 더 적절하다고 주장한다. 이 사랑 안에서 하나님은 타자 곧 인간과 다른 피조물들과의 사귐의 관계를 형성하고 유지해 가신다.[30] 이 사랑은 "창조적인 과정 속에서 그의 삼위일체적 완전성으로부터 한없이 나와 영원한 안식일의 휴식 가운데에서 자기 자신에게로 오는 사랑"이다. 하나님은 사귐 가운데 있는 타자로서의 피조물들에게 사랑을 나누어 주시며, 하나님의 사랑의 의지와 본성에 동참케 하신다. 여기서 몰트만은 신플라톤주의적 유출설에 내포된 하나님과 피조물의 존재론적 혼합과 종속적 관계 설정을 경계하며 단순한 피조물성을 뛰어넘어 하나님과 사귐을 이루어가는 사랑의 주체로서의 정체성을 강조하고 있는 것이다.[31] 몰트만은 하나님의 내재와 초월을 다 말하지만 초월보다는 내재에 더 비중을 두고 있는 것으로 보인다. 하나님은 사랑의 본성과 의지와 활동에서 우리와 몫을 나누심으로써 하나님의 사랑의 역사에 동참하게 하신다.

삼위일체적 창조와 섭리의 틀 안에서 모든 피조물들에게 사랑을 나누어 주시고 깊은 사귐에로 나아가기를 원하시는 하나님의 사랑에 대한 몰트만의 이해는 예수 그리스도 안에 드러난 구원의 종말론적 계시와 따로 떼어 생각할 수 없다. 영원한 삶이 예수 그리스도의 부

---

30 위의 책.
31 위의 책, 133.

037
제1장 하나님 사랑, 인간 사랑 그리고 두 사랑의 관계성

활을 통해 하나님의 전능하신 능력으로 실현된다면, 죽음에 종노릇하는 피조세계에 생명을 선사하는 생명의 능력은 성령 안에서 작용한다. 생명의 성령을 통한 예수 그리스도 안에서의 새 창조는 모든 창조 세계를 '새 하늘과 새 땅'으로 이끄는 총체적·우주적 창조이다.[32] 성령의 능력을 통하여 인간이 하나님 나라에 참여한다고 하더라도, 여전히 몸의 구속을 기다린다. 인간은 피조물됨이라는 본질에서 오는 고통을 감내해야 하며 또 노예됨에서의 해방을 갈구하는 피조세계의 고통과도 깊이 연대한다. 피조물로서의 한계를 본질적으로 보유하고 있는 인간은 스스로 이 모든 고통을 감내해 낼 수 없고 또 궁극적으로 극복해 낼 수도 없다.[33] 고통의 감내와 연대 그리고 궁극적 해방은 성령의 내주와 공감으로부터 온다. 창조자와 피조세계의 구분을 철폐하는 유출론적 동일시를 경계하면서도 고통의 감내와 연대 그리고 깊은 공감의 사랑으로 모든 피조물들과 그들의 세계 가운데 들어오셔서 '코이노니아'를 이루어 가시는 하나님의 임재를 강조함으로써, 몰트만은 한편으로 인간 뿐 아니라 다른 피조물들도 포괄하는 하나님 사랑의 보편성을 견지하고 다른 한편으로 사랑의 궁극적 목적을 신적 '사귐'의 추구에 상응하여 친밀한 상호적 관계 형성으로 설정하고자 한다. 특별히 이러한 사귐과 공동체 형성을 궁극적 목적으로 추구하는 기독교 사랑은 자기희생적 이타성을 중요한 규범적 기준으로 존중하지만 동시에 구체적인 사랑의 삶에서 특수 관계들의 상황적 관계적 특성과 그 관계들에 참여하는 사랑의 행위자의 정체성 혹은 주체성을 존중한다.[34]

---

32 위의 책, 121-25.
33 위의 책, 87-92.
34 Jürgen Moltmann, 『생명의 영』, 291-355.

II

인간 사랑에서 하나님 사랑으로의 규범적 진로

포우스트는 보편성과 일방향성을 규범적 내용으로 삼는 아웃카식㉠ 사랑 이해에 비판적이다. 대상 범위의 관점에서 기독교의 사랑은 궁극적으로 모든 인간을 품어야 한다는 점에 기본적으로 동의하지만, 사랑의 관계에서 선호나 우선순위의 설정을 허용한다. 우선순위는 특수 관계들special relations 곧 구체적 사랑의 관계들에 있으며, 아가페는 그러한 관계들 안에 내재한다고 강조한다. 구체적인 사랑의 관계 형성을 목적으로 하기에 사랑의 규범적 이상은 대가와 반응에 좌우되지 않는 일방향적 헌신이 아니라 상호적인혹은 쌍방적인 친밀한 관계 형성에 있다.[35] 또한 사랑은 규범에 대한 인식과 실천의 관점에서만 논할 수 없고, 오히려 그보다는 정서적 역동에 좀 더 비중을 두는 윤리적 접근을 취할 때 더 온전한 이해에 이를 수 있다는 입장을 견지한다. 그래서 포우스트는 가족이나 친족 또는 동족에 대한 자연스러운 선호를 그 핵심적인 내용으로 삼는 '사회생물학적 질서'를 기독교 사랑의 가장 중요한 근거로 제시한다. 특별히 그러한 사회생물학적 질서를 하나님의 창조 질서로 이해함을 통해 곧 자연스러운혹은 본능적인 사랑의 질서와 역동을 신학적으로 해석함을 통해 기독교 사랑의 본질을 찾고자 하는

---

[35]   Stephen Post, *Spheres of Love* (Dallas: SMU Press, 1994), 31-33, 61-63.

것이다.[36] 그러므로 포우스트에게 사랑은 대상에 대한 가치 인식과 평가를 배제하지 않으며 오히려 사랑의 목적에 내재한 선은 가치의 포착과 인식 그리고 그렇게 인식된 선을 향한 자연스러운 지향을 그 본질적인 속성으로 내포한다. 특별히 포우스트는 아가페 혹은 신적 사랑는 특수 관계들을 통해 드러나고 또 온전히 실현된다고 강조한다. 다시 말해, 특수 관계들 없이 아가페는 구현될 수 없는 것이다. 그러기에 우정과 같은 구체적인 사랑의 관계는 '덕의 학교'로 기능하는데, 곧 "우정을 통해서 아가페가 무엇을 요구하는지를 배우게" 된다.[37] 요컨대, 포우스트는 자연스러운 혹은 본능적인 감정의 지향에 따라 특수 관계들이 형성되며 그러한 관계들 안에서 신적 아가페가 드러난다는 점, 보편적 타자·지향성에서보다는 특수한 사랑의 관계에서 기독교 사랑의 본질을 찾을 수 있다는 점 등을 강조하고 있는 것이다.

따라서 포우스트는 이웃 사랑의 모범으로서의 하나님 사랑과 구체적 사랑의 관계들을 통해 드러나는 인간의 이웃 사랑 사이의 연속성을 강하게 상정한다. 여기서 인간 사랑에 대한 신론적 정당화에 주목할 필요가 있다. 포우스트는 하나님 사랑의 본질을 자기 자신에 대한 배려는 전혀 고려하지 않는 완전히 이타적인 헌신 곧 일방향적인 이타적 헌신에서 찾기보다는 끊임없이 사랑의 대상의 응답과 상호적 관계 그리고 공동체 형성을 열망하고 또 추구하는 사랑에서 찾는다.[38] 포우스트는 하나님의 사랑의 본질이 이러하기에, 하나님은 인간

---

36   Stephen Post, *A Theory of Agape* (London: Bucknell University Press, 1990), 91-93.
37   James F. Childress and John Macquarrie, eds., *The Westminster Dictionary of Christian Ethics* (Philadelphia: Westminster, 1986), 241.
38   Stephen Post, *A Theory of Agape*, 24.

과의 관계의 단절이나 소통의 부재를 원하지 않으실 뿐 아니라 그러한 단절이나 부재 때문에 몹시 고통하신다고 주장한다. 관계의 단절과 사랑의 부재로 고통하시는 하나님에게 사랑의 완성은 '사귐'의 형성 곧 친밀한 상호적 관계의 형성에 있기 때문에 하나님은 사랑의 관계 형성을 위해 다른 주체 혹은 동반자로서 인간을 찾으신다는 것이다.[39]

이런 맥락에서 포우스트는 하나님의 사랑을 온전히 이해하기 위해서는 정서적 측면을 핵심적인 요소로 다루어야 한다는 점을 역설한다. 특별히 그는 성서를 통해 드러나는 하나님의 사랑은 감정을 언어로 매개하지 않고서는 충분히 해명될 수 없다고 강조한다. 하나님은 사랑의 대상과의 만남과 사귐을 열렬히 원하시고 열정적으로 추구하신다. 사랑하는 대상과의 소통의 부재나 관계의 단절로 인해 고통하시며 또 시련과 고통 중에 신음하는 그 대상 때문에 깊은 슬픔으로 고통하시는 하나님이다. 뿐만 아니라 성서의 하나님은 친밀한 사랑의 사귐 속에서 기뻐하시고 또 기쁨의 도덕적 선을 누리게 하시는 분이시다. 이 점에서 포우스트는 하나님의 사랑에 상응하여, 기독교 사랑의 윤리는 사랑의 관계로부터 오는 긍정적인 정서적 역동으로 가득한 상호적 관계 형성을 그 규범적 이상으로 삼아야 한다는 점을 강조한다.[40]

39　위의 책, 74-77.
40　위의 책, 55-57.

III

'하나님을 사랑함'과 '인간을 사랑함'의 유비와 구분

1. 하나님을 사랑함의 길로서의 인간을 사랑함과 두 사랑의 규범적 행위론적 구분

아웃카는 어거스틴 전통에 서서 '하나님을 사랑함'을 '하나님께 몰입함' God-intoxication 이라는 개념으로 설명한다. 이는 기본적으로 열렬하게 하나님을 추구하는 것을 뜻한다. 인간은 하나님께 질문하고 해답을 구한다. 해답을 찾느냐 못 찾느냐는 삶과 죽음의 갈림길이 될 만큼 결정적인 것이다. '몰입'의 대상이 되는 이 하나님은 전지전능하며 완전히 선하고 사랑으로만 가득한 분으로서 온 천지만물과 인간을 창조하시고 돌보시고 궁극적 완성으로 인도하신다. 어거스틴 전통에서 '하나님께 몰입함'은 이 하나님을 향한 극진한 '사랑'의 다른 표현이며, 이는 전적인 혹은 포괄적인 헌신을 내포한다.[41] 아웃카는 이러한 사랑과 헌신의 중요한 의미를 크게 두 가지로 설명한다.[42] 첫째, 하나님과의 만남혹은 관계성은 지고의 선이다. 지고선으로서의 '이 만남'을 위해 하나님은 인간을 향해 헌신하신다. 하나님 편에서 하나님이 인간에게 주실 수 있는 가장 귀한 것을 주시는데, 하나님 자신을 내어주기까지 하

---

41 Gene Outka, "Theocentric Love and the Augustinian Legacy: Honoring Differences and Likenesses between God and ourselves," *Journal of the Society of Christian Ethics* 22 (2002), 100.

42 위의 논문.

신다. 인간 편에서 하나님께 드릴 수 있는 가장 귀한 것은 사랑, 곧 전적인 신뢰와 헌신을 동반하는 사랑이다. 둘째, 하나님은 우리 존재의 처음과 끝이며, '결정적으로'decisively 우리의 실존과 관계가 있는 분이시다. 하나님의 다스림은 우리 인생 전체에 닿아 있고 이 다스림이 우리 인생에 결정적이라는 점을 인정하며 사는 것이 하나님을 믿는 인간의 마땅한 도리인 것이다.

이제 아웃카는 하나님을 사랑함에서 이웃을 사랑함에로 논의의 초점을 옮긴다. 아웃카는 이웃 사랑의 진정성은 하나님 사랑과 본질적으로 중복된다고 보는데, 하나님을 사랑한다는 것은 하나님이 사랑하시는 대상을 사랑하는 것과 연속성을 갖기 때문이라는 점을 강조한다. 또한 이웃 사랑은 하나님의 위엄과 인간 존재의 한계를 드러내는 시금석이라고 주장하면서, 이웃을 온전히 사랑하지 못하면서 하나님을 사랑한다고 말하는 것은 거짓이 아니냐고 의문을 제기한다. 이처럼 하나님 사랑과 이웃 사랑의 관계성이라는 주제는 사랑의 내용과 정당화의 근거를 윤리적으로 성찰함에 있어서 매우 중요한 것이며, 아웃카는 이 점에 주목하고 있는 것이다. 아웃카는 무엇보다도 하나님과 인간 사이의 존재론적 규범적·행위론적 연속성과 차이혹은 구분를 존중하면서 하나님을 사랑함과 이웃을 사랑함의 관계성을 논구한다.[43]

먼저 아웃카는 존재론적으로 둘 사이에 근본적인 차이가 있음을 인정해야 한다고 주장한다. 하나님은 유일한 숭배의 대상이다. 만약 하나님께만 돌아가야 할 경배와 찬양을 인간인 이웃에게 돌린다면 그것은 명백하게 우상숭배이다. 다시 말해, 예배의 대상은 인간 이웃

---

43 위의 논문, 101-102.

이 아니라 오직 하나님이다. 반면에, 고통 가운데 도움의 손길을 건네야 하고 범죄와 죄책 가운데 회개의 자리에 초청해야 할 대상은 인간인 이웃이지, 하나님이 될 수는 없다. 그 어떤 존재도 하나님과 동급일수 없으며, 하나님은 최상의 존재이기에 최선의 헌신을 받으심이 마땅하다고 아웃카는 강조한다.

다음으로 아웃카는 규범적·행위론적 차원에서 하나님 사랑과 이웃 사랑 사이에 존중되어야 할 차이가 있음을 논한다. 우리가 하나님을 사랑한다면 우리는 하나님이 원하시는 것을 원하며, 하나님이 사랑하시는 것을 사랑한다. 하나님께 대한 사랑과 충성은 자연스럽게 이웃 사랑과 적절한 자기사랑에로 이르게 된다. 따라서 이웃을 충실하게 사랑하지 못한다면 하나님이 우리에게 원하시는 바들 가운데 가장 핵심적인 지점에서 실패하고 있는 것이다. 이처럼 두 사랑 사이의 연속성의 여지를 수용하면서도, 아웃카는 동시에 하나님의 사랑과 인간의 이웃 사랑 사이에 중요한 차이가 있음을 밝힌다. 크게 두 가지로 정리할 수 있다. 첫째, 구원론의 관점에서의 차이이다. 구원자 하나님이 피조물 인간을 사랑하는 방식과 똑같이, 우리가 그렇게 '구원론적으로' 사랑할 수 없다. 지고지순하면서도 극진한 사랑으로 죄인을 구원에 이르게 하기 위해 십자가를 져야 하고 또 그렇게 할 수 있는 이는 성자 예수이지, 인간인 우리가 아니라는 말이다. 둘째, 인간관계에서 찾을 수 있는 모범적 사례를 하나님께 대한 우리의 사랑에 적용하고자 할 때 신중할 필요가 있다고 아웃카는 주문한다. 인간관계는 상호관계성 mutuality와 상호성 reciprocity이라는 두 가지 관점에서 설명되어야 하지만 하나님과 인간의 관계는 전자의 관점에서는 설명될 수 있을지 몰라도 후자의 관점에서 그럴 수 없다는 점을 지적한다.[44] 전자와 달리 후자는 필요의 충족이나 이해利害의 교환 등이 필수적 요소로 작용하는 관계성을 뜻하기 때문이다. 하나님은 자신의 필요를 충족시키기 위해 인간과의 관계를 추구하는 분이 아니시며, 이해라는 측면에서 사랑의 대상인 인간의 반응이나 행동에 따라 좌우되시는혹은 영향 받으시는 분도 아니라는 것이 아웃카의 생각인 것이다.

2. 이웃을 사랑함과 하나님을 사랑함의 동일시와 그 핵심적 근거인 하나님의 인간론적 제한

앞에서 본 대로, 포우스트는 사랑을 대상 안에 내재된 선善을 인식하고 목적으로서의 선에 대한 자연스러운 반응으로 이해하며, 사랑의 관계에 참여하는 이들이 친밀한 사귐의 관계를 형성함으로써 사랑이 완성된다고 강조한다. 이 점에서 포우스트의 '사랑'론은 가톨릭 전통의 목적론적 사랑 이해와 맥을 같이 한다고 평가할 수 있다. 가톨릭 윤리학자인 바첵Edward Vacek은 하나님의 사랑을 반영하고 표출하며 또 하나님의 사랑 구현에 협력하는 형태라면 모든 사랑이 참된 사랑이 될 수 있다고 주장한다.[45] 다시 말해, 바첵은 하나님 사랑의 반영이자 표출로서의 사랑 안에서 인간 행위자는 자기 자신과 타자를 사랑하며 또 하나님의 사랑의 목적 실현에 참여한다는 점을 역설하고 있는 것이다.[46] 포우스트는 이러한 입장과의 깊은 연속성을 견지하면서 아가

---

44 Gene Outka, "Agapeistic Ethics," 486.
45 틸리히의 사랑의 윤리를 논구하는 3장에서 그리고 자기사랑의 주제를 탐구하는 4장에서 좀 더 상세하게 바첵의 신학과 윤리를 다룰 것이다.
46 Edward Vacek, Love, *Human and Divine*, 116-40.

페 혹은 하나님의 사랑 는 사랑의 특수 관계들 안에서 구현된다는 점을 강조함으로써 하나님 사랑과 인간 사랑을 그 본질과 실제적 구현의 관점에서 동일시하는 경향이 있다고 평가할 수 있다. 이러한 동일시는 하나님 사랑이 인간 사랑으로 환원될 가능성뿐 아니라 인간 사랑의 구현 없이 하나님 사랑이 있을 수 없다는 의미에서 후자가 전자에 종속될 가능성 또한 내포한다고 볼 수 있다. 하나님 사랑과 인간 사랑의 구분 철폐는 '하나님을 사랑함'과 '이웃을 사랑함'의 관계성 이해에도 본질적인 영향을 미칠 수밖에 없는데, 이 둘 사이의 경계선이 흐릿해질수록 하나님을 사랑함에 있어서의 규범적 실천적 독특성에 대한 관심은 약화되고 이웃을 사랑함이 곧 하나님을 사랑함이라는 등식이 성립될 여지는 커지게 된다. 하나님의 사랑이 드러나는 구체적인 통로로서의 특수 관계들 안에서 사랑의 대상을 사랑함으로써 하나님 사랑에 참여하고 그 사랑을 경험하고 또 하나님을 사랑하게 된다는 것이다.

또한 인간관계는 상호관계성 mutuality 와 상호성 reciprocity 의 개념의 빛에서 해명할 수 있지만 하나님과 인간 사이의 사랑의 관계는 전자의 관점에서만 설명할 수 있다는 아웃카의 입장에 포우스트는 반대한다. 그는 이 둘 사이의 아웃카식 [ㅈ] 구분을 철폐한다. 특별히 하나님은 '사랑의 대상인 인간의 반응이나 행동에 따라 영향 받으시는' 신적 존재로서 하나님과 인간 사이의 관계는 '상호성'의 관점에서도 이해될 수 있고 그렇게 되어야 한다고 생각하는 것이다. 여기서 포우스트는 피조물 인간과 사랑의 관계를 이루기 위해 하나님이 스스로를 제한하신다는 신론적 관념을 상정한다.[47]

포우스트의 '하나님 사랑'론의 토대를 이루는 하나님 이해는 전통적 신관과는 거리가 있다. 이 지점에서 포우스트의 하나님과 하나님 사랑에 관한 신학적 윤리적 이해는 과정신학의 그것과 연속성을 가진다. 캅 John Cobb은 하나님의 사랑을 '창조적-응답적' 사랑으로 규정하며, 이 신적 사랑의 '응답성'을 전통적 유신론의 단극성에 대비하여 '양극신론' dipolar theism의 관점에서 설명한다.[48] 여기서 캅은 다른 중요한 과정신학자인 핫숀 Charles Hartshorne을 중요하게 참조한다. "핫숀에게는 하나님의 양 '극' poles 혹은 측면이란, 한편으로는 하나님의 추상적인 본질이며, 그리고 다른 한편으로는 하나님의 구체적인 현실성을 말한다. 추상적인 본질은 영원하고, 절대적이고, 독립적이며, 그리고 불변적이다. 그것은 매 순간에 신의 실존을 특징지어주는 신성의 추상적 속성들을 내포한다. … 구체적인 현실성은 시간적이고, 상대적이며, 의존적이고, 그리고 끊임없이 변화한다. 하나님의 생명의 각 순간들에는 세상에서 오직 그때에만 알게 되어지는 새롭고 예견하지 못한 발생사건들이 있는 것이다. 따라서 하나님 자신의 구체적인 지식은 이 세상적인 현실성들에 의해 만들어진 결정들에 의존되는 것이다. 하나님의 지식은 세계에 대해 내적으로 연관된 의미에서, 언제나 그 세계에 의해 상대화되어지는 것이다."[49] 전통적 단극적 유신론에서는 '구체적 현실성'의 극에 대한 관심은 부정되거나 약화되는 반면 하나님의 불변적이며 영속적인 '추상적 본질'에 주된 관심이 있다고 한다면, 양극적 유신론에서는 하나님은 세계와의 관계성 안에서 그 세계의 구체적인 현실에 대해 반응하면서 신적 지식을 형성해 간다는 데 방점을 두며 또 이러한 세계와의 관계성과 그 관계성에 기초한 상대적 지식을 부정하거

---

47 Stephen Post, *A Theory of Agape*, 52-66.

48 John Cobb and David Griffin, *Process Theology*, 류기종 역, 『과정신학』(서울: 열림, 1993), 66.

49 위의 책, 66-67.

나 평가절하하는 '신神의 추상적 본질에 대한 강조'를 경계한다고 할 수 있다. 여기서 우리가 만나는 하나님은 응답적 하나님이며 또 현실적 하나님이시다. 이는 "참으로 현실적인 하나님은 세상의 현실화들worldly actualizations에 대해 수용적이고 그리고 응답적"이라는 점을 내포한다.[50]

양극신론은 영원하고 절대적이며 독립적이면서 또 불변적인 하나님의 관념을 벗어나 피조물과의 관계에서 상대성, 의존성, 시간성, 상황적응성 등의 신의 존재론적 실천적 속성을 허용함으로써 피조물 인간과의 친밀하고 풍성한 인격적 사귐을 이루시기 위해 '인간의 존재와 경험의 차원으로' 자기 자신을 제한하시는 하나님 관념을 견지한다. 이런 맥락에서 포우스트는 상호관계성mutuality뿐 아니라 상호성reciprocity의 관점에서도 하나님과 인간의 사랑의 관계를 설명하고자 하며, 특별히 후자의 관점에서 하나님의 인간론적 제한혹은 동일시의 여지를 넓게 허용한다.[51] 포우스트에게 하나님은 피조물 인간과의 관계 속에서 그 상호적 사귐을 더욱 풍성하게 하시기 위해 자기 자신의 권위와 능력과 영광을 제한하시는 하나님이다. 이러한 자기 제한을 통해 하나님은 인생과 역사에서 나타나는 다양한 삶의 경험들에 자신을 노출하고 또 온전한 공감으로 참여함으로써 인간과의 깊은 사귐으로 들어가길 바라신다는 것이다. 이러한 하나님과 신적 사랑에 대한 이해에 근거할 때, 하나님을 사랑함과 이웃을 사랑함 사이의 규범적 실천적 간격은 좁아진다. '하나님의 인간론적 제한'의 관념의 빛에서 하나님을 사랑함은 이웃을 사랑함의 인간론적 지평으로 융합된다. 포우스트에

---

50 위의 책, 67.
51 Stephen Post, *A Theory of Agape*, 74-77.

게 하나님을 사랑함은 주로 하나님과의 사귐을 이루는 것이다. 따라서 인간인 우리는 하나님이 공감으로 참여하시는 '인생과 역사에서 나타나는 다양한 삶의 경험들'에 동참함으로써 하나님과 사귐을 이루고 '하나님을 사랑함'을 실천하게 되는 것이다. 또한 상호관계성 뿐 아니라 상호성의 관점에서도 하나님과 인간 사이의 사랑을 이해하고 해석하는 여지를 넓게 허용함으로써, 포우스트는 하나님은 인간으로부터의 사랑을 간절히 원하시는 존재이며 또 그리하여 '인간의 하나님을 사랑함'에 의해 깊은 영향을 받으시는 존재라는 점을 주장하고 있는 것이다. 다시금 이 지점에서도 이웃을 사랑함과는 구분되는 하나님을 사랑함의 규범적 실천적 독특성이 충분히 고려될 수 있는지에 대한 의문을 제기해 두어야 하겠다.

3. 이웃 사랑의 길로서의 하나님과의 사귐과 신적 고난에의 동참 그리고 하나님을 사랑함의 마지막 방식

몰트만에게 사랑은 '영원 전부터 자기를 전달하는 선善'이며, 이러한 이해는 사랑 안에서 자기 자신을 전달하시는 하나님은 그 전달을 통해 이루어지는 관계에 참여하는 타자와 사랑의 사귐을 이루실 수밖에 없다는 생각으로 이어진다.[52] 또한 사랑 자체이신 하나님은 삼위일체 하나님으로 이해될 수밖에 없다고 몰트만은 강조한다. '한 고독한 주체'는 그 자신을 전달할 수도 없고 사랑을 실천할 수도 없기에,

---

[52]   Jürgen Moltmann, *Trinität und Reich Gottes*, 김균진 역, 『삼위일체와 하나님의 나라』(서울: 대한기독교출판사, 1982), 78.

하나님이 사랑이시라면 하나님은 사랑하는 존재일 뿐 아니라 사랑받는 존재일 수밖에 없다는 것이다.[53] 이 사랑 안에서 하나님은 사랑의 대상으로부터 응답을 원하시며 궁극적으로 그 대상과의 친밀한 사귐에 이르기를 갈망하신다.[54] 몰트만은 이처럼 인간을 향한 하나님의 사랑이 극진하고 또 친밀한 사귐을 이루기 위한 갈망이 크시기에 하나님은 "인간의 행위로 인하여 고통을 받으시며 상함을 받으실 수도 있다."고 강조한다.[55]

　　이런 맥락에서 하나님에게 창조는 신적 사랑의 행위이다. 창조 안에 드러난 사랑은 '고난을 당하는 사랑'이며, 그 사랑은 '자기 제한과 자기 자신의 철회, 자기 낮추심'을 통해 구현된다.[56] 하나님은 세계를 창조하면서 그 자신으로부터 나오기 전에 완전한 사랑으로 그 자신을 열고 그 자신을 나누어 주는 존재로 자신을 결정함으로써 하나님은 무엇보다도 먼저 자신의 존재 '안'을 향해 창조적으로 활동한다. 어거스틴 이후 기독교 신학은 하나님의 창조 사역을 하나님의 '밖'을 향한 활동 곧 하나님의 밖을 향한 삼위일체 하나님의 행위로 이해했다.[57] 그런데 여기에 문제가 있다. 우리가 믿는 하나님이 전능하고 무소부재하신 하나님이라면 그 하나님에게 하나님 '밖'의 그 어떤 영역이나 공간 혹은 실체가 존재할 수 있는가? 하나님의 '밖'이 존재한다 함은 전통적 하나님의 교리와 모순되며 또 하나님의 한계를 인정하는

53　위의 책.
54　위의 책, 80-81.
55　Jürgen Moltmann, 『십자가에 달리신 하나님』, 287-88.
56　Jürgen Moltmann, 『삼위일체와 하나님의 나라』, 80.
57　위의 책, 135-36.
58　Jürgen Moltmann, 『창조 안에 계신 하느님』, 117-18.

것이 아닌가? 해결책이 있는가? 몰트만에 따르면, 그 해결책은 하나님 스스로 자신의 '한계'를 선택하는 길이다. 다시 말해, 하나님은 창조하시기 전에 자기 자신을 제한하기로 선택하시는 것이다. 무한한 하나님은 자기 밖에 있는 세계를 창조하기 위해 자신의 무한성을 유보하고 자신 안에 있는 공간을, 창조를 위해 유한성에 내어준다. 전능하시고 무소부재하신 하나님은 자신의 현존을 거두어들이고 자기 자신을 제한함으로써 창조를 위한 공간을 마련하며 '무無로부터의 창조'를 위한 무를 생성한다.

아울러 창조를 위한 이 자기 제한의 사랑은 섭리와 구원으로 이어진다. 하나님이 바로 이 창조자로서의 자기 결정을 고수하신다면, 이 결정은 죄와 죽음의 결과로 일어나는 피조물들의 자기 폐쇄에 직면하여, 동일한 하나님 안에서 '구원의 결정'으로 이루어진다. 다시 말해, 하나님이 인간과 세계를 무로부터 창조하시고 죄에도 불구하고 인간과 세계를 포기하지 않으시며 궁극적 구원을 원하신다면 하나님은 이제 자신의 아들의 파송과 헌신 속에서 '파괴하는 무'에게 자기 자신을 드러낸다. 하나님은 그 무 곧 버림받은 상태의 공간을 자기의 현재로써 채운다. 그 현재는 자기 자신을 낮추고 희생하고 나누어주고 고난을 당하며 결국 죽음까지도 경험하는 바로서의 사랑의 현재 곧 하나님의 창조 세계에 대한 사랑의 현재인 것이다.[58]

몰트만은 자기 제한과 자기희생 그리고 고난당하심으로 인간과 세계에게 구원과 자유를 선사하시는 하나님의 사랑에 대해 일방향적인 신적 섭리에 머물지 않고 궁극적으로 '복된 사랑의 사귐'으로 귀결된다는 점을 강조한다. "고난을 통하여 자유롭게 하고 구원하는 그의 사랑은 그의 복된 사랑 가운데에서 성취되고자 한다. 사랑은 사랑받는 자들을 발견하고 그들을 자유롭게 하며 영원히 자기 안에 가질 때만이 행복하게 된다."[59] 여기서 몰트만은 인간과 세계를 위한 하나님의 구원과 구원받은 인간의 하나님의 고난에의 동참을 결부시킨다. 곧 "하나님만이 세계와 함께, 세계를 위하여 고난당하시는 것이 아니라 자유롭게 된 인간도 하나님과 함께, 하나님을 위하여 고난을 당한다."는 것이다. 아울러 몰트만은 하나님과 인간의 친밀한 사귐은 '서로를 위한 공동의 고난과 서로를 위한 공동의 사랑'을 통해 형성되고 또 심화된다는 점을 밝힌다.[60] 여기서 그는 하나님과 인간의 사랑의 궁극적 결실로서의 '사귐'은 인간과 인간 공동체 그리고 전체 피조세계 가운데 구원과 해방을 선사하시기 위해 하나님이 당하시는 고난에 인간이 동참하는 현장, 곧 하나님의 고난과 인간의 고난이 만나는 공동의 고난의 현장에서 충만하게 이루어진다는 점을 역설하고 있는 것이다. 다시 말해, '인간의 하나님을 사랑함'은 하나님과의 사귐을 통해 곧 인간과 세계를 향한 하나님의 고난의 사랑에 동참하여 이루어지는 공동의 경험을 창출함을 통해 구현될 수 있다는 것이다.

다만 몰트만의 '사랑'론에서 하나님을 사랑함의 마지막 방식은 아직 남아 있다. 그것은 찬양을 통한 하나님 사랑의 표현이다. 하나님을 직접 목도하는 이는 죽을 수밖에 없는 까닭은 인간은 하나님의 '직접적인 광채'를 견딜 수 없기 때문이라는 점을 밝히면서, 몰트만은 하나님을 보았음에도 살아 있는 인간은 영원하신 하나님으로부터 은혜를 받은 존재이고 그 은혜 때문에 아브라함과 같이 하나님의 친구로

59   Jürgen Moltmann, 『삼위일체와 하나님의 나라』, 81.
60   위의 책.

    사랑에 관한 신학적 윤리적 탐구 사랑의 윤리

부름 받아 하나님과의 우정의 공동체를 이루게 된다는 점을 강조한다. 그러므로 하나님의 얼굴의 영광스러운 광채는 우리를 파멸시키는 힘이 아니라 인간을 살리는 은혜의 원천이 된다. 다시 말해, "우리에게 임한 은혜는 하나님의 영광의 현재적 형태"이다. 이런 맥락에서 하나님의 사랑으로 은혜 가운데 구원받고 하나님과의 사랑의 관계 속에 들어간 모든 이들은 이제 하나님의 영광을 지향하며 그리스도의 주권에 순종함으로써 하나님을 영화롭게 하고자 한다. 그러므로 신적 사랑을 경험한 인간은 그 사랑에 반응하여 하나님을 높이고 찬양함으로써 하나님을 향한 사랑을 표현하게 될 것이라는 점을 몰트만은 역설한다.[61]

Ⅳ
비교와 종합적 평가

1. 하나님 사랑과 인간의 이웃 사랑 사이의 관계성

구체적 사랑의 관계들 안에 존재하는 고유한 관계질서나 정서적 역동을 우선시하고 또 선호의 여지를 남겨두면서 '가까운' 대상으로부터 사랑의 대상 범위를 설정하고자 하는 포우스트의 신학적 윤리적 시도는 기독교 아가페의 규범적 보편성을 약화시킬 가능성이 있는

---

61 Jürgen Moltmann, 『예수그리스도의 길』, 283-84.

데, 몰트만의 사랑의 대상 이해는 분명히 이를 넘어선다. 또한 하나님의 보편적 사랑의 넓이에 상응하여 우리의 사랑도 그 넓이를 포괄해야 한다는 아웃카의 신중심적 패러다임에 몰트만은 분명하게 동의할 것이다. 다만 앞에서 살핀 대로, 몰트만의 사랑의 대상 범위 이해는 좀 더 포괄적이다. 하나님과 세계의 관계를 범재신론적으로 이해하는 몰트만의 신학적 견해로부터 우리는 하나님의 섭리와 사랑이 전체 피조세계와 모든 피조물들을 포괄하듯이 하나님 사랑에 상응하는 인간의 사랑도 그러한 사랑의 대상 범위를 갖는다는 점을 추론할 수 있다. 인간이 다른 피조세계와 깊은 연대 가운데 있다고 강조함으로써 몰트만은 사랑의 대상을 인간이 아닌 다른 피조물의 영역에까지 확장한다.

기독교 사랑의 계명은 모든 사람을 차별 없이 사랑하라는 도덕적 명령을 그 본질로 하기에 그 대상 범위에 있어서 보편적이지만[아웃카], 이러한 보편성을 지나치게 강조하다 보면 자칫 사랑의 대상의 개별적 특수성을 소홀히 하거나 또 사랑의 관계가 구체성을 띤 깊은 관계성으로 발전하지 못할 수 있다는 점을 신중하게 고려해야 할 것이다. 우정, 부모·자녀 관계, 동료신자, 사회정치적 차원의 연대 등과 같은 특수 관계들이 갖는 도덕적 가치를 충분히 인정하며 구체적 관계들에서 사랑의 본질을 찾고자 하는 시도는 사랑의 실제적 결실을 증진하는 데 유익하지만[포우스트], 특수 관계를 넘어서서 사랑이 좀 더 넓은 범위로 확장하는 것을 막는 요인이 될 수 있다는 점 또한 경계해야 할 것이다. 여기서 몰트만의 '사랑'론은 기독교 사랑의 보편성과 특수 관계들의 내재적인 고유성을 동시에 견지한다는 점에서 아웃카와 포우스트의 약점을 보완하고 강점을 보존하는 이론적 가능성을 내포한다고 평가할 수 있겠다.

한편으로 하나님과 피조물 인간 사이의 사귐을 강조하고 다른 한편으로 둘 사이의 구분을 견지하면서, 몰트만은 하나님 사랑을 인간 사랑에 환원하거나 동일시하여 하나님 사랑의 규범적 실천적 독특성을 약화시킬 수 있는 포우스트식[주] 사랑 이해를 보완·극복할 수 있는 유효한 방식을 제시한다. 또한 몰트만은 하나님과 인간 사이의 존재론적 행위론적 구분을 존중하면서도 '코이노니아' 안에서 이 둘 사이에 이루어 질 수 있는 '능력과 본성의 나눔의 가능성'을 강조함으로써, 하나님 사랑이 인간의 이웃 사랑의 규범적 이상이 되지만 실천 가능성의 관점에서 하나님과 인간 사이에 존재론적으로 또 규범적으로 간격이 존재할 수밖에 없다는 아웃카의 신념이 극단으로 흘렀을 때 생길 수 있는 부정적 결과로서의 '도덕적 패배주의'를 극복할 수 있는 길을 열어준다. 다시 말해, 몰트만은 예수 그리스도의 삶과 가르침을 통해 선명하게 드러난 사랑의 규범적 이상 곧 이타적인 자기희생의 사랑의 모범이 인간 사랑의 현실에서 구현될 여지를 아웃카보다 더 큰 정도로 허용하고 있다는 것이다.

2. '하나님을 사랑함'과 '이웃을 사랑함' 사이의 관계성

아웃카, 포우스트, 몰트만, 이 세 학자 모두 하나님이 사랑하시는 대상을 사랑함으로써 인간이 하나님을 사랑할 수 있고 또 그렇게 해야 한다는 규범적 이해를 공유한다. 다만 그 대상 범위의 관점에서 이 세 사람 사이의 차이를 탐지할 수 있다. 포우스트는 특수 관계들을 통해 아가페[혹은 하나님의 사랑]가 구현된다고 봄으로써 하나님의 사랑과 인간의 사랑을 동일시하며, 가족이나 친족과 같이 사회생물학적 관점에서 더 가까이 있는 존재들에게 사랑의 우선순위를 두고 또 그들을 사랑하는 것이 하나님을 사랑하는 우선적인 길이라는 점을 강조한다. 이에 비하면 아웃카와 몰트만은 보편적이다. 하나님이 창조하신 모든 인간이 사랑의 대상이 되며, '모두'를 사랑함으로써 하나님을 사랑할 수 있다. 다만 몰트만은 사랑의 대상 범위 이해에 있어서 아웃카보다 더 넓은 지평을 확보하는데, 왜냐하면 인간 뿐 아니라 다른 피조물까지도 사랑의 대상에 포함시키기 때문이다. 사랑의 대상 범위의 생태적 확장이라 일컬을 수 있을 것이다.

아웃카는 인간의 사랑의 관계는 상호관계성mutuality과 상호성reciprocity의 관점에서 모두 설명될 수 있지만 하나님과 인간의 관계에 있어서는 상호성의 관점으로 접근할 수 없다는 점을 견지함으로써, '하나님을 사랑함'과 '인간을 사랑함' 사이의 존재론적 규범적 차이를 존중하고자 한다. 이와 대비적으로 포우스트는 한편으로 하나님은 신적 자기 제한을 통해 인간적 경험의 차원으로 자기 자신을 낮추고 인간과의 사랑의 사귐을 추구하신다는 점을 그리고 다른 한편으로 인간은 그러한 신적 사랑에 상응하여 하나님이 참여하시는 인간적 경험에 동참함을 통해 '하나님을 사랑함'을 실천할 수 있다는 점을 강조함으로써, 하나님을 사랑함을 '인간을 사랑함'에로 환원하거나 동일시하여 둘 사이의 규범적 차이를 약화시키거나 폐지한다. 포우스트의 신적 자기 제한의 관념은 과정신학의 신론과 결합하면서, 신적 '내재'를 첨예화하여 하나님과 인간의 존재론적 구분을 철폐하고 '하나님을 사랑함'의 독특성의 여지를 원천적으로 차단할 가능성이 있다는 점은 아웃카의 입장에서는 비평적 성찰이 절실한 대목이 된다. 다만 아웃카의 '사랑'론은 둘 사이의 구분을 강조하고 하나님을 인간과의 관계에서 이해利害나 필요의 충족 등의 관계 요인들로부터 완전히 초월해 계신 존재로 봄으로써, 인간의 역사와 경험 속에 들어와 친밀한 사귐을 이룰 수 있는 관계의 가능성 그리고 그러한 사귐에 참여함으로 인간이 하나님을 사랑할 수 있는 가능성을 약화시키거나 차단하는 결과에 이를 수 있다는 점을 지적해 두어야 하겠다.

앞에서 본 대로, 몰트만은 하나님의 자기 제한을 창조론적으로, 구원론적으로 또 삼위일체론적으로 전개하면서 인간을 향해 자기 자신을 낮추시고 인간과 깊은 사귐을 이루시고자 하는 하나님과 하나님 사랑의 관념을 심화한다는 면에서, 아웃카보다 포우스트의 입장에 좀 더 가까이 서 있는 것으로 보인다. 그러나 중요한 구분점이 있다. 포우스트는 신적 자기 제한을 신적 '내재' 쪽으로 첨예화함으로써 하나님과 인간 사이의 구분을 폐지하는 방향을 취하는 반면, 몰트만은 하나님의 자기 제한을 말하면서도 자신의 범재신론적 구도 안에서 하나님과 피조물 사이의 구분을 신중하게 견지함으로써 하나님과 인간 그리고 하나님을 사랑함과 이웃을 사랑함 사이의 적절한 존재론적 규범적 차이를 존중하고자 한다. 한편으로 포우스트의 입장에 가까이 서서 하나님이 공감으로 참여하시는 인간의 경험들에 동참함으로써 하나님과의 사귐을 이루고 '하나님을 사랑함'을 실천할 수 있다고 생각하며, 다른 한편으로 상호관계성 뿐 아니라 상호성의 관점에서도 하나님과 인간의 관계를 설명할 수 있다는 여지를 열어두면서도 하나님을 사랑함과 인간을 사랑함 사이에 중요하게 지켜져야 할 구분을 존중하고자 한다. 특별히 후자의 관점에서 몰트만은 하나님을 사랑하는 근본적인 방식으로서 피조물인 인간이 하나님께 드리는 '경외와 찬양'의 중요성을 강조함을 보았다.

V

하나님 사랑과 이웃 사랑의 관계성에 관한
결론적 규범 진술

지금까지 필자는 현대 기독교 사랑 윤리 담론의 두 축인 보편 중심적 접근의 아웃카와 특수 중심적 접근의 포우스트 그리고 제3의 길로서의 이론적 참고 틀을 제시한다고 평가할 수 있는 몰트만의 '사랑'론을 하나님 사랑과 이웃 사랑의 관계성을 주된 논점으로 삼아 비교·성찰하였다. 본 장에서 필자가 수행한 연구가 하나님 사랑을 모범으로 삼는 인간 사랑에 대한 규범적 성찰, 하나님을 사랑함과 이웃을 사랑함 사이의 바른 관계 설정 모색, 성숙한 하나님 사랑과 이웃 사랑을 위한 이론적 실천적 토대 구축 등의 과제 해결에 이바지할 것으로 기대한다. 이제 지금까지의 연구를 토대로 하나님 사랑과 이웃 사랑의 관계성에 관한 규범을 제안함으로써 결론을 대신하고자 한다.

먼저 이웃 사랑의 규범적 모범으로서의 하나님 사랑과 두 사랑의 관계성에 관한 것이다. 하나님이 모든 인간을 사랑하시기에 이웃 사랑의 범위도 '모두'를 포괄하는 보편성을 규범적 기준으로 설정해야 하며, 예수 그리스도께서 온전한 타자지향적 자기희생을 가르치시고 또 가르치신 대로 타자를 사랑하셨기에 우리의 이웃 사랑도 자기희생적 이타성을 규범적 본질로 삼아야 할 것이다. 아울러 삼위 안에서 이루어지는 삼위일체적 '사귐'의 모범은 인간 아가페의 지평에서 사랑의 관계에 참여하는 주체들이 이타적 자기희생의 사랑으로 '서로'를 사랑하여 궁극적으로 삼위일체적 사귐에 상응하는 친밀한 상호 관계 형성을 지향해야 한다는 점을 규범적으로 분명하게 가리킨다.

기독교 사랑의 본질은 구체적인 사랑의 관계들 안에서 구현된다는 주장을 존중하면서도 특수 관계들에 대한 강조가 기독교 사랑의 보편성을 침해하는 원인이 되지 않도록 유의해야 할 것이다. 이 점에서 정서적 측면 보다는 사랑의 규범적 이해에 우선순위를 설정하는 아웃카의 접근을 주목할 필요가 있겠다. 친밀한 사랑의 관계 형성과 성숙을 위해 사랑의 정서적 측면을 존중하는 것은 필요하지만, 정서적 역동에 사랑을 위한 필요충분조건으로서의 지위를 부여함으로써 정서적 호불호를 뛰어넘어 모든 대상을 사랑하라는 '보편성'의 규범을 약화시켜서는 안 될 것이다. 그러나 동시에 보편성의 강조가 사랑의 관계를 추상적으로 만들어서 구체적 사랑의 실천과 관계 형성을 장애하는 요인이 되지 않도록 경계해야 할 것이다. 이런 맥락에서 기독교 사랑은 사랑의 대상의 개별적 독특성을 신중하게 살피며 특수 관계들 안에 내재하는 규범적, 상황적, 문화적, 실천·동력적 특성들을 존중하는 사랑이어야 할 것이다.

기독교 사랑의 윤리가 하나님 사랑을 인간 사랑의 모범으로 존중하지만, 사랑의 삶에서 하나님과 인간 사이에는 규범적으로나 실천 가능성의 관점에서 차이가 존재할 수 있다는 점을 지적하고자 한다. 하나님 사랑을 모범으로 삼아 모든 인간을 차별 없이 사랑하는 것이 사랑의 삶의 이상이 되어야 하겠지만, 하나님이 아닌 피조물 인간으로서의 한계를 직시하는 것은 중요하다. 모든 인간을 사랑하는 것을 규범적 목적으로 삼아야 하겠지만 시공간적 조건, 동기의 일관성, 보편적 사랑의 명령의 수행 능력 등에서 나타날 수밖에 없는 인간적 '한계'

로 인해 보편성의 규범을 구현하는 것이 쉬운 가능성이 될 수 없다. 이런 맥락에서 피조물로서의 한계를 적절하게 인식하는 것은 '모든' 이웃을 포괄하는 목적을 향해 사랑을 실천하되 가족이나 친구와 같은 '가까운' 이웃으로부터 현실적으로 또 구체적으로 시작하여 사랑의 지평을 점차 확장해 가는 사랑의 구도를 형성하는 데 긍정적인 기여를 할 것이다. 또한 예수 그리스도의 완전한 자기희생과 이타성은 기독교인들이 마땅히 이루어야 하는 규범적 모범이지만, 인간인 우리가 그 모범 곧 예수 그리스도의 자기희생적 이타성을 완전히 구현할 수 없다는 인식이 필요하다. 하나님과 피조물 인간 사이의 넘어설 수 없는 간격을 이 지점에서도 존중해야 한다는 것이다. 이런 맥락에서 바르트를 의존하며 아웃카가 내어놓는 조언은 주목할 만하다. "우리는 우리의 사랑 안에서, 우리 자신의 수준에 맞추어 그리고 우리의 제한된 능력 안에서 하나님의 사랑에 응답하고 또 증언한다."[62]

다음으로 하나님을 사랑함과 이웃을 사랑함의 관계성의 관점이다. 하나님이 사랑하시는 존재를 사랑함으로 우리는 하나님을 사랑할 수 있고 또 그렇게 해야 한다. 하나님이 모든 인간 존재를 사랑하시기에 우리는 모든 인간 이웃을 사랑함으로써 하나님을 사랑할 수 있다. 특별히 하나님이 사랑하시는 대상을 사랑함을 통해 하나님을 사랑할 수 있다고 할 때, 하나님의 섭리와 사랑이 피조세계와 그 세계 안에 있는 모든 존재들을 포함하며 인간이 그 존재들과 깊은 연대 가운데 있다는 점을 인식하면서 사랑의 대상을 인간이 아닌 다른 피조물의 영

---

62 Gene Outka, "Theocentric Agape and the Self: An Asymmetrical Affirmation in Response to Colin Grant's Either/Or," 37.

∥∥∥∥∥∥∥∥ 사랑에 관한 신학적 윤리적 탐구 사랑의 윤리

역에까지 확장해 나가야 할 것이다. 아울러 삼위 안에서 이루어지는 삼위일체적 '사귐'의 관계를 궁극적 이상으로 삼아 하나님과의 친밀한 사귐을 이룸으로써 하나님을 사랑해야 할 것이다. 하나님은 인간을 향해 '일방적으로' 말씀하시고 행동하시는 것으로 머물러 계시지 않고 인간의 반응을 듣고자 기다리시고 또 그 반응을 요청하시는데, 이렇게 하여 이루어지는 소통과 대화를 통해 인간과의 깊은 상호적 관계에 이르고자 하신다. 하나님의 사귐에의 추구에 응답하여, 인간도 하나님을 그 앞에서 오직 찬양과 복종으로만 반응해야 하는 전지전능한 절대적 주권자로서 뿐 아니라 삶의 희노애락을 기꺼이 또 진솔하게 나눌 수 있는 '우정'의 대상으로 인식할 수 있어야 할 것이다.

또한 하나님이 공감으로 참여하시는 인간의 경험, 역사의 과정, 생태적 고난에 동참함으로써 하나님과의 사귐을 이루고 '하나님을 사랑함'을 실천할 수 있다. 특별히 인간과 자연과 역사의 구원을 위한 하나님의 헌신과 고난에 동참함으로써 우리는 그 공동의 헌신과 고난의 현장에서 하나님을 경험하고 또 하나님을 사랑하게 되는 것이다. 다만 '하나님을 사랑함'을 그러한 사귐과 실천으로 축소하거나 환원해서는 안 될 것이다. 그것도 소중하지만, 동시에 두 사랑 사이에서 견지해야 할 구분이 있다는 점을 적절하게 인식해야 한다는 것이다. 하나님이 사랑하시는 대상을 사랑하고 또 하나님의 역사에 공감적으로 동참함으로 하나님을 사랑할 수 있지만 하나님 사랑의 가장 중요한 길들 가운데 하나는 '예배'임을 강조하고자 한다. 인간이나 다른 어떤 존재가 아니라 하나님만이 예배를 통해 사랑받으셔야 할 존재인 것이다.

제 2 장

사랑의 자기희생적 이타성에 대한
철학적 기독교윤리적 탐구

* 이 장은 다음 문헌을 수정·보완한 것이다. 이창호, "사랑의 규범적 본질에 관한 신학적 윤리
적 탐구: 자기희생적 이타성의 윤리사상 탐색을 중심으로," 『장신논단』 47-1 (2015. 3), 203-
31.

예수 그리스도를 신앙의 대상으로 삼는 기독교인들은 예수의 삶과 윤리적 가르침을 따라 자기희생적 이타적 사랑을 그들의 삶에서 실현하고자 한다. 다시 말해, 자기희생적 이타성自己犧牲的 利他性을 구현하는 사랑의 실천에서 기독교인의 윤리적 삶의 본령을 찾는 것이다. 다만 기독교인의 사랑의 삶과 윤리를 규명하고 또 구축하는 데 있어서 기독교 신학과 철학의 역사에서 '자기희생적 이타성'의 규범적 본질에 관한 다양한 이해와 해석의 입장들이 존재해 왔다는 점, 자기희생적 이타성의 구현이라는 도덕적 명령을 '의무'duty로 볼 것인지 아니면 '공덕'supererogation[1]으로 볼 것인지에 대한 규범윤리적 논의가 있어 왔다는 점 등에 주목할 필요가 있다.[2]

현대 도덕철학계의 대표적인 공덕 이론가인 하이드David Heyd는 타자를 위한 자기희생적 봉사나 일반적으로 불가능하다고 여겨지는 용서와 같은 행동을 공덕의 전형적인 보기로 제시한다. 이와는 대비적

---

1   의무란 도덕적으로 마땅히 해야 하는 성격의 행동을 가리키는 것으로서, 한편으로 실행했다 해서 보상이나 도덕적 칭찬을 받을 수 있는 것이 아니며 다른 한편으로 실행하지 않을 경우 부정적인 도덕적 평가를 초래하는 행동을 가리킨다. 반면 공덕은 일반적으로 의무와 마찬가지로 도덕적 행동이나 '의무'가 요구하는 것보다는 더 많은 도덕적 헌신을 필요로 하는 행동이기에 실행하지 않았다고 비난 받지 않으나 행할 경우 칭송을 받게 되는 행동을 내포한다. 나중에 상술하겠지만, 한편으로 의무와 공덕은 공히 도덕적으로 선한 행동 곧 타자의 선의 증진에 기여하는 행동이라는 의미에서 규범적으로 연속성을 가지며, 다른 한편으로 의무는 모든 행위자에게 규범적 필수사항으로 요구할 수 있는 반면 공덕은 의무가 요구하는 도덕적 헌신도를 뛰어넘는 행동으로 모든 행위자를 '의무'로 규율할 수 없는 까닭에 행위자의 선택(혹은 자율)의 여지를 많이 남겨 두게 된다는 측면에서 중요한 차이를 드러낸다.

2   Gene Outka, "Universal Love and Impartiality," in *The Love Commandment: Essays in Christian Ethics and Philosophy*, eds. Edmund N. Santurri and William Werpehowski (Washington, D.C.: Georgetown University Press, 1992); David Heyd, *Supererogation: Its Status in Ethical Theory* (Cambridge: Cambridge University Press, 1982).

으로, 기독교 사랑의 윤리를 공덕 논의의 맥락에서 중요하게 논구한 아웃카Gene Outka는 하이드가 공덕으로 간주하는 이러한 행동을 기독교 신학과 윤리의 전통에서는 일반적으로 기독교 사랑의 '자기희생적 이 타성'을 구현하는 도덕적 의무로 받아들여 왔다는 점을 지적한다. 앞 에서 잠깐 언급한 대로, 자기희생적 이타성이라는 규범적 원리에 관한 다양한 해석과 적용의 흐름들이 있어 왔다. 아웃카는 특별히 '악에 대 한 저항'이라는 관점에서 기독교 사랑의 윤리의 역사는 중요한 해석적 패러다임들을 형성해 왔다는 점을 밝힌다. 앞으로 면밀히 검토하겠지 만, 불의한 폭력에 직면하는 상황에서 기독교 사랑의 이타성이 어떻게 구현되어야 하는가라는 물음에 대한 윤리적 응답은 자아·타자 관계와 타자·타자 관계 사이의 구분 그리고 신앙공동체 안팎의 구분의 관점 에서 주목할 만한 해석적 실천적 패러다임들로 나타난다. 아웃카에 따 르면, 기독교 이타주의와 평화교회 전통이 대표적인 보기이다. 기독교 이타주의는 자아·타자 관계에서 자기희생적 이타성의 규범적 원리에 근거하여 악에 대한 저항의 금지를 의무로 요구하는 반면 타자·타자 관계에서는 무고한 약자를 위한 불가피한 대응폭력의 사용을 공덕적 선택의 문제가 아닌 도덕적 책임으로 규정한다. 평화교회 전통[3]은 자 아·타자 관계와 타자·타자 관계 사이의 이타주의적 구분을 철폐하고 이 두 관계 모두에서 기독교 사랑의 이타성은 비폭력 무저항의 사랑 으로 현실화되어야 한다고 강조한다. 다만 이 전통은 교회와 세상을 구분하여 신앙공동체 밖에 존재하는 도덕 행위자들은 기독교 사랑의

---

3 소규모의 친밀한 공동체를 지향하며 예수 그리스도의 평화와 사랑의 윤리적 가르침을 공동체 적으로 철저하게 구현하고자 하는 교회 전통을 가리키는데, 재세례파(Anabaptists), 메노나이트 (Mennonites), 퀘이커(Quakers) 등이 그 대표적인 보기이다.

ıllıllıllı 사랑에 관한 신학적 윤리적 탐구 사랑의 윤리

규범적 요구를 반드시 실천해야 하는 의무로서가 아니라 행위자의 선택에 달린 공덕으로 받아들일 수 있는 여지는 남겨 둔다. 요컨대, 자기희생적 이타성을 기독교 사랑의 윤리의 근본적인 규범적 공동의 기반으로 받아들이면서도 이 원리에 대한 해석과 적용에 있어서 그리고 세부 규범의 생산의 관점에서 의무론적 필수사항으로 받아들일 것인지 아니면 공덕적 선택의 문제로 볼 것인지에 관해서 다양한 응답이 있을 수 있고 또 있어 왔음을 지적해 두어야 하겠다.

　　본 장의 목적은 기독교 사랑의 규범적 본질, 특히 기독교 사랑의 자기희생적 이타성을 '의무와 공덕'에 관한 윤리적 논의의 관점에서 분석·평가하는 것이며, 이러한 학문적 탐구를 통해 기독교 사랑의 규범윤리적 이해와 담론 성숙에 이바지하고자 한다. 이러한 목적을 이루기 위해 필자가 수행하고자 하는 연구 과제는 크게 두 가지이다. 첫째, 의무와 공덕에 관한 개념 이해를 추구하는 것인데, 공덕에 관한 도덕철학적 기독교윤리적 논의의 주된 쟁점을 해명함으로써 이 과제를 수행하고자 한다. 도덕철학적 논의를 위해서 공덕 담론을 촉발한 엄손 J. O. Urmson 의 기본적 전제와 하이드의 주요 논점을 다룰 것이다. 또 공덕에 관한 기독교윤리적 이해를 위해 아웃카의 논의를 주로 다룰 것인데, 아웃카는 본 장의 목적인 기독교 사랑의 규범적 본질에 대한 의무와 공덕의 관점에서의 규범윤리적 탐구를 위한 중요한 논점들 곧 악의 대한 저항, 자아·타자와 타자·타자 관계의 구분, 신앙공동체 안과 밖의 구분 등의 논점을 제공한다. 필자는 이 논점들을 중심으로 기독교 사랑의 자기희생적 이타성에 대한 다양한 규범적 해석과 적용의 가능성을 탐색하고자 한다. 둘째, 앞에서 밝힌 아웃카의 논점들을 중심으로, 기독교의 대표적 해석 흐름혹은 패러다임들을 탐구할 것이다. 현대 기독교 이타주의를 대표하는 윤리학자인 램지^{Paul Ramsey}, 평화교회 전통의 가장 중요한 옹호자인 요더^{John Howard Yoder} 그리고 이 입장들을 비평적으로 성찰한 '보편적 사랑'론의 아웃카 등을 중심으로 이 과제를 수행할 것이다. 각각의 입장을 다루고 나서, 이들을 비교하고 종합적으로 평가할 것이다. 마지막으로 기독교회와 신자의 사랑의 삶에 관한 규범적 성찰과 실천의 성숙에 기여할 수 있는 신학적 윤리적 제안을 함으로 본 장을 맺고자 하는데, 특히 '온전한 사귐'의 규범 이해를 포함하는 통전적 규범을 주목할 것이다.

I

규범적 성찰을 위한 예비적 탐구:
의무와 공덕에 관한 철학적 기독교윤리적 이해

1. 공덕에 관한 도덕철학적 쟁점과 이해

현대 도덕철학계에서 공덕에 관한 논의를 촉발시킨 학자인 엄손은 공덕의 담론에서 중요하게 고려해야 할 기본적인 윤리적 요소들^{혹은 전제들}을 제시하는데, 크게 두 가지로 정리할 수 있다. 먼저 엄손은 도덕성이란 기본적으로 인간의 필요에 대한 충족이라는 주제와 관련된다는 점을 밝히는데, 이는 인간의 필요를 충족하는 행동이 '도덕적인' 행동으로 평가될 수 있다는 점을 내포한다. 다시 말해, 타자의 선을 증진하는 행동을 도덕적인 것으로 판단할 수 있다는 것이다. 또한 엄손은 의무로 설정할 수 있는 도덕적 행동이란 인간이 현실적으로 실행할 수 있는 행동이어야 한다는 점을 지적한다. 엄손은 공덕의 행위를 아시시의 프란시스^{Francis of Assisi}의 보기를 들어 설명하는데, 성 프란시스는 새들에게 설교하는 것을 '의무'로 여겼다. 그것이 의무이기에 자신에게 주어진 당위적 명령으로 받아들이고 성실하게 또 지속적으로 그 의무를 수행하고자 하였다. 그러나 번번이 실패하였고, 그러한 자신의 도덕적 현실에 절망하였으며 자신의 비^非실행에 대해 깊은 자책감을 가졌다고 엄손은 전한다. 여기서 엄손은 사람들이 추앙하는 성인이나 탁월한 도덕성을 인격과 실천으로 구현한 도덕적 영웅들이 생각하는 의무와 보통의 많은 사람들이 생각하는 의무 사이에 간격과 차이가 있다는 점을 추론한다. '의무'의 수준은 보통 사람들이 도덕적으로 감당할 수 있는 규범의 무게를 과도하게 초과하는 것이 되어서는 안 된다는 것이 엄손의 생각인 것이다.[4]

공덕의 담론을 촉발시킨 공헌을 엄손에 돌린다면, 이론적 정련화를 위해 가장 중요하게 기여한 학자로 하이드를 생각해야 할 것이다. 그의 공헌은 공덕이라는 개념 정의를 세밀하게 또 체계적으로 발전시킨 것이다. 하이드는 자기 자신을 희생하고 타자의 선을 증진하는 행동을 도덕적으로 선한 것으로 규정하며 이러한 행동을 의무와는 구별되는 '공덕'의 개념으로 규정하고자 하는데, 공덕의 전형적인 사례들로서 '성인적이고 영웅적인 행동_{예를 들어, 순교, 친구의 생존을 위해 자신의 생명을 희생하는 것}, 자

---

4   J. O. Urmson, "Saints and Heroes," in *Essays in Moral Philosophy*, ed. A. I. Melden (Seattle: University of Washington Press, 1958), 198-216.

비롭고 관대하며 넉넉히 나누어 주는 행동, 친절과 배려의 행동, 용서, 자비 그리고 속죄를 지향하는 자발적 참여를 내포하는 행동' 등을 제시한다.[5] 이 사례들은 의무의 범주로 묶을 수 있는 행동들이라는 점을 지적하면서도, 하이드는 이들을 의무로 환원하지 않을 때 공덕적 행동으로 받아들일 수 있다는 점을 강조한다. 그러나 동시는 우리는 하이드가 의무와 공덕의 상호관련성을 견지한다는 점도 간과해서는 안 될 것이다. 그는 이 상호관련성을 크게 두 가지 개념으로 설명한다. 곧 연속성과 상대적 관계성이다. 연속성 continuity 은 "공덕의 행동은 도덕적으로 선해야 함을 의미하는데, 그것의 가치는 의무적 행동을 선하고 가치 있는 것으로 만드는 같은 형식 혹은 방식 으로 선하고 가치 있는 행동이라고 간주됨을 의미한다."[6] 또 상대적 관계성 correlativity 은 "공덕의 행동은 '의무가 요구하는 것' 이상이 된다는 점에서 특별한 가치를 보유함을 내포한다. 즉 그것은 의무적 행동에 대하여 오직 상대적인 의미를 갖는다."[7] 이 두 가지 상호관련성을 좀 더 심도 있게 살펴보자.

하이드는 '도덕적 선성善性'의 관점에서 공덕과 의무를 연결함으로써, 의무의 범주 뿐 아니라 공덕의 범주에서 미학적 가치나 개인의 행복에 관련된 가치들을 배제한다. 하이드는 '일반적으로' 좋은 행동과 '도덕적으로' 좋은 행동을 구분하는 것이 공덕의 개념 정의에서 중요하다고 보았다.[8] 한 개인이 타자와는 상관없이 혹은 타자를 유익하게 하는 도덕적 목적에는 전혀 기여함이 없이 자기 자신의 삶의 목적

---

5   David Heyd, *Supererogation*, 23.
6   위의 책, 5
7   위의 책.
8   위의 책, 134-35.

을 이루는 것이나 예술이나 스포츠의 영역에서 전문가적 숙련도에 이르는 것은 '좋은' 것이지만, 이 '좋음'을 의무나 공덕의 도덕적 '좋음'에 포함시킬 수 있는지에 대해 하이드는 의문을 제기한다. 이런 점을 고려하면서 '도덕적' 행동으로서의 공덕적 행동은 '이타성'이라는 요건을 충족해야 한다고 강조한다.[9]

또한 공덕은 '의무적 행동에 대하여 오직 상대적인 의미'를 갖는다고 봄으로써, 요구된 것으로서의 의무를 수행할 때 행위자가 가질 수 있는 것 보다 더 많은 정도의 자발성 혹은 자율성을 공덕 수행자에게 허용한다. 이 점에서 하이드의 '조건적' 공덕과 '무조건적' 공덕 사이의 구분을 주목할 필요가 있다.[10] 조건적 공덕은 일반적으로 많은 사람들에게 의무로 받아들여지지만 어떤 특정한 상황 혹은 의무가 아닌 것으로 양해가 될 상황에서 의무로서 수행하지 않아도 된다는 양해가 허용될 수 있는 성격의 행동을 포함한다. 다시 말해, 그러한 양해가 허용될 수 있는 상황에도 불구하고 그 의무를 수행한다면 그것은 '공덕'이 된다. 물에 빠진 사람의 생명을 구하려고 힘쓰는 것은 의무라 할 수 있다. 그런데 그 의무를 수행하기 위해서 자신의 목숨을 희생해야 한다면, '의무'의 관점에서도 자기 자신의 몸을 물에 던지지 않았다고 비난받지는 말아야 할 것이다. 죽을 수도 있다는 위험을 감수하고 물에 뛰어들어 그 죽어가는 사람을 구한다면, 그 행동은 의무가 아니라 공덕으로 간주되어야 한다고 보는 것이다.

하이드에 따르면, 무조건적 공덕은 의무로부터 파생되지 않는

9   위의 책, 115.
10   위의 책, 33-34, 70-74, 120-30, 170-75.

다. 무조건적 공덕에 속하는 행동을 수행하느냐 하지 않느냐는 철저하게 행위자의 '선택'에 달려 있으며 또 수행하지 않았다고 도덕적인 비난을 받지도 않는다. 무조건적 공덕의 개념 이해에서 하이드는 타자를 유익하게 해야 한다는 의무의 이타성보다 자기 자신의 이상과 목적을 추구할 권리가 있다는 행위자의 자율성을 우선시한다.[11] 여기서 하이드는 의무의 과업을 넘어서면서 타자를 유익하게 하는 것이 자기 자신의 이상이나 목적과 부합될 수 있기에 그렇게 행동할 수 있다는 여지를 허용하면서 행위자의 자율적 선택과 실행의 중요성을 강조하고 있는 것이다. 이렇듯 행위자의 '자율성'을 강조할 때, 공덕은 의무와 달리 '비실행으로 비난할 수 없음'을 내포한다.[12]

　　요컨대, 하이드는 의무로 포착되지 않는 행동들이 있는데, 그러한 행동을 이해하기 위해 공덕이라는 개념이 필요하다고 주장한다. 그의 개념 이해에서 공덕적 행동은 타자의 선의 증진에 기여하는 성격을 띤다는 의미에서 '도덕적' 행동이며, 구체적인 행동으로 구현될 수 있는 선*에서의 도덕적 헌신도와 실현가능성을 내포하는 '의무'의 수준을 넘어서는 행동이다. 의무로 '요구'되었기에 도덕적 부담이나 책임감으로 한 것이 아니라 순전히 자발적 선택과 결단에 따라 자유롭게 한 행동이기 때문에 사람들은 그 행동을 도덕적으로 좋은 행동이라고 평가한다는 것이다.

11　위의 책, 173-74.
12　위의 책, 175.

2. 공덕에 관한 기독교윤리적 쟁점과 이해

기독교인들은 이 시대의 '선한 사마리아인'이 되어 누군가의 이웃이 되고자 한다. 아웃카는 기독교 신자들은 "단순히 그 이웃의 선^善을 감소시키지 않도록 힘써야 할 뿐 아니라 증진하기 위해 힘써야 한다."는 도덕적 의무감^{혹은 책임감}을 갖고 있는 경향이 있으며 그러한 이타적 행위는 선택에 기인하지 않고 도덕적 요구에 대한 반응으로부터 온다는 점을 지적한다.[13] 병들고 연약하고 가난하고 소외된 이웃을 자기희생적인 이타적 사랑으로 돌보는 것은 기독교인들이 '선택할 수 있는 어떤 지극히 고상한 도덕적 선행의 영역'에 속하는 것이 아니다. 그러기에 "기독교 공동체에 속한 사람이라면 누구든지 마땅히 해야 할 바이며, 만약 그러한 사역을 감당하는데 실패한다면 비난을 받는다 해도 그러한 비난을 부적절하다고 할 수 없을 것이다."[14] 기독교인들은 한편으로 타자의 선의 감소를 막고 다른 한편으로 적극적으로 그 이웃의 선의 증진을 위해 자기희생적인 이타적 삶을 사는 것은 공덕이 아니라 의무에 속하는 것이라는 이해에 기본적으로 동의한다. 그들에게 이타적 삶을 구현하기 위해 자기 자신을 희생하는 것은 구원의 조건도 아니고 이미 구원의 은총을 확보한 이들에게 종교적 도덕적 '완숙'^{perfection}의 형태로 주어지는 공로주의적 보상도 아니다.

이런 맥락에서 완숙과 연관된 아퀴나스의 행위론은 비판의 대

---

13 Gene Outka, "The Protestant Tradition and Exceptionless Moral Norms," in *Moral Theology Today: Certitudes and Doubts*, ed. Donald G. McCarthy (St. Louis: The Pope John Center, 1984), 158-59.

14 Gene Outka, "Universal Love and Impartiality," 23.

제2장 사랑의 자기희생적 이타성에 대한 철학적 기독교윤리적 탐구

상이 되어 왔다는 점을 아웃카는 지적한다. 아퀴나스는 구원과 완숙을 목적으로 하는 신자들의 행동을 '명령'precept과 '권면'counsel으로 구분하고 명령은 구원을 위한 '의무 사항'으로 그리고 타자·지향적 자발적 가난이나 독신의 실천과 같은 권면은 완숙을 위한 '선택 사항'으로[15] 보는데, 그의 행위론은 신자의 이타적 사랑의 실천을 철저하게 행위자의 자발적 선택의 문제로 환원하는 공덕주의적 경향성과 '완숙'이라는 잉여적 보상을 위한 조건으로 보는 율법주의적 경향성을 내포한다. 이런 맥락에서 개신교 전통은 공덕적 행위로서의 아퀴나스적的 '권면' 수행에 비판적이다. 칼뱅은 이를 '신성 모독과 불경'으로 보았고[16] 성공회 신학자들은 "하나님의 명령 외에 또는 하나님 명령을 넘어서는 어떤 자발적 행위들이 존재한다."는 교리적 주장을 단호하게 거부했다.[17] 아웃카가 적절하게 인용한 대로, 모든 명령 가톨릭적 권면을 포함하여을 수행했을 때에라도 여전히 무익한 종일뿐이다눅 19:10.[18] 요컨대, 기독교 신학과 윤리는 자기희생을 수반할 수 있는 이타적 헌신을 도덕적 '의무' 사항으로 수용하는 강한 경향성을 띠어 왔다고 할 수 있다. 또한 이러한 경향성은 구원론적 차원에서 인간의 도덕적 행위를 공로주의적으로 이해하는 입장이나 신자들의 도덕적 행위를 완숙에 기여할 수 있는 바로서 행위자에게 자율적 선택을 부여하는 공덕적 행위로 바라

15　Thomas Aquinas, *Summa Theologica*, I-II, q. 108, a. 4; *Summa Theologica of St. Thomas Aquinas* I, trans. Fathers of the English Dominican Province (New York: Benziger, 1947), 1118. Gene Outka, "Universal Love and Impartiality," 23에서 재인용.

16　Jean Calvin, *Institutes of the Christian Religion* I, trans. Ford Lewis Battles (Philadelphia: Westminster, 1960), 672-73. Gene Outka, "Universal Love and Impartiality," 23에서 재인용.

17　Article XIV, *The Principles of Theology: An Introduction to the Thirty-Nine Articles*, ed. W. H. Griffith Thomas (London: Church Book Room Press, 1945), 215. Gene Outka, "Universal Love and Impartiality," 23에서 재인용.

18　Gene Outka, "Universal Love and Impartiality," 24.

보는 입장 등에 대한 부정적인 평가를 내포한다.

'도덕적 선성'의 관점에서 의무와 공덕이 연속성을 갖는다는 점, 의무보다 공덕을 수행할 때 행위자에게 더 많은 자유^{혹은 자율성}가 허용된다는 점 등 하이드의 공덕 이해를 존중하면서, 아웃카는 자아·타자 관계와 타자·타자 관계 사이의 구분의 관점에서 '의무와 공덕' 논의를 확장한다. 이 구분은 기독교 사랑의 규범적 본질을 윤리적으로 분석·평가하는 데 매우 중요한 의미가 있는데, 자기희생적 이타성에서 사랑의 규범적 본질을 찾는 기독교윤리의 주요한 해석의 흐름들이 이 구분을 기점으로 갈리기 때문이다.

> 공덕적 행동이 (의무의 행동은 그렇지 않은데) 행위자의 자유로운 선택의 가능성을 열어둔다는 점은 행위자로서 나는 다른 이들의 행동에 대해서 갖는 것보다 나 자신의 행동에 대해 더 넓은 범위의 자유를 가진다는 것을 의미한다. 또한 그러한 자유는 내가 공덕적 행동을 수행한다고 할 때 자아·타자 관계에서 나타날 수 있는 것이지, 타자·타자 관계에서 같은 방식으로 나타날 수 있는 것은 아니라는 점도 유념해야 한다. 제3자들로서 나의 이웃들의 상호 관계 안에서 이루어지는 행동들을 평가할 때, 나는 공덕의 관점보다는 의무의 관점에서 좀 더 용이하게 나 자신의 평가를 제어할 수 있는 것이다.[19]

여기서 아웃카는 의무의 차원에서는 자아·타자의 관계에서 뿐 아니라 타자·타자의 관계에서도 타자 혹은 제3자의 행동에 관해 '나'

---

19 위의 논문, 22-23.

의 관점에서 판단하고 평가할 수 있지만, 공덕적 행위의 관점에서는 행위자의 자율성이 좀 더 많이 허용되기에 타자·타자 관계에서 타자의 도덕적 판단과 행동에 관해 '나'는 그의 자율성을 존중해야 하며 그래서 나 자신의 고유한 윤리적 견해를 '필수적인' 것으로 제시하거나 권고하는 데 신중해야 한다는 점을 주장하고 있는 것이다. 다시 말해 한편으로 '타자의 선의 증진'을 의무의 차원에서 수용한다면 자아보다는 타자를 유익하게 하는 쪽으로 더 많은 여지를 남기는 방향에서 자아·타자 관계와 타자·타자 관계를 규율하고자 할 것이며, 다른 한편으로 그것을 공덕적 행위로 분류한다면 자아·타자 관계에서 '나'는 타자의 선에 기울어지는 불균형성을 선택한다 하더라도 타자·타자 관계에서는 '나'의 선택을 규범적 당위로 제안하거나 요구할 수는 없다는 말이다.

　　이제 아웃카가 제공하는 논점들 곧 악의 대한 저항, 자아·타자와 타자·타자 관계의 구분, 신앙공동체 안과 밖의 구분 등의 논점들을 중심으로 현대 기독교윤리학계의 대표적 이타주의자인 램지, 평화교회 전통의 가장 중요한 옹호자인 요더 그리고 이들에 대한 신중한 비평을 시도한 아웃카의 사랑의 윤리를 좀 더 심도 있게 다루고자 하는데, 이를 통해 기독교 사랑의 본질을 규범윤리적으로 성찰하고 또 그 논의의 지평을 확장하고자 한다.

II

사랑의 자기희생적 이타성에 관한
규범윤리적 탐색

1. 기독교 이타주의의 사랑에 대한 규범적 이해

램지에 따르면, 기독교인들은 자신의 신적 영광을 포기하고 인류를 위해 생명을 바친 예수 그리스도의 자기희생적 사랑의 모범을 따라 그들의 윤리적 삶을 형성하도록 부름 받는다. 램지는 예수의 사랑의 윤리는 비폭력 혹은 수동적 저항을 허용하지 않으며 오직 무저항의 사랑을 명령한다고 보는데, 이 사랑은 타자를 위한 철저한 이타적 헌신을 내포한다는 점을 강조한다. 또한 무저항의 사랑에 대한 예수의 입장은 참으로 엄격하고 절대적이기에 폭력적 저항은 말할 것도 없고 그 어떤 형태의 저항도 허용하지 않는다고 풀이한다. 여기서 자아·타자의 관계에서의 악에 대한 저항이라는 관점에서 타자·지향적 자기희생의 문제를 검토해 보자. 램지는 자아·타자 관계에서 악에 대한 저항을 허용하지 않는다. 자아가 직면하는 불의한 폭력에 대해 '저항하는 것'이 아니라 '받아들이는 것'이 도덕적으로 '요구된다.' 다시 말해 무저항은 의무이며, 공덕으로 범주화될 수 없다. 이러한 규범적 이해의 가장 중요한 토대는 타자·지향적 자기희생을 몸소 실천한 예수 그리스도의 모범이다. 고대 교부 암브로스Ambrose의 언어를 빌리자면, "그리스도는 박해자들에게 상처를 입히면서 자신을 보호하려 하지 않을 것"이기 때문에[20] 예수 그리스도를 닮고자 하는 신자들은 그 모범을 따라 악의 현실에 대응폭력으로 반응하거나 저항해서는 안 되는 것이다.

예수의 사랑의 윤리는 무저항의 사랑을 규범적 요체로 삼는다고 해석하면서 이타적 자기희생과 무저항이 원칙이라고 강조하지만, 램지는 신중하게 '악에 대한 저항'을 정당화할 수 있는 여지를 남겨 둔다. 특히 이타주의적 사랑 이해에 내포된 타자에 대한 책임성이라는 요소를 진지하게 고려하면서 현실주의적 적용의 필요성을 강조한다. "적극적 저항이나 수동적 비협조도 엄격한 예수의 무저항의 윤리와 동일시될 수 없는 것은 물론이고, 근접한 것이라고도 말할 수 없다. 그러므로 [그러한 엄격성과 궁극성이 역설적으로 실제적 적용에서 현실주의적 접근의 필요성을 수용케 하는데] 예수의 [무저항의] 윤리로부터 떨어져 나와 기독교인들이 무저항의 원칙을 내려놓는 데까지 기독교인의 저항을 정당화하는 상황들과 주장들이 있을 수 있고, 그러한 상황들과 주장들은 무력을 통한 저항까지도 허용할 수 있는 계기로 작용할 수 있다."[21] 기독교인들은 사랑 곧 '필요가 있는 자리가 있다면 어디에서든 구체적으로 구현될 수밖에 없는 본성'을 가진 사랑으로 추동되는 존재로서, 언제나 "이웃이 처한 특수하고 또 구체적인 상황들에서 옳은 행동을 결정"하고 구체적으로 응답해야 한다.[22] 다시 말해, 기독교들은 그들의 사랑의 삶에서 어떤 상황에서든 그 상황에 응

---

20 Ambrose, *Duties of the Clergy*. Paul Ramsey, *Basic Christian Ethics* (New York: Scribner's, 1950), 173에서 재인용.

21 Paul Ramsey, *Basic Christian Ethics*, 69.

22 위의 책, 345-46.

|||||||||| 사랑에 관한 신학적 윤리적 탐구 사랑의 윤리

답하는 책임적인 사회윤리를 추구해야 하는 것이다. 무저항의 사랑의 윤리를 유보할 수 있게 하는 '상황들과 주장들'circumstances and arguments은 정의의 판단을 요구하는 현실의 관점에서 설명될 수 있다. 기독교인들이 인종 차별 문제를 교정하기 위해 경제적 압박책을 사용할 수 있는가에 대해 논하면서, 램지는 예수의 무저항의 사랑의 윤리는 "공동생활의 전체적인 안정과 질서를 위해 구성원들 가운데 다른 이들보다 특정한 다른 이들의 지위를 고양하는 것을 선호하는 방향으로 대책을 수립할 수 있고 또 해야만 하는" 여지를 마련할 수 있다고 주장한다.[23] 정의의 판단은 무저항의 사랑이 인종차별과 그 행위자들에 대한 저항을 허용하도록 하는 요인으로 작용할 수 있다는 것이다.

　　무저항의 사랑은 자기방어의 상황에서 기독교인의 도덕적 삶을 규율하는 가장 중요한 규범적 원리가 되는 반면, 치명적 폭력을 동반한 불의한 공격 앞에서 생명의 위기를 겪고 있는 무고한 이웃을 생각한다면 기독교의 사랑은 그 이웃을 위한 적절한 사랑의 실천을 요구할 것이라고 램지는 생각한다. "사랑은 본질적으로 자기방어적이지 않지만 …, 무고한 제3자들이 불의의 희생양이 되지 않도록 하는 방향에서 보호의 윤리를 전개하도록 몰아간다."[24] 여기서 램지는 스스로를 보호할 능력을 갖추지 못한 무고한 이웃이 불의한 폭력에 의해 생명의 위협을 받고 있다면, 자아·타자의 관계에서처럼 자기희생의 규범을 그 무고한 이웃에게 권고하거나 요구할 수 있는지에 대해 심각한 의문을 제기하고 있는 것이다. 램지는 타자·타자 관계에서는 오히려

23　Paul Ramsey, *Christian Ethics and the Sit-in* (New York: Association Press, 1961), 102.

24　Paul Ramsey, *Basic Christian Ethics*, 165.

불의한 폭력에 맞서 대응 수단을 동반하여 개입하는 것이 오히려 기독교의 사랑에 근접한 행동이라고 생각하며, 이 경우 저항이 사랑의 '의무'가 된다고 본 것이다. 이러한 맥락에서 타자·타자 관계에서 사랑은 정의의 차원을 좀 더 신중하게 고려해야 한다는 것이 램지의 생각인데, 램지는 정의를 "둘 또는 그 이상의 이웃과 대결하게 될 때 기독교의 사랑이 행하는 것"이라고 설명한다.[25] 이러한 '대결'에서 기독교의 사랑은 불의한 폭력 행사 앞에서 심각한 상해나 생명의 위협에 직면한 이웃에게 선호를 표하고 또 구체적으로 실천하는 것을 허용한다고 보는 것이다. 램지에 따르면, 자연적 정의를 완성하는 사랑은 정당전쟁의 옹호자들이 '유일하고 또 제한적인 예외'를 설정하게 만든다.[26]

> 모든 동료 인간을 향한 타자 배려의 사랑으로부터 특정한 이웃들에 대한 우선적 배려가 정당화될 수 있고 또 그렇게 되어야 할 경우가 있다. 사랑을 위하여(사랑의 실천으로 살인 금지의 원칙을 생각할 수 있다), 기독교 사상과 윤리는 단 하나의 예외를 설정하게 되는데, 이는 하나님의 지극히 작은 이들이 무책임하게 내버려지거나 필요 이상으로 과도한 상해를 입지 않도록 불의한 폭력은 필요하다면 대응폭력을 사용해서라도 거부되어야 하고 군사적 무력을 사용하는 행위자들은 직접적으로 제어되어야 한다는 것이다. 이렇게 본다면, 이는 '예외'라기보다는 정의와 자비의 결정적 표현이라 할 수 있다. 다시 말해, 참으로 *애통한 마음*으로 허용해야 하는 동료 인간에 대한 애정에 입각한 표현인 것이다.[27]

25   위의 책, 168; Gene Outka, "Universal Love and Impartiality," 26.
26   Paul Ramsey, *Christian Ethics and the Sit-in*, 101.
27   위의 책, 102.

특별히 '동료 인간에 대한 애정'에 입각한 정당화의 틀 안에서 램지는 전쟁 안에서의 정의*jus in bello* 〈유스 인 벨로〉의 관점에서 공덕으로 이해될 수 있는 행위의 규범을 의무 혹은 절대적 규범 로 규정한다. 곧 구별의 원칙the principle of discrimination 이다. 램지는 전쟁 상황에서 비전투원을 대상으로 적군이 "엄격하게 지켜야 하는 바는 정확하고 철저한 대가 지불이 아니라 완전한 용서"라는 점을 역설한다.[28] 이런 식으로 용서를 요구하는 것은 행위자의 선택이라는 요소를 배제하게 되는데, 이 요소는 공덕 이론이 견지하는 바임을 보았다. 선택의 문제가 아니라 '요구된' 바인 것이다. 램지는 그 어떤 예외도 허용함이 없이 비전투원들을 직접적이며 의도적인 공격으로부터 보호해야 한다고 강조한다. 여기서 램지는 누군가의 피anybody's blood를 흘리는 것과 무죄한 이의 피innocent blood를 흘리는 것을 구분하고 있는 것이며, 이 구분에서도 우리는 타자·타자 관계의 관점에서의 자기희생적 이타성에 관한 램지의 규범적 인식의 토대 곧 불의한 폭력 앞에서 스스로를 보호할 능력을 갖추지 못한 '하나님의 지극히 작은 이들'에 대한 사랑의 책임 수행이라는 규범적 토대를 탐지할 수 있다.

2. 평화주의의 자기희생적 이타적 사랑 이해

평화교회 전통에 서 있는 대표적인 현대 신학자인 요더의 평화주의는 성서적이고 기독론적이다. 그는 예수 그리스도의 비폭력 무저항의 사랑을 중심으로 한 성서 해석에 근거해서 자신의 신학적 윤리

---

28   Paul Ramsey, *Basic Christian Ethics*, 171.

를 전개해 간다. "새로운 공동체의 성립과 모든 폭력을 거부하는 것을 특징으로 하는 사회적 지향은 처음부터 끝까지 신약 성경 선포의 주제이다. 그리스도의 십자가는 기독교의 효율이며, 모든 믿는 이들에게 하나님의 능력이다."[29] 여기서 요더는 예수 그리스도의 십자가로 계시된 말씀은 기독교 신앙 공동체와 신자들의 윤리적 삶을 규율하는 규범의 토대라는 점을 역설한다. 이런 맥락에서 요더는 전쟁에서의 폭력 사용이라는 주제는 기독교인들이 그리스도 예수를 윤리적 삶의 궁극적 기준으로 진정성 있게 인정하느냐 아니냐를 가늠하는 시금석이 된다고 주장한다.[30] 그는 정당전쟁을 포함하여 어떤 형태의 전쟁에도 비판적인데, 기독교 사랑의 윤리의 본질적 원칙을 부정하는 것이기 때문이다. 모든 기독교인들이 마땅히 따라 행해야 하는 도덕적 '의무'는 예수 그리스도의 삶과 말씀 가운데 드러난 비폭력 무저항의 사랑이라는 것이다.

이 점에서 요더는 램지와 같은 이타주의자와 마찬가지로 자아·타자 관계에서 자기희생적 이타성을 기독교 사랑의 규범적 요체로 강조한다. 신자가 되고 신앙 공동체의 구성원이 되는 것은 의무가 아니다. 다시 말해, 그것은 자발적 선택과 결단으로 되는 것이다. 그러나 그렇게 자발적으로 결정하고 공동체의 구성원이 된 이들이 따라야 하는 엄격한 의무 사항이 하나 있다. 그것은 비폭력·무저항의 사랑이다. 이는 신앙 공동체에 속한 모든 구성원들을 구속력을 가지고 규율하는

---

29 John Howard Yoder, *The Politics of Jesus: Vicit Agnus Noster*, 2nd ed. (Grand Rapids: Eerdmans, 1994), 242.

30 John Howard Yoder, *The Original Revolution: Essays on Christian Pacifism* (Scottdale: Herald Press, 1971), 134-35.

||||||||||| 사랑에 관한 신학적 윤리적 탐구 사랑의 윤리

절대적 규범이 된다. 이를 어기는 것은 불신앙이며 '공동체의 가장 중요한 삶의 방식으로부터의 일탈'이다. 이 점에서 평화교회 전통은 공덕의 여지를 철저하게 차단한다. 악에 대한 저항을 엄금하며 비폭력을 요구한다. "그리스도의 몸의 모든 지체들은 절대적 무저항에 부름"을 받았으며, 이 소명의 관점에서 공덕의 여지는 허용되지 않는다.[31] 요컨대, 비폭력과 무저항은 규범적으로 의무가 된다. 이제 이 규범적 의무를 따르느냐 아니냐는 공동체 안에서 서로 칭찬하거나 비판하는 기준이 된다. 이런 맥락에서, 다른 공동체 구성원들의 삶의 방식은 '내가 알 바가 아닌 것이 아니다.'[32] 그리하여 "실패에 따르는 비난은 받는 쪽이든 하는 쪽이든 어느 쪽에도 적절한 것이 된다."[33]

　　요더에게 교회는 예수 그리스도로 시작된 새 세대new aeon의 사회적 현실이다. 그리스도의 통치는 종말론적 완성의 때까지 유보되는 것이 아니라 현재라는 시간 속에서도 실현되어야 하는데, 세속 영역에서가 아니라 '교회 안에서'이다. 요더에 따르면, "신약성경은 현재의 시대(교회의 시대, 예수의 오심부터 재림까지)를 두 세대가 겹치는 시기로 본다. 이 두 세대[혹은 에온]는 함께 존재하기 때문에, 별개라 할 수 없다. 이것들은 본성에서 혹은 방향에서 다르다. 곧 한 세대는 그리스도 밖혹은 전의 인간 역사를 과거·지향적으로 가리키는가 하면, 다른 한 세대는 미래·지향적으로 하나님 나라의 충만한 실현을 향한다. 각 세대는 사회적 드러남인데, 전자는 '이 세상'속에 일어나는 것이고 후자는

31　위의 책, 72.

32　John Howard Yoder, *The Priestly Kingdom: Social Ethics as Gospel* (Notre Dame: University of Notre Dame, 1984), 27.

33　Gene Outka, "Universal Love and Impartiality," 28.

제2장　사랑의 자기희생적 이타성에 대한 철학적 기독교윤리적 탐구

교회 안에서 이루어진다."[34] 여기서 우리는 중요한 신학적 윤리적 함의를 찾을 수 있다. 요더는 하나님 나라가 이 땅 위에 드러나게 하는데 있어 교회는 결정적인 도구가 된다고 생각한다. 교회는 역사 안에 존재함으로써 하나님 나라를 불러일으키는 일에 부름 받는다.[35] 자아·타자 관계를 규율하는 의무는 개인 뿐 아니라 공동체의 차원에까지 구속력을 갖는다. 곧 예수 그리스도의 평화와 사랑의 가르침에 순종함으로써 하나님 나라를 구현해야 한다는 소명은 공동체 전체를 상정한다. 이 점에서 요더는 자아·타자 관계와 타자·타자 관계 사이에 존재하는 도덕적 구분을 철폐한다고 볼 수 있다. 타자·타자 관계에서도 비폭력 무저항의 사랑 실천이 의무가 되는데, 자발적 선택에 의한 공덕적 행위가 아니라는 말이다. 다만 요더는 교회와 세상을 구분한다. 비폭력은 신앙 공동체 안에서 개별 신자와 공동체적 관계 모두를 규율한다. 세상도 교회가 구현하여 보여주어야 할 하나님 나라의 도덕적이상 곧 예수 그리스도의 사랑의 윤리를 궁극적인 규범으로 삼기를 희망해야 하겠지만, 세상은 옛 세대에 속하여 있으며 그리하여 "교회 밖에 있는 사람들은 '국가의 경찰 기능'을 허용하면서 그러한 국가의 기능 안에서 그들의 삶을 구성하고 있다."는 점을 받아들여야 한다고 요더는 주장한다.[36]

　　이렇듯 국내적 차원에서 경찰력의 사용을 조심스럽게 허용하지만, 그렇다고 요더가 전방위적인 강제력 사용을 용인하는 것은 아님을

34　John Howard Yoder, *The Original Revolution*, 55.

35　위의 책, 107-24.

36　위의 책, 76-77.

〰〰〰〰〰 사랑에 관한 신학적 윤리적 탐구 사랑의 윤리

지적해 두어야 하겠다.[37] 만일 국가권력이 모든 것을 통제하려고 하는 욕망에 사로잡혀 전방위적으로 또 강제력을 수반하여 권력을 행사하려고 한다면, 그러한 강제력 사용을 어떻게 평가하고 또 반응해야 하는가? 요더는 기독교인들에게 정치권력을 존중하라 가르치지만, 동시에 존중을 위한 한계를 설정하고 그 한계를 넘어섰을 때 기독교인들의 저항을 구체화할 수 있는 어떤 사회적 힘이 필요하다고 본다. 불의한 구조를 바꾸는 일에 참여하는 것을 허용하지만, 참여의 방법을 신중하게 선택하라고 그는 강조한다. "비폭력은 다른 방법과 바꿀 수 없다. 이는 순전한 사랑의 표현이기 때문이다." 연좌나 보이콧 등의 방법은 상대에게 자신들이 얻고자 하는 바를 강제하려고 하는 것이 아니라 그 대상과 소통하기 위해서인데, 특히 "그가 자각하지 못하고 있던 도덕적 차원을 일깨우기 위해서"이다.[38] 다만 이러한 참여는 기독교 증언의 중추적 형태가 되어서는 안 된다고 권고한다. 요더에 따르면, 교회의 본질적 사명은 "대중들에게 어떻게 그들이 세상을 바꿀 수 있는지를 가르치는 것이 아니라"[39] 역사와 사회 속에서 복음의 목적들을 실현한다는 의미에서 '교회 신앙의 본질'을 증언하는 사명을 충실히 감당하는 것이다. 다시 말해, 교회는 정치사회적 관계들 속에서 '십자가'로 집약되는 예수 그리스도의 사랑의 윤리를 '구현하고 보여 주는' 사명에 부름 받았다는 것이다.[40] 요컨대, 요더는 신앙 공동체 안팎에서 신자들의 윤리적 삶을 규율하는 규범의 핵심은 비폭력 무저항의 사랑

---

37   John Howard Yoder, *The Christian Witness to the State* (Newton: Faith and Life Press, 1964), 36-37.
38   John Howard Yoder, *For the Nation: Essays Evangelical and Public* (Grand Rapids: Eerdmans, 1997), 101.
39   위의 책, 115.
40   John Howard Yoder, *The Christian Witness to the State*, 17.

이어야 한다는 점을 강조한다. 한편으로 국가권력의 경찰력의 사용을 수용하지만 기독교인들이 경찰의 강제력 행사에 참여하는 것을 허용하지 않으며 다른 한편으로 폭력적 정권에 대한 비폭력적 저항의 가능성을 전적으로 배제하지 않으면서도 그것이 교회의 복음적 윤리적 본질에 부합되는 것은 아니라고 강조함으로써 요더는 기독교 사랑의 규범적 운용에 있어서 교회와 세상의 구분을 견지하고자 한다. 다시 말해, 비신자들 곧 신앙 공동체 밖의 사회 구성원들에게 공동체 내부를 규율하는 규범을 '의무'로 요구하거나 권고하는 것에 대해 신중한 입장을 취한다.

III

자기희생적 이타성의 규범 이해에 대한 비평적 성찰

1. 아웃카의 신중심적 '보편적 사랑'론과 기독교 사랑의 자기희생적 이타성

아웃카는 신중심적 틀theocentric framework에서 '보편적 사랑'론을 전개한다. 인류를 향한 하나님의 사랑은 그 대상 범위에 있어서 보편적이라는 점을 지적하면서, 우리의 사랑의 대상 범위도 하나님의 그것에 상응해야 한다고 강조한다.[41] 모든 인간이 사랑의 대상이기에 타자 뿐 아니라 '모든 인간'의 범주에 속하는 나 자신도 사랑의 대상에 포함된다는 것이다. 아웃카는 기본적으로 사랑의 이타성에 동의하면서도, "만일 이타주의가 자아를 중요하게 여기지 않는다면, 이타주의를 무조건적으로 용인할 수 없다."고 주장한다. 자아와 타자를 포괄하는 사랑의 헌신에서 타자에 기울어지는 무제한적인 불균형을 요구하거나 허용하는 것에 대해 비판적 입장을 취하고 있는 것이다.[42]

자아·타자 관계에서의 악에 대한 저항이라는 관점에서 생각해 보자. 의무이든 공덕이든 도덕적 행동은 선의 증진을 내포한다. 기독교의 사랑은 자아와 타자 모두를 대상으로 하는 선의 증진이며, "선을 증진한다는 것은 어떤 의미에서 자연적인 그리고 도덕적인 악을 저항하는 것이다."[43] 압도적 폭력의 수단으로 '나'에게 악을 행하고자 하는 타자에 대하여 '나'는 어떻게 그러한 악에 저항하고 선을 증진할 수 있는가? 이러한 상황에서 행위자로서의 자유재량은 현저하게 줄어든다는 점을 진지하게 고려할 때, 우리는 이 질문을 좀 더 심화된 형태로 바꾸어 묻게 된다. "*자아*가 타자가 주도권을 갖고 있는 어떤 행위에 대해 마지못해 받아들여야 하는 수용자의 자리에 서야 할 때 사랑은 무엇을 하도록 허용하거나 또는 요구"하는가?[44] 이 물음에 대한 응답으로 크게 두 가지를 생각할 수 있다. 첫 번째 응답은 자아를 우선적으로 배려하는 방향에서 온다. 불의한 폭력의 위협 앞에 처해 있는 자아 곧 수용자의 자리에서 행동해야 하는 자기방어의 상황 속에 있는 자

---

41   Gene Outka, "Universal Love and Impartiality," 3.
42   위의 논문, 30.
43   위의 논문, 34.
44   위의 논문.

아는 자기 자신을 보호하고 생명을 유지함으로써 자아의 선을 증진할 수 있다는 '허용' 그리고 그렇게 해야 한다는 '요구'를 도덕적으로 '선택할 수 있다'는 입장이다. 이 허용이나 요구는 자기 보호를 위해 그 불의한 '타자'가 행하는 폭력적 악에 상응하는 방지책을 사용할 수 있는 여지도 포함한다. 두 번째는 타자가 상황의 주도권을 가지고 있으며 '나'는 수용자로서 그 타자의 악행마저도 받아들일 수밖에 없다 하더라도 타자배려를 우선해야 한다는 이타주의적 응답으로, 첫 번째 응답에 대해 분명하게 반대 입장을 취한다. 자아·타자 상황에서 타자를 위한 완전한 자기희생을 '의무'로 보는 이들에게 첫 번째 응답이 내포하는 자기·보호적 선택은 행위자의 자발성을 내포하는 공덕적 행위로 여겨질 수 있다. 이들은 자기희생적 이타성을 규범적 '의무' 사항에서 행위자 자유재량에 달린 도덕적 선택으로 '공덕'화하는 것을 경계하는 것이다.[45]

아웃카 역시 기본적으로 이러한 공덕화를 경계하지만 동시에 이타주의적 견해에 대해 신중하게 비판적 평가를 수행한다. 아웃카는 자아를 정당한 사랑의 대상에서 전적으로 배제하는 이타주의에 반대한다. 타자 뿐 아니라 자아도 하나님의 보편적 사랑의 범위 안에 있다는 '신중심적' 틀에 입각하여 비판하고 있는 것이다. 그러면서 그는 자기희생적 이타성의 규범적 이해의 지평을 자아·타자 관계의 관점에서 확장할 필요가 있다고 제안한다. 곧 '순전하게 개인적인 자아·타자의 상황에 초점을 맞추는 것을 포기'하라는 제안인 것이다. "어떤 고립된 자아가 한 사람의 고립된 이웃을 만나는 것을 상정하는 것은 너무나

---

45 위의 논문.

|||||||||||| 사랑에 관한 신학적 윤리적 탐구 사랑의 윤리

추상적이다. 우리가 갖는 만남들은 사회적 관계들 안에서 이루어진다. 나는 한 사람의 남편이고, 아버지이고, 다른 이들의 복지에 대해 책임이 있는 사람이지, 단순히 나 자신의 복지에 대해서만 책임지면 되는 존재는 아니다. 나 자신의 복지를 완전히 무시하는 것은 내가 책임을 느껴야 할 다른 존재들을 부당하게 배신하는 것이다."[46] 여기서 아웃카는 타자배려와 자기배려 사이의 관계를 배타적인 것이 아니라 상호연관성을 갖는 것으로 이해하며 적절한 자기배려가 이타적 사랑의 구현에 이바지할 수 있다는 점을 제안하고 있는 것이다.

이런 맥락에서 아웃카는 이타주의와 마찬가지로 '자기희생적 이타성'을 기독교 사랑의 규범적 요체로 생각하며 또 그것에 일관성 있게 규범적 우선순위를 두면서도, 한편으로 기독교의 사랑은 백지수표를 써 주는 것이 아니라고 강조하고 다른 한편으로 백지수표 '남발'을 방지하기 위해 자기배려의 이유들을 견지해야 한다고 역설한다.[47] 기독교의 사랑이 백지수표를 써 주는 것이 아니라고 강조하는 까닭은 무엇인가? 먼저 아웃카는 타자의 필요에 민감하게 반응해야 하겠지만 그것에만 집중하다 보면 자칫 착취의 관계로 발전할 수 있다는 점을 지적한다.[48] 아가페의 일방향성과 자기희생의 가치를 지나치게 강조하다 보면, 사랑이 오히려 대상을 망칠 수도 있다는 것이다. 또한 사랑의 대상에 내재된 악의 가능성의 관점에서, 사랑의 행위자가 자기 자신의 유익은 전혀 고려하지 않고 언제나 오직 타자의 유익만을 생각

---

46 위의 논문, 81.

47 Gene Outka, *Agape: An Ethical Analysis* (New Haven: Yale University Press, 1972), 21.

48 위의 책, 21-22.

한다면 사랑의 대상에게 악용당할 수 있다.[49] 대상의 선善을 생각한다면 그러한 악용의 가능성에 대해 적절히 고려해야 하며 또 할 수 있는 대로 '지혜롭게' 대응해야 한다고 아웃카는 제안한다. 성폭행의 상황에서 자기희생을 규범으로 삼을 수 있겠는가? 이 질문에 대해 아웃카는 부정으로 답한다. 여기서 그는 자아·타자 관계에서의 악의 저항이라는 관점에서 정당한 자기배려에 입각한 저항의 가능성을 열어 두고 있다고 볼 수 있다. 적절한 자기배려에 대한 이러한 강조는 자기배려를 전적으로 타자배려와 연관해서만 보지 않고 '자아의 복지'에 직접적으로 관계한다고 보는 아웃카의 견해를 반영하는 것이다.

　　타자·타자 관계에서 기독교 사랑의 자기희생적 이타성은 어떻게 나타나야 하는가? 특별히 '악에 대한 저항'의 관점에서 아웃카의 규범적 이해는 무엇인가? 아웃카는 기독교의 사랑은 저항특히 폭력적 저항을 정당화하는가라는 물음에 대해 '실체적으로 무엇을 요구하거나 허용할 것인가라는 관점에서 어떤 윤리적 입장을 가지느냐'에 달려 있다고 응답하면서, "우리가 비폭력을 얼마나 일괄적으로 구속력을 가지는 것으로 보고 있느냐는 다양한 성서 본문들에 대한 주석적 판단들, 여러 사회들 안에서 또 그 사회들 사이에서 정의를 지향하는 권력의 중요성과 그 실현 가능성에 대한 도덕적 판단들과 경험적 측정 등을 통해서 결정된다."고 주장한다.[50] 이 지점에서 아웃카는 자신을 '어거스틴 전통에 선 현실주의자'로 규정하면서 램지의 이타주의적 구분에 동의한다. 곧 무고한 이웃의 피와 불특정한 어느 누군가의 피를 구

49　위의 책.
50　Gene Outka, "Universal Love and Impartiality," 81.

분하면서 인간 공동체 안에서 발생하는 수많은 폭력적 상호작용들을 현실주의적 이타주의적 관점에서 평가한다. 아웃카의 평가의 요점을 들어보자. "한 인격체가 완전히 하찮은 존재로 취급당할 때 그리고 나 자신과 내 이웃이 동일하게 간직하고 있는 고귀한 인간의 얼굴이 참혹하게 공격당하는 것을 볼 때, (그러한 불의한 폭력에 대응하는 정의로운 폭력은) 사랑의 이름으로 정당화되어야 한다는 점을 주장하고 싶었다."[51]

요컨대, 아웃카는 자기희생의 규범을 자아·타자 관계에서도 그렇지만, 특히 타자·타자 관계에 적용할지 말지는 신중하게 검토해야 한다는 입장을 견지한다. 이런 상황에서는(나 자신이 연루되지 않은 어떤 딜레마 혹은 문제 상황에서는) '잠정적으로' 도움이 되지 않는다고 보는 것이다.[52] 정당전쟁의 상황에서 무고한 제3자가 위험에 처해 있다면 '나'는 그에게 자기희생의 규범을 권유할 수 있겠는가? 이 질문에 대해 아웃카는 부정으로 응답한다. 한편으로 정당한 강제력을 통하여 보호 받도록 하는 것이 사랑의 명령에 충실한 것일 수 있다는 생각에 동의할 것이며, 다른 한편으로 이 상황에서 자기희생적 비폭력·무저항의 사랑을 견지하는 것은 도덕적 의무의 방기라는 비판에 대해서 공감을 표하고 있는 것이다.

2. 비교와 종합적 평가

램지와 요더는 자아·타자 관계의 관점에서 기독교 사랑의 자기

---

51   위의 논문.
52   Gene Outka, *Agape*, 22-23.

희생적 이타성을 규범적 본질로 견지하면서 이를 '공덕'이 아닌 '의무'로 받아들여야 한다는 점에 동의한다. 앞에서 살핀 대로, 램지는 예수 그리스도의 비폭력 무저항의 사랑에 관한 윤리적 가르침과 구체적 실천의 모범에 입각하여 자기희생적 이타성이라는 규범적 명령을 공덕화하여 행위자의 자율적 선택의 문제로 환원하는 것을 경계한다. 자아·타자 관계에서 '내'가 직면하고 있는 불의한 폭력은 주체적 행위자로서 저항해야 할 대상이 아니라 '수용자'로서 받아들여야 하는 것이기에, 대응폭력을 통한 저항은 '금지되며' 폭력에 대한 무저항^{혹은 수용}이 '요구된다.' 요더 역시 성경에 드러난 예수 그리스도의 삶과 가르침에 근거하여 타자를 위한 철저한 이타적 헌신과 무저항의 사랑을 기독교인의 윤리적 삶의 요체로 역설한다. 신앙공동체에 속하느냐 아니냐는 개별 구성원의 자발적 선택^{혹은 결단}에 달려 있다. 그러나 구성원이 된 이후, 비폭력과 무저항은 '의무'가 된다. 이를 행하는 것은 도덕적으로 마땅한 것이며, 비실행의 경우 비난과 대가지불이 따를 수 있다. 이는 공동체 내부의 모든 자아·타자 관계와 타자·타자 관계에 공통적으로 적용된다.

아웃카 역시 기본적으로 자아·타자 관계에서 규범적 이타성의 공덕화를 경계하며 램지와 요더의 의무론적 입장에 공감을 표할 것이다. 그러나 동시에 아웃카의 '보편적 사랑'론은 이들에 대해서 신중하게 비판적 평가를 수행한다. 그는 자아를 정당한 사랑의 대상에서 철저하게 배제하는 램지식^的 이타주의에 반대한다. 앞에서 본 대로, 타자뿐 아니라 자아도 모든 인간을 품고자 하시는 하나님의 보편적 사랑의 범위 안에 있으며 또 있어야 한다는 '신중심적' 관점에서 비판한다. 아웃카는 이러한 포괄성을 '의무'의 차원에서 적절하게 반영하지 못하는 이타주의는 '기독교 사랑'론을 온전히 담아내는 그릇으로서의 역할에서 실패했다는 평가를 내리고 있는 것이다. 특별히 램지와 이타주의자들처럼 자기배려를 전적으로 타자배려와 연관해서 혹은 그것으로부터만 연유하는 것으로 보지 않고 아웃카는 '자아의 복지'에 직접적으로 관계한다고 생각한다는 점 또한 지적해 두어야 하겠다. 요더와 평화교회 전통의 타자·지향적 헌신에 대한 배타적 강조도 이러한 비평적 평가의 대상이 될 것이다.

　　또 한 가지, 아웃카는 자기희생적 이타성을 기독교 사랑의 규범적 본질로 강조하는 램지와 요더가 자아의 이타적 헌신을 우선시하고 또 강조하다가, 자아·타자 관계에서 나 자신의 명분을 판단하려 할 때 타자를 위해 희생하는 '나'는 항상 옳다고 생각하는 자기기만에 빠질 수 있다는 점을 지적한다. 오직 '나의 관점에서' 어떤 타자가 내 소유나 생명에 상해를 입히고자 하는 의도를 가졌다고 판단하고 그 타자의 행동에 대해 이타적 자세로 응답해야 한다고 '스스로' 결단하는 상황을 가정해 보라. 이러한 상황 속에서 도덕적 행위자로서의 '나 자신'에 대한 판단은 신중해야 한다고 아웃카는 강조한다. 나는 그렇게 그 타자의 의도와 행위를 악^{혹은 폭력}으로 판단하지만 나는 '선'이고 그는 '악'이라는 식의 절대적 구분을 할 수도 없고 또 그렇게 해서도 안 될 것이다. 또한 아마도 그는 나에 대해 "정당한 불만의 요인을 가지고 있을 지도 모르며 아마 나는 스스로 가정하는 것보다 덜 결백할 수도 있다."는 점을 염두에 두어야 할 것이다.[53] 이러한 신중한 접근이 '자기기만의 가능성'을 방지하는 길이 될 것이라는 아웃카의 제안은 주목

53 　Gene Outka, "Universal Love and Impartiality," 24-25.

할 만한 가치가 있다고 필자는 생각한다.

앞에서 살핀 대로, 요더는 자아·타자 관계와 타자·타자 관계 모두에서 폭력에 관한 규범을 동일한 구속력을 가지고 적용하려고 한다. 곧 그는 신앙 공동체 안에서 자아와 이웃 모두를 포함하여 악에 대한 반응으로서의 폭력을 철저하게 배제한다. 이에 비해 램지와 같은 이타주의자들은 자아·타자 관계와 타자·타자 관계를 구분한다. 한편으로 자아·타자 관계의 관점에서 요더나 평화교회 전통과 마찬가지로 '폭력 사용의 배제'를 도덕적 의무로 견지하고자 하며, 다른 한편으로 타자·타자 관계의 관점에서 (어느 사람이 되었든) 사람들의 피를 흘리는 것과 무죄한 사람들의 피를 흘리는 것을 구분하면서 타자 보호를 위한 대응폭력의 사용을 정당화하며 이를 '의무'의 차원에서 사랑의 규범적 내용으로 받아들인다. 요더의 신앙공동체는 이러한 폭력 사용의 '의무'화를 결코 수용하지 못할 것이다. 그러나 신앙공동체 밖의 영역을 상정한다면 다른 가능성이 있을 수 있음을 보았다. 요더는 자아·타자 관계와 타자·타자 관계 사이의 이타주의적 구분은 부정하지만 교회와 세상의 구분은 긍정한다. 신앙공동체의 구성원이 아닌 이들 곧 세속 영역에 속한 이들에게 비폭력 무저항의 사랑을 도덕적 필수사항으로 받아들이라고 권고하거나 요구할 수는 없다는 것이다. 이 사랑은 그들에게는 순전히 행위자의 자율적 선택에 달린 '공덕'적 행위로 제시되어야 한다는 점을 내포한다고 평가할 수 있다. 다만 교회와 세상 사이의 구분의 강조가 교회 공동체를 위한 선명한 사랑의 윤리를 형성하는 데 장점이 있다는 평가를 내릴 수 있지만 동시에 일종의 이원화된 윤리를 허용함으로써 교회의 세상에 대한 변혁의 가능성을 차단하고 또 현대의 첨예한 윤리적 문제들에 대해 효과적으로 대응하지 못하는 결과에 이를 수 있다는 점 또한 지적해 두어야 하겠다.

아웃카는 자아·타자 관계와 타자·타자 관계 사이의 구분과 타자·타자 관계에서 사랑의 이름으로 수행되는 폭력혹은 강제력 사용에 관한 램지의 정당화의 논지에 기본적으로 동의하면서, 도덕적 의무로서의 적절한 자기배려의 관점에서 정당화의 논리를 확장한다. 불의한 폭력 앞에 선 무고한 이웃을 보호해야 한다는 사랑의 이타적 명령에 대한 도덕적 응답을 위해서 뿐 아니라 '자기배려'의 목적을 위해서도 대응폭력의 사용을 정당화할 수 있고 또 그렇게 해야 한다는 주장을 펼치고 있는 것이다. 여기서 아웃카는 자기배려를 철저하게 배제한 이타적 사랑이 사랑의 대상을 망치거나 그 사랑에 대한 악용이라는 결과에 이르는 것을 우려하면서, 타자·타자 관계혹은 제3자적 관계라 하더라도 성폭행과 같은 특수한 상황에서는 '나 자신'에게 정당한 자기배려에 입각하여 저항을 허용할 수 있는 여지를 남겨 두듯이 불의한 폭력의 위협 앞에 있는 제3자적 관계 속의 타자혹은 이웃에게 자기배려의 도덕적 의무에 근거하여 자기 자신에게 '책임적인 선택'을 하라고 규범적으로 권고할 수 있지 않겠는가 제안하고 있는 것이다.

아웃카는 이 점에서 요더와 평화교회 전통에 비판적이다. 자아·타자 관계와 타자·타자 관계 구분의 철폐에서 아웃카는 도덕적 무책임 혹은 도덕적 책무의 방기에 이를 수 있는 위험을 감지한다. 그는 니버 Reinhold Niebuhr 와 램지의 정당전쟁의 논지를 따라 보편적으로 악이라 인정되는 개인들이나 집단에 대해 저항할 수 있는 규범적 여지를 만들어 놓는다. 나치즘 Nazism 이 대표적인 역사적 보기가 될 것이다.[54] 우리의 무고한 이웃이 불의한 권력의 극단의 폭력으로 인해 고통 받

고 있다면, 예수 그리스도의 사랑의 계명을 도덕적 의무로 받은 기독
교인들은 이러한 현실에서 어떻게 이웃을 사랑할 수 있는가? 요더는
원칙적으로 이러한 상황에서도 '자기희생적 이타성'을 도덕적 책무로
자아와 타자 모두에게 요구할 것이다. 필자는 요더와 함께 이타적인
자기희생적 사랑을 역사 속에서 기독교인들이 따라야 하는 궁극적인
규범적 기준으로 인정하지만, 동시에 기독교인들은 도덕적 사고에서
"특수 관계들은 고유한 실체적 고려 사항들을 내포하는데 우리는 그
러한 고려 사항들을 기초로 하여 우리 행동을 정당화한다."는 아웃카
의 주장에 귀를 기울여야 한다고 생각한다.[55] 정치사회적 영역에서 만
나는 관계들의 실체적 고려 사항들을 적절하게 또 현실적으로 검토함
으로써 기독교인들은 사랑의 이타성을 신중하게 실현하려고 힘써야
한다는 것이다. 불의한 군사적 폭력 앞에 생명의 위협을 경험하고 있
는 정당전쟁의 상황이나 폭력적인 권력의 강압과 같은 절박한 상황에
서 나 자신과 내 이웃이 동일하게 간직하고 있는 '고귀한 인간의 얼굴
이 참혹하게 공격'당하는 현실을 직면한다면, 기독교 사랑의 윤리는
이타적 자기희생의 사랑에 입각한 비폭력과 무저항을 의무로 견지하
는 것이 도덕적으로 옳은 것인지에 대한 비평적 성찰을 요구해야 한
다고 보는 것이다.

54   Reinhold Niebuhr, *Christianity and Power Politics* (Hamden: Archon Books, 1969), 35.
55   Gene Outka, "Comment on 'Love in Contemporary Christian Ethics'," *Journal of Religious Ethics* 26 (1998), 436.

IV

'온전한 사귐'의 규범 이해를 포함하는
통전적 규범 제안

기독교인들에게 타자를 위한 자기희생적 사랑을 실천하는 것은 구원의 조건이나 종교적 보상의 조건이 아니라, '마땅히 해야 할 바'이다. 본 장에서 필자는 기독교 사랑의 이타적 본질을 '의무와 공덕'의 규범윤리적 논의의 관점에서 탐구함으로써 마땅히 해야 할 바로서의 '사랑'에 대한 규범적 이해를 심화하고 또 그 논의의 지평을 확장하고자 했다. 필자는 자기희생적 이타성의 구현을 도덕적 책무로 중시하면서, 한편으로 자아·타자 관계와 타자·타자 관계 사이의 이타주의적 구분을 존중하고 다른 한편으로는 자기배려를 전적으로 배제하는 이타주의적 경향을 경계하는 규범윤리적 입장을 긍정적으로 평가했다. 또한 자아·타자 관계와 타자·타자 관계 사이의 구분을 철폐하여 규범적 일관성을 견지하고자 하는 요더와 평화교회 전통의 취지를 존중하면서도, 그러한 철폐가 무고하고 연약한 이웃에 대한 도덕적 책임의 방기로 귀결될 수 있는 가능성이 있다는 점을 지적하고자 했다. 이제 이상의 논의를 참고하면서 몇 가지 신학적 윤리적 제안을 하고자 하는데, 이 제안들이 기독교회와 신자의 사랑의 삶에 관한 규범적 성찰과 실천의 성숙에 기여할 수 있기를 바란다.

첫째, 사랑의 규범적 본질에 관한 이해와 신학적 정당화에 관한 것이다. 램지와 요더의 기독교 사랑에 대한 규범적 이해는 예수 그리스도의 삶과 윤리적 가르침에 그 근본을 둔다는 면에서 성서적이고 기독론적이다. 두 사람 모두 인간 아가페의 규범적 모범이 되는 하나님 사랑이 완전한 이타적 자기희생이라면 기독교인은 그 사랑을 따라 타자를 위한 온전한 자기희생을 실현하는 것이 도덕적으로 마땅하다고 보는 것이다. 여기서 사랑의 규범적 본질에 관한 신학적 정당화에 있어서 좀 더 포괄적이고 균형 잡힌 접근이 필요하다는 점을 필자는 제안하고자 한다. 사랑을 규범적으로 이해하고 정당화함에 있어서 기독론적 의미 곧 예수 그리스도의 윤리적 가르침과 실천의 의미를 진지하게 성찰하는 것도 중요하지만, 삼위 하나님의 인격 상호간의 '사귐'이라는 신적 사랑의 본질에 상응하여 기독교 사랑의 규범적 요체를 상호적 사랑에서 찾는 삼위일체적 관점도 필요하다는 것이다. 기독론적 의미에 지나치게 집중할 때 기독교 사랑의 본질 이해가 자아에 대한 최소한의 배려도 배제하는 경직된 이타주의로 흐를 수 있는 가능성이 있다는 점을 감안하면서, 삼위일체적 접근을 통해 친밀한 상호관계의 형성을 기독교 사랑의 궁극적 이상으로 보는 규범적 이해를 강화하자는 제안인 것이다.[56]

둘째, 적절한 자기배려에 관한 규범적 이해와 신학적 정당화에 관한 것이다. 앞에서 본 대로, 대가와 반응에 대한 기대나 숨겨진 의도까지도 철저하게 배제한다는 의미에서의 이타적 '일방향성'에 대한 극단의 강조는 최소한의 자기배려의 필요성도 규범적으로 부정하는 배타적인 이타주의적 경향으로 이어질 가능성이 높다. 이타적 일방향

---

56 이창호, "사랑이 행복이다!: 현대 기독교윤리학계의 '사랑의 윤리' 담론 탐색," 『기독교사회윤리』 23 (2012. 6), 105-109.

성을 규범적으로 존중하면서도 이러한 부정성을 극복하기 위해 신중하게 검토해야 할 신학적 윤리적 관점들이 있다. 다시 말하지만, 무엇보다도 하나님 사랑의 보편적 범위를 강조하는 신중심적 관점을 중시할 필요가 있다. 적절한 자기배려를 철저하게 배제하는 일방향적인 이타적 자기희생을 기독교 사랑의 규범적 이상으로 삼는 입장은 자아와 타자 모두를 포괄하는 하나님 사랑의 보편성을 위배한다는 평가는 정당하다. 이런 맥락에서 자아를 사랑의 정당한 대상으로 포함시키는 것을 '의무'의 차원에서 수용하는 입장은 대상범위의 보편성이라는 신학적 원리에 부합되는 것이라고 평가할 수 있다.

셋째, 타자·타자 관계에서 사랑의 이타성을 구현함에 있어서 '정의로운' 사랑 구현의 중요성과 그 신학적 근거에 관한 것이다. 필자는 자아·타자 관계와 타자·타자 관계 사이의 이타주의적 구분을 규범적 일관성을 침해한다는 이유로 반대하는 요더의 입장을 존중하면서도 정치사회 영역에서 이루어지는 타자·타자 관계에서 정의로운 사랑의 실천이 절실하게 요구된다는 점을 지적하고자 한다. 예를 들어, 기독교 정당전쟁 전통의 무력武力 사용에 대한 정당화는 정의로운 사랑에 대한 규범적 이해에 근거한다. 그러한 무력 사용은 불의한 침략자들에게서 무고한 시민들을 보호함으로써 악을 제어한다는 의미에서 사랑을 근본 동기로 하는 '정의의 구현'이라는 것이다. 이러한 규범적 이해는 중요한 신학적 근거를 갖는다. 타자·타자 관계에서의 정의로운 사랑의 구현은 인류와 역사에 대한 하나님의 주권적 사랑의 표현이다. 이 하나님의 사랑은 악을 제어하고 교정하고자 하는 바른 사랑이며 평화와 사회적 질서와 같은 인간 공동체의 생존에 필수적인 요건을 제공하고자 하는 섭리적 사랑인 것이다. 요컨대, 평화와 공동체의 안전과 같은 생존을 위한 외적 조건들을 위해 기독교인들이 헌신한다면 그러한 헌신은 신적 임재와 역사의 드러남이며, 그 중심에는 인간 역사와 사회적 세계에 대한 하나님의 애정 어린 섭리적 관심이 자리 잡고 있는 것이다.[57]

---

57 Augustine, *The City of God*, trans. Markus Dods (New York: Random House, 2000), XIX. 17.

사랑에 관한 신학적 윤리적 탐구 사랑의 윤리

제 3 장

기독교 '사랑'론의
패러다임적 접근들

* 이 장은 다음 문헌을 수정·보완한 것이다. 이창호, "사랑이 행복이다!: 현대 기독교윤리학계의 '사랑의 윤리' 담론 탐색," 『기독교사회윤리』 23 (2012. 6), 83-121; 이창호, "폴 틸리히의 사랑의 윤리," 『신학논단』 87 (2017. 3), 265-94.

일반적으로 기독교 사랑의 계명은 모든 인간을 차별 없이 그리고 대가를 바라지 말고 사랑하라고 하지만, 우리는 친소親疎를 따질 수밖에 없는 이웃 사랑의 현실을 만나게 된다. 이웃 가운데 좀 더 가까운 이들이 있는가 하면 그렇지 않은 이들이 있다. 가족을 더 사랑하는 것이 자연스러운 것 아닌가. 친구들이 여럿 있겠지만, 그 가운데는 친소가 분명히 존재하는 것이 우리 경험의 증언이다. 성경 안에도 이러한 긴장이 존재한다. 친족을 적절히 돌보지 않는 이들을 일컬어 믿음에서 떠난 이들이라 비판한다딤전 5:8. 구약과 신약 성경의 여러 군데에서 하나님은 가난하고 힘없는 이들을 편애하시는 것처럼 보이는 말씀을 하시곤 한다. 고아, 과부, 나그네를 특별히 돌보라는 구약의 계명 그리고 가난하고 헐벗은 지극히 작은 이들을 돌보라는 신약의 말씀 등을 생각할 수 있을 것이다. 그런가 하면 원수사랑의 계명은 모든 인간을 차별 없이 그리고 대가를 바라지 않고 사랑하라고 명령한다. 상식적으로 원수를 사랑할 수 없다. 사랑할 수 없는 이를 사랑하라 함은 사랑 못할 사람이 없다는 뜻을 내포한다. 그러므로 모든 사람을 사랑하라는 말씀이며, 사랑할 수 없다는 가치 판단을 뛰어넘으라는 측면에서 대가를 바라지 않는 사랑이다. 선한 사마리아인의 사랑도 마찬가지다. 강도 만난 이는 불특정 다수를 대표한다. 아가페 사랑의 보편성과, 특수 관계로 분류하는 우정, 연인, 부부, 부모·자녀 관계, 동료 신앙인, 동족 간의 유대 등이 지니는 특수성 사이의 긴장을 어떻게 풀어갈 것인가? 보편과 특수의 긴장이라 할 것이다. 둘 사이의 관계를 윤리적으로 어떻게 설명할 것인가?

　　현대 기독교 사랑의 윤리 담론의 토대적 논제는 바로 아가페의 보편적 본질과 사랑의 구체적 관계들의 특수성 사이의 긴장에 관한 것이다. 이 긴장을 어떻게 해명하고 또 해소할 것인지에 대한 논의는 현대 사랑의 윤리 담론을 촉발하고 역동적으로 전개해 가도록 하는 중요한 논점이 되고 있는 것이다. 이 긴장을 어떻게 바라보고 또 해명하느냐의 문제는 기독교 사랑의 본질에 대한 이해와 본질적으로 연관되어 있다. 다시 말해, 기독교 사랑의 본질을 규정하고 정당화하는 방식에 따라 보편과 특수의 긴장의 문제에 응답하는 방식도 달라진다는 말이다. 이 논제에 대한 응답의 방식에 따라 사랑의 윤리 담론을 선도하는 접근을 크게 두 가지로 정리할 수 있다. 하나는 보편 중심적 접근이고 다른 하나는 특수 중심적 접근이다. 전자는 특수 관계들 안에서 이루어지는 특수한 사랑의 관계성보다 사랑의 보편성에 무게 중심을 두는, 다시 말해 규범으로서의 아가페의 본질 자체에 더 큰 관심을 두는 접근이며, 이 접근을 대표하는 학자들로는 램지^{Paul Ramsey}, 아웃카 ^{Gene Outka}, 메일랜더^{Gilbert Meilaender} 등을 생각할 수 있다. 후자는 연인, 부부, 부모·자녀, 동료 신앙인, 동족 간의 유대와 같은 특수 관계들^{special relations}에서 이루어지는 사랑의 관계에 우선순위를 두고 거기로부터 기독교 사랑의 본질을 찾고자하는 접근이며 대표적 학자로는 포우스트 ^{Stephen Post}와 포읍^{Stephen J. Pope}을 들 수 있다.

　　본 장의 주요 연구과제 중 하나는 현대 기독교 사랑의 윤리 담론을 대표하는 접근들인 보편 중심적 접근과 특수 중심적 접근이 이 논제들에 대해 각각 어떻게 응답하는지를 살피고 이들의 입장을 비교하고 비평적으로 종합하는 것인데, 이를 통해 좀 더 온전한 기독교 사랑에 대한 규범적 이해에 이를 수 있기를 기대한다. 다만 사랑에 대한 규범적 이해의 성숙을 위해 두 접근으로 충분한지에 대해서는 신중한 평가가 필요할 것이다. 현대 사랑의 윤리 담론에서 이 두 접근과 비견 될 만한 제3의 접근 혹은 대안적 접근이 존재하는가? 특별히 현재 담론을 선도하는 이 두 접근과는 다르게, 앞에서 밝힌 토대적 논제들에 응답하며 또 이 접근들이 서로 만나 대화하기에 용이한 담론의 지평을 마련해 줄 수 있는 접근이 존재하느냐 하는 것이다. '보편성과 같은 사랑의 규범적 본질'과 '특수 관계들 안에서 드러나는 사랑의 정서적 지향' 가운데 하나를 선택하는 양자택일의 접근이 아니라 기독교 사랑의 삶을 해명하고 규정하는 데 있어 이 두 핵심 요소를 통전적으로 포괄하면서 논리적 체계적 타당성과 일관성을 확보하는 이론적 접근을 탐색하는 것은 현대 사랑의 윤리 담론을 심화하고, 실제적으로 보편성, 일방향성 등의 규범적 방향성 인식과 정서적 역동에 기초한 구체적인 사랑의 관계의 구현을 동시에 확보하는 사랑의 삶을 형성하고 영위하는 데 필요한 작업이라 할 수 있을 것이다. 필자는 본 장에서 제3의 접근의 지위를 점할 수 있는 후보로서 틸리히 Paul Tillich 의 사랑의 윤리를 전개하고자 한다. 나중에 상술하겠지만, 틸리히에게 사랑은 인간의 삶과 행동의 방향을 가리키는 규범적 이정표이자 사랑의 행위자를 목적으로서의 대상을 향해 그리고 대상과의 결합을 향해 움직이게 하는 인지적·정서적·의지적 역동이다. 특별히 틸리히는 리비도, 에로스, 필리아, 아가페 등과 같은 다양한 사랑의 형태들을 전일적으로 이해하는데, 그렇게 '전일적으로' 묶는 토대적 근거는 '욕구'이다. 필자는 이러한 특징을 반영하여 그의 사랑의 윤리를 욕구 중심적 접근이라고 일컬을 것이다.

본 장의 주요 연구 과업 중 하나로서 틸리히의 사랑의 윤리를 이론적으로 정립할 것인데, 그의 사랑의 윤리를 욕구 중심적 전일성과 '도덕적 명령의 경험' 개념을 중심으로 논술할 것이다. 또한 틸리히의 사랑의 윤리를 현대 사랑의 윤리의 담론 안에 위치시키고 그 담론의 주된 접근들과 대화·소통하게 할 것이다. 이를 통해, 한편으로는 틸리히의 사랑의 윤리를 이론적으로 정련화하고 다른 한편으로 틸리히의 접근과 다른 접근들 사이의 토론을 통해 사랑의 윤리 담론의 성숙을 꾀하고자 한다. 이를 위해 보편 중심적 접근과 특수 중심적 접근을 대표하는 학자를 각각 한 사람씩 선택하여 그들을 틸리히와의 대화상대자로 삼을 것이고, 주된 논쟁의 지점에 둘을 위치시키고 학문적 토론을 전개할 것이다. 전자의 접근의 경우는 램지를 다룰 것인데,[1] 틸리히의 주요 비판가 중 한 사람이다. 램지는 기독교 사랑의 본질을 이타성과 보편성에서 찾는 기독교 이타주의의 대표주자로서, 자기희생적 이타성이라는 규범적 관점에서 틸리히와의 대화를 추구할 것이다. 후자의 접근의 경우는 1장에서 잠깐 언급한 바 있는 바첵 Edward Vacek 을 선택할 것인데, 그는 틸리히의 윤리사상에 대한 대표적인 우호적 해석가다. 바첵의 사랑의 윤리는 틸리히의 그것과 연속성을 갖는데, 바첵은 사랑을 대상에 대한 '정서적 확정' affective affirmation 이라고 정의하며 사랑의 목적을 지향하는 정서적 역동을 기독교 사랑의 핵심적 요소로 본다는 면에서 틸리히 사랑의 윤리의 목적론적 경향과 양립한다고 평가할 수 있다. 다만 램지는 비판을 위해 그리고 바첵은 옹호를 위해 이분

---

[1] 램지의 윤리에 대해서 자기희생적 이타성이라는 사랑의 규범적 본질을 논점으로 2장에서 탐구하였는데, 참고하길 바란다.

법적으로 선택한 것은 아님을 밝혀 두고자 한다. 한편으로 이타성의 관점에서 램지의 비판을 받을 여지가 분명히 있지만 그 비판에 대해 틸리히의 입장에서 변호함을 통해 램지와 틸리히 사이의 불필요한 긴장이나 갈등을 해소하고자 하며, 다른 한편으로 목적론적 지향성을 중시하는 바첵의 입장에서 틸리히의 윤리를 지지하고 강화할 수 있겠지만 바첵과 탈리히 사이에 존재하는 중요한 차이를 밝힘으로써 틸리히의 관점에서 바첵을 비판적으로 성찰하고 동시에 틸리히의 사랑의 윤리의 본연의 특징을 두드러지게 진술하고자 한다.

I

보편 중심적 접근의 '사랑'론

1. '동등배려' equal regard 로서의 아가페와 유사 개념들

이 접근은 규범으로서 아가페의 본질적 내용에 관심을 갖는다. 이 접근에서 아가페는 무엇인가? 아가페의 본질적 내용은 무엇인가? 앞에서 본 대로, 아웃카는 윤리적 규범으로서 사랑혹은 인간 아가페을 '동등배려'로 정의한다.[2] 다시금 요점을 밝혀 보자면, 동등배려로서의 사랑은 크게 두 가지 본질적 속성을 갖는다. 먼저 '동등'은 사랑의 범위와

---

2   Gene Outka, *Agape: An Ethical Analysis* (New Haven and London: Yale University Press, 1972), 9.

대상에 대한 가치평가에 관한 것으로 보편성이라는 규범적 특징을 내포한다. 인간의 얼굴을 하고 있는 존재라면 어느 누구이든지 자격심사나 가치판단을 뛰어넘어 차별 없이 사랑해야 한다는 것이다. 다음으로 '배려'는 사랑의 행위자의 헌신에 관한 것으로 사랑의 삶을 살고자 할 때 대가나 반응을 목적으로 삼는 것이 아니라 사랑 그 자체가 목적이어야 한다는 점을 뜻한다. 최선을 다해 사랑했건만 그 대상으로부터 돌아오는 것이라곤 오직 적대적 반응뿐이라 하더라도 끝까지 지속적으로 사랑해야 하는 것이다.[3]

동등배려와 유사하지만 기독교 사랑의 본질을 온전히 드러내지 못하는 개념들을 몇 가지 생각해 보는 것이 동등배려를 이해하는데 도움이 될 것이라고 생각한다. 먼저 동등배려에서 배려가 '감정'이라면 가까운 사람예를 들어, 형제자매이나 일면식 없는 잠재적 이웃에게나 똑같은 강도와 색채의 감정으로 사랑하라는 뜻이 될 것이다. 그러나 동등배려는 이를 뜻하지 않는다. 둘째, 배려가 타자 지향적 '섬김'이라면, 나의 필요 혹은 친밀한 이웃의 필요를 채우는 방법과 정도에서 똑같이 다른 이들의 필요도 채우라는 뜻이 될 것이다. 동등배려의 함의는 이것도 아니다. 아웃카는 아가페는 동등한 배려와 그러한 배려에 근거한 사랑의 실천이지, 동일한 이타적 행위identical treatment를 뜻하는 것은 아니라고 강조한다.[4] 한편으로 사랑의 주체의 입장에서 볼 때, 뜻은 있지만 인간으로서 갖는 유한성 때문에 동등하게 배려할 수 없는 경우들이 있을 수 있음을 지적한다. 다른 한편으로 받는 이의 입장에서 볼

---

3   동등배려의 기본적인 개념 이해에 대해서 1장에서 상세하게 다루었는데, 참고하길 바란다.
4   Gene Outka, *Agape*, 19-20.

때, 필요가 다른데 차별 없이 사랑해야 한다는 원칙 때문에 각 대상이 갖는 고유한 현실과 필요에 대한 적절한 고려를 배제하고 무차별성 혹은 등등성만을 생각할 수 있음을 경계한다. 셋째, 모든 인간을 목적 자체로 존중하라는 칸트의 공리를 따라 배려가 '존중'^{respect}이라면 인간을 수단이 아닌 목적 자체로 보며 모든 사람이 갖는 내재적 가치를 동등하게 인정하고 존중하라는 뜻이다. 동등배려로서의 이웃 사랑은 이것과도 같지 않다. 동등배려로서의 아가페는 단지 내적 동기나 마음의 상태로 머무는 것이 아님을 기억해야 할 것이다.[5]

요컨대, 동등배려는 특수한 감정의 역동과 질서를 존중하며 대상의 고유한 현실과 필요에 대한 적절한 배려와 의도나 내적 동기의 구체적 실천을 내포하는 개념이다. 또한 동등배려로서의 기독교 사랑은 적절한 자기배려를 배제한 과도한 타자지향적 자기희생적 사랑의 잠재적 위험성을 경계하고자 한다.

2. 보편적 아가페와 특수 관계 사이의 관계성

앞에서 언급한 대로, 보편적 아가페는 모든 인간을 차별 없이 사랑하라고 하지만, 다양한 특수한 사랑의 관계들 속에서 우리는 불가피하게 사랑의 대상들 사이에서 친소^{親疎}를 따지게 되는 현실을 만나게 된다. 보편과 특수 사이의 긴장이 존재하고 있는 것이다. 보편적 아가페와 특수 관계들에서 이루어지는 사랑 사이의 관계성을 어떻게 설

---

5 등등배려에서 '배려'에 들어갈 개념들 곧 '감정', '섬김', '존중' 등은 포움의 글에서 가져왔고 그 설명은 나름대로 전개하였음을 밝힌다. Stephen J. Pope, "'Equal Regard' versus 'Special Relations'? Reaffirming the Inclusiveness of Agape," *Journal of Religion* 77-3 (1997), 366-67.

명할 것인가? 보편적 사랑의 규범은 특수 관계들 속에서 어떻게 작용할 수 있으며 또 작용해야 하는가? 메일랜더의 관계 모형은 이 질문들에 대한 답을 찾는데 유익하다. 그는 '하향구성' building down, '상향구성' building up, 그리고 '둘레구성' building around, 이 세 가지 모형을 제시한다.

> 첫째, 하향구성으로, 이 모형은 우정을 아가페의 축소된 형태의 구체화 narrower specification 로 보는데, 이러한 축소화는 인간의 유한성 때문에 일어난다; 둘째, 상향구성으로, 축소화된 혹은 좁은 범위의 선호를 내포하는 우정을 '덕의 학교'로 보는데, 곧 우정을 통해서 아가페가 무엇을 요구하는지를 배우게 된다; 셋째, 둘레구성인데, 이 모형은 아가페를 이용하여 우정이 정당하게 보여 주는 바 선호에 경계를 설정한다는 점을 함의한다.[6]

'하향구성' 모형에서는 아가페가 특수 관계들을 지배한다. 아가페 속에 특수 관계들이 포함된다. 후자는 전자의 부분들이다. 규범적으로 또 행위의 동력에 있어서 신적 아가페는 특수 관계들의 직접적 기원이요 영감이다. 1장에서 살핀 바 있는데 니그렌의 개념을 빌려 설명하면, 인간 행위자는 하나님 사랑이 흐르는 관 tube 이어야 한다. 인간이라는 '관'을 통해 하나님의 사랑이 흘러야 사랑할 수 있는데, 이는 죄성과 유한성 때문에 스스로 온전한 사랑을 할 수 없기 때문이다. '상향구성' 모형은 그 반대다. 특수 관계들 자체로 사랑의 규범과 동력 그

---

6   James F. Childress and John Macquarrie, eds., *The Westminster Dictionary of Christian Ethics* (Philadelphia: Westminster, 1986), 241.

리고 감정적 역동을 내재적으로 간직한다. 특수 관계들을 통해 아가페가 드러나고 온전히 실현된다.

'둘레구성' 모형은 앞의 두 모형 사이의 중간 모형이라 할 수 있겠다. 무엇보다도 '하향구성' 모형의 약점에 유의한다. 특수 관계들의 고유한 지위를 부정할 위험이 있고 또 각각의 특수 관계들이 내재적으로 갖는 규범적, 상황적, 문화적, 실천동력적, 관계적 특성들이 있는데, 그 모든 것을 폐기할 수 있다는 것이다. 다시 말해, 하향구성 모형은 구체적 관계들이 내적으로 갖고 있는 특수성들을 간과할 수 있다고 보는 것이다. 이러한 잠재적 위험성에 주의하면서, '둘레구성' 모형은 구체적인 특수 관계들이 스스로를 정당화할 수 있는 독립적 입지를 갖고 있다고 본다. 메일랜더는 특수 관계의 한 형태로서의 우정은 보편적 사랑의 한 측면이 아니라, 하나님이 주신 선물로서 자신의 고유한 위치를 점하고 있다고 강조한다.[7]

보편 중심적 접근은 특수 관계들의 특수성을 존중하지만, 그렇다고 해서 결코 아가페를 특수 관계로 환원하지 않는다. 또한 신적 아가페는 여전히 다양한 형태의 인간 사랑의 규범적 모범과 동기로 작용할 수 있음을 강조한다. 아웃카는 아가페와의 관계성을 몇 가지로 설명한다. 첫째, 아가페는 우리 내부의 관계를 공고히 하기 위해, 관계 밖의 사람들에게 행하는 불의와 악행을 규제한다. 둘째, 아가페는 우리 관계가 지향하는 목적들을 보존하고 또 증진한다. 특수 관계들에 드러나는 본능적, 자연적 사랑은 그 관계들 속에 참여하는 사람들의

---

7   Gilbert C. Meilaender, *Friendship: A Study in Theological Ethics* (Notre Dame: University of Notre Dame Press, 1985), 32-34.

도덕적 성장에 기여한다는 의미에서(도덕적 성장을 위한 조건들을 제공한다는 면에서) 도덕적으로 중요한 의미가 있다. 셋째로, 아가페는 끊임없이 우리의 관계를 비판적으로 성찰하여 임의성이나 복종적 관계로 흐르지 않고 긍정적 방향으로 성장해 나가도록 돕는다.[8] 요컨대, 보편적 아가페는 특수한 관계들 안에서 직접적 영감이나 유일한 기원으로서 작용하기 보다는 '후견인' 혹은 '감시자'으로서 역할을 한다고 주장한다.[9] 아가페는 특수 관계들이 그 본래적 목적을 이룰 수 있도록 격려하고 자극할 뿐 아니라 특수 관계가 잘못된 방향으로 전개되어 갈 때 경계하고 비판적으로 성찰케 한다는 것이다.[10]

II

특수 중심적 접근의 '사랑'론

1. 사랑의 본질과 정당화의 이론적 근거

1) 사랑의 본질에 관한 기본 이해

보편 중심적 접근은 아가페의 본질내용과 보편적 아가페와 특수 관계들 사이의 관계성에 초점을 둔다면, 특수 중심적 접근은 특수 관계들에서 이루어지는 사랑에 초점을 둔다. 앞에서 밝혔듯이, 대표적 옹호자는 포우스트와 포웁이다. 아가페를 '동등배려'로 보지 않고 특수 관계들 안에 아가페가 내재하는 것으로 본다. 다시 말해 특수 관계들을 통해 아가페가 드러난다고 보는 것이며, 특히 사랑은 감정과 동반한다는 점을 강조한다. 메일랜더의 모형론으로 말하면 '상향구성'에 가깝다. 앞에서 살핀 대로, 포우스트는 기독교 사랑을 논구함에 있어서 사회생물학적 질서를 존중하며 가족이나 친족 또는 동족에 대한 자연스러운 선호를 하나님의 창조 질서로 이해한다.[11] 생물학적 관계 형성을 하나님의 창조와 섭리의 구현이라고 신학적으로 해석하면서 자연스러운 혹은 본능적인 사랑의 질서와 역동에서 기독교 사랑의 본질을 찾고자 하는 것이다. 포옵은 사랑을 목적으로서의 선善을 향한 생래적 경향이라 정의한다. 사랑의 원인은 바로 선善이다. 선이 목적이 되어 그것에 이르고자 하는 욕구를 갖게 한다. 이 욕구는 자연스러운 것이다. 그리하여 친구나 가족과 같은 자기 자신과 좀 더 가까이 있는 이들에 대한 선호를 인정한다.[12] 포우스트와 마찬가지로 특정 대상에 대한 자연적본능적 사랑의 지향과 질서를 강조하며 그러한 지향과 질서에서 창조자의 섭리와 아가페의 본질을 찾는 것이다. 이에 관한 포옵의 견해를 들어보자. "'동등배려'의 옹호자들은 일상에서 만나는 인간적 사랑의 삶에서 선호의 가능성을 허용하지만 엄격한 의미에서 아가페 사랑에서는 전혀 선호의 여지를 찾을 수 없다고 강조한다. … 아퀴

---

8   Gene Outka, "Comment on 'Love in Contemporary Christian Ethics'," *Journal of Religious Ethics* 26 (1998), 437.

9   Gene Outka, *Agape*, 274.

10   Gene Outka, "Agapeistic Ethics," in *A Companion to Philosophy of Religion*, eds. Philip Quinn and Charles Taliaferro (Oxford: Blackwell, 1997), 488.

11   이에 대해서는 1장에서도 다루었는데, 참고하길 바란다.

12   Stephen Pope, *The Evolution of Altruism and the Ordering of Love* (Washington, D.C.: Georgetown University Press, 1994), 1-98.

나스 전통의 관점에서는 사정이 다르다. 사랑*caritas* ⟨카리타스⟩은 모든 진정성 있는 사랑의 표현들에 직접적으로 내용을 제공한다. 선호가 드러나는 사랑의 특성은 '특별한 선호'를 반영할 뿐 아니라 창조자의 섭리의 뜻을 반영한다."[13] 요컨대 특수 관계들 속에서의 사랑은 아가페와 다른 어떤 것이 아니라, 아가페의 핵심으로 보고 있는 것이다.

특수 중심적 접근에 있어서 아가페와 특수 관계들 사이의 긴장의 주제는 그리 큰 문제가 아닐 수 있다. 아가페는 특수 관계들 안에 내재하기 때문이다. 그러나 이 접근이 아가페를 동등배려로 이해하지 않는다고 해서, 인간에 대한 보편적 관심을 포기하는 것은 아님을 지적해 두어야겠다. 특수 관계들에 도덕적 우선순위를 두지만, 가까운 사랑의 관계를 벗어난 이들에 대한 도덕적 관심과 책임을 결코 부정하거나 철회하지 않는다는 말이다. 포읍은 모든 인간을 행한 이러한 관심과 책임을 아퀴나스에 기대어 설명한다. 아퀴나스에게서 본능적으로 형성되는 특수 관계들 속의 사랑이 아닌 보편적으로 모든 인간에 대해 갖는 사랑의 지향이 있는데 이를 '박애' 혹은 자선*benevolence*이라 한다. '박애'의 대상 범위는 보편적이다.[14]

이 점에서 포읍에 동의하면서 포우스트는 다른 한편으로 구원론적·교회론적 지평에서 사랑의 대상 범위의 확장을 시도한다. 예수 그리스도의 십자가를 통한 구원 사역의 성취에 그 존재의 근거를 두

---

13 Stephen Pope, "The Moral Centrality of Natural Priorities: A Thomistic Alternative to 'Equal Regard'," *Annual of the Society of Christian Ethics*, ed. D. M Yeager (Washington, D.C.: Georgetown University Press, 1990), 113.

14 위의 논문, 121. 이 '박애'로서의 사랑은 인격적 관계가 형성되어 있지 않다 하더라도, 타자에 대한 사랑의 한 형태로서 모든 인간이 갖는 인간으로서의 존엄성에 대한 인식과 모든 인간을 정의롭게 대우해야 한다는 도덕적 명령을 기반으로 한다.

고 있는 교회 공동체는 십자가의 목적에 상응하여 화해의 공동체, 사귐 상호적 관계의 공동체를 이루고자 한다. 포우스트는 아가페 사랑의 구현의 자리는 본질적으로 교회 공동체여야 한다고 주장하는데, 이야기적 기초가 기독교적 사랑을 구현하고 또 지탱하는 데 필수적인 요소이기 때문이다. 아가페는 교회 공동체라는 특수 관계 안으로 모인 사람들을 통해 구현된 이야기와 설교와 상징에 의해 오랜 기간 영감을 받고 유지되어 온 것으로서, '행위 아가페주의' act-agapism 나 '규칙 아가페주의' rule-agapism 따위의 추상적 관념으로 온전히 포착될 수 없는 것이다. 사랑이란 추상적 개념이라기보다는 이야기화된 전통을 통해 형성해 가는 교회 공동체 구성원들의 삶의 방식이다.[15] 포우스트는 (교회 공동체의) 이야기적 기초와 믿음의 동료 없이, 아가페는 분명히 흔들리고 결국 소멸되고 말 것이라고 주장한다.[16]

여기서 포우스트의 바르트 인용은 주목할 만하다. "이웃에 대한 기독교적 사랑 개념이 원리의 측면에서 인류를 향한 보편적 사랑으로 확장되어야 한다는 점을 내포하는 것은 의문의 여지가 없으며" 사랑의 대상이 되는 이웃은 "항상 구원의 역사의 틀 안에서 내가 만나고 또 연합해야 할 동료 인간"이다.[17] 그러나 이러한 보편적 사랑에 근거한 확장성은 바르트에게 조건적이고 제한적이다. 핵심적 조건은 문 밖에 있는 이들이 구원의 문이 열리도록 기꺼이 자발적으로 문을 두드리는 것이다. 아가페는 자유주의적 보편 구원론으로부터 독립적 위치를 고

---

15 Stephen Post, *A Theory of Agape* (London: Bucknell University Press, 1990), 81.

16 위의 책, 79.

17 Karl Barth, *Church Dogmatics* IV/2, trans. G. W. Bromily (Edinburgh: T. & T. Clark, 1958), 807-808. Stephen Post, *A Theory of Agape*, 83에서 재인용.

수하며 고유한 기독교 신앙고백과 공동체적 실체라는 조건에 근거하여 일정 정도 배타성을 견지할 때, 결국 그것에 안정적 지속성을 부여할 깊은 차원에 도달할 수 있다는 것이다. 그러므로 아가페의 행위 주체는 보편적 '인간적 존재자' human existent 이라기보다는 하나님의 인도하심 아래 특수 관계로 묶여진 교회 공동체의 구성원들이다. 기독교 사랑의 목적은 '낯선 사람들' strangers 을 기독교 공동체의 고유한 이야기와 사귐에로 인도하는 것이지, 이 공동체 생존에 급급하여 무조건적으로 그 문을 넓히는 것이 아니라고 강조한다. 포우스트는 아가페를 만인을 향한 '동등배려'로 환원해서는 안 된다고 하면서 "나사렛 예수와 사랑 그 자체를 지속적으로 회상하기 위해서 아가페를 논구하는 신학자들이 조급하게 보편성과 후기 계몽주의의 도덕 언어에 비현실적으로 의존하는 것을 피해야 할 것"[18]이라고 주장한다. 따라서 아가페의 우선적 실현 자리인 교회 공동체는 그 보편적 사랑의 실천으로 모든 인간을 대상으로 하여 하나님·자아·이웃의 삼위일체적 상호적 관계 안으로 더 많은 사람들을 끌어 들이기 위해 힘써야 한다고 역설하고 있는 것이다.

2) 특수 중심적 접근의 이론적 뿌리로서의 아퀴나스의 '사랑의 질서'론

특수 중심적 접근의 사랑 이해의 근거를 생각할 때 우리는 아퀴나스의 '사랑'론을 검토하지 않을 수 없다. 아퀴나스는 이 접근의 사랑

---

18   Stephen Post, *A Theory of Agape*, 85.

이해에 가장 중요한 정당화의 근거를 제공했다고 평가할 수 있다. 그 핵심은 '사랑의 질서'론이다. 아퀴나스는 전체 우주를 하나님이 섭리하시는 거대한 공동체로 이해한다. 하나님은 전체 피조 세계를 영원법eternal law에 따라 섭리하신다. 피조물의 모든 행동은 영원법에 내포된 하나님의 질서잡는 지혜를 반영하며 하나님은 각각의 피조물에 본성을 부여하시고 그 본성에 부합하여 살고 행동하게 하심으로써 그 질서를 실현해 가신다.

아퀴나스는 이러한 하나님의 섭리 질서에 상응하여혹은 하나님의 창조 질서에 대한 이해에 상응하여 사랑에는 질서가 있다고 주장하는데, 이 '질서'론에서 기독교 사랑의 본질을 찾는다. 사랑에 질서가 있다 함은 사랑의 대상의 관점에서 우선순위가 있음을 의미한다.[19] 아퀴나스는 모든 인간을 동등하게 사랑해서는 안 된다고 하면서[20], 원수보다 친구를[21], 악한 이들보다 덕스러운 이들을[22], 하나님 빼고 다른 그 무엇보다 자아를 더 사랑해야 한다[23]고 주장한다. 또한 객관적으로 하나님께 가까이 있는 사람들을 사랑한다. 그 다음에 우리에게 가까이 있는 사람들을 사랑한다. 하나님이 똑같이 사랑하지 않으셨기에 우리도 그렇게 해야 한다.[24] "우리 이웃은 모두 하나님께 동등하게 관계하고 있지 않다. 더 큰 선을 보유하고 있기에 하나님과 더 가까운 이들이 있으며, 덜 가까운

---

19 아퀴나스의 '사랑의 질서'론을 정리하는데 포움이 큰 도움이 되었음을 밝힌다. 특히 그의 논문, "The Moral Centrality of Natural Priorities: A Thomistic Alternative to 'Equal Regard,'"를 중요하게 참조하였다.

20 Aquinas, *Summa Theologiae* II-II, 26.6.

21 *ST* II-II, 27.7.

22 *ST* II-II, 31.3.

23 *ST* II-II, 26.3-4.

24 *ST* II-II,, 26.7.

사람들보다 더 사랑해야 한다."[25]

　　사랑의 강도는 관계 안에서 연합 혹은 사귐의 강도에 비례한다. 사귐의 강도에 따라 어떤 이웃을 다른 이웃들보다 더 사랑할 수 있다. 가까운 사람들에게 더 큰 애정과 관심을 보내는 것은 당연하다. 아퀴나스는 이것이 사랑의 자연적 질서라고 보는 것이다. 혈연관계가 사귐의 질에 있어서 가장 밀접한 관계이기에 사랑의 강도도 가장 강하다. 자녀보다 부모를[26], 배우자보다 부모를 더 사랑해야 한다. '더'는 양적 개념이기도 하지만, 아퀴나스는 다른 형태의 반응이 있어야 한다는 점을 인정한다는 점을 기억해야 한다. 부모를 '존경하고' 배우자를 '강하게' 사랑한다.[27]

　　아가페 *caritas* 〈카리타스〉 혹은 신적 아가페와 특수 관계들 속의 사랑 혹은 자연적 본능적 사랑 사이의 관계성에 대한 아퀴나스의 생각은 어떠한가? 앞에서 본 대로 아웃카는 아가페는 모든 특수 관계들의 직접적인 또 유일한 영감이 아니라고 하는 반면, 아퀴나스는 하나님의 아가페가 모든 진정한 사랑의 표현들에 직접적으로 내용을 제공한다고 한다 *inform*.[28] 바첵의 언어로 이를 설명한다면, '에로스'는 나 자신을 위해 다른 이를 사랑하는 것, '아가페'는 다른 이를 위해 다른 이를 사랑하는 것, 그리고 '우정'은 공동체를 이루기 위해 다른 이를 사랑하는 것이다. 이 각각의 사랑은 궁극적으로 하나님 사랑을 지향하고 그 사랑에 기여하며, 또 하나님 사랑이 다른 사랑의 형태들에 내용을 제공하고 영감을 불러일으

25　*ST* II-II, 26.6.

26　*ST* II-II, 26.8.

27　Stephen Pope, "The Moral Centrality of Natural Priorities: A Thomistic Alternative to 'Equal Regard'," 117.

28　위의 글, 113.

킨다.[29]

      달리 말해, 아퀴나스는 아가페를 은혜가 주입되어 이루어지는 하나님과의 사귐 그리고 하나님 안에서 다른 이들을 사랑함이라고 생각한다. 아퀴나스에게 보편적 아가페와 특수 관계들 속의 사랑 사이의 관계는 상보적이다. "은혜는 자연을 파괴하지 않고, 오히려 완성에로 이끌어간다."[30]는 가톨릭 신학의 공리는 아퀴나스 '사랑'론의 기초가 된다. 은혜는 부패한 본성을 치유하고 바로잡고 또 회복하여 바른 질서에 이르게 한다. 은혜는 자연^{혹은 본성}을 끌어 올리는데 새롭고도 초월적인 목적에 상응하는 새로운 형태를 '불어 넣음'으로써 그렇게 한다. 은혜로 주입되는 하나님의 사랑은 모든 자연적 기질들inclinations과 정서적 능력들을 파괴하지 않으면서 고상한 수준으로 끌어올린다. 가장 평범한 사랑의 관계들을 가장 고상한 형태의 사랑으로 변화시킨다는 말이다.

      요컨대, 아퀴나스의 '사랑의 질서'론은 포우스트나 포옵과 같은 특수 중심적 접근 옹호론자들의 사랑 이해의 근본적 토대로서 작용한다. 자연스러운 혹은 본능적인 감정의 지향에 따라 특수 관계들이 형성되며 그러한 관계들 안에서 신적 아가페가 드러난다고 강조하는 점, 관계 친밀도의 관점에서 친소와 선호의 불가피성을 수용하고 있는 점 그리고 보편적 타자 지향성에서보다 특수한 사랑의 관계에서 기독교 사랑의 본질을 찾는 점 등에서 아퀴나스와 특수 중심적 접근 사이의 연속성이 있다고 판단하는 것이다.

---

29   Edward Vacek, *Love, Human and Divine: The Heart of Christian Ethics* (Washington, D.C.: Georgetown University Press, 1994), 157-58.

30   *ST* II-II, 1.1.8.

2. 보편 중심적 접근에 대한 비판

위에서 살핀 특수 중심적 접근의 사랑의 본질과 근거에 대한 이해는 보편 중심적 접근의 그것과 차이가 있으며 더 나아가 충돌할 수 있는 지점이 있음을 감지할 수 있다. 그러기에 특수 중심적 접근의 보편 중심적 접근에 대한 비판을 살피는 것은 전자의 '사랑'론에 대한 이해를 심화하는 데 도움이 되리라 생각한다. 비판의 쟁점은 크게 세 가지이다. 첫째, 보편 중심적 접근이 하나님의 사랑에 대한 잘못된 이해에서 출발한다고 비판한다. 하나님 사랑을 자신에 대한 고려는 전혀 없는 전적으로 이타적인disinterested 사랑으로 이해하고 있다고 한다. 사랑의 대상의 반응이나 상호적 공동체적 관계 형성에 대해서는 전혀 관심을 두지 않으시고 오직 대상을 향해 자신을 내어 주시기만 하는 사랑으로 하나님 사랑을 이해하는데, 이는 옳지 않다고 주장한다. 그러니까 대가를 바라지 않는 사랑 곧 순전하게 내어 주는 사랑으로 하나님 사랑을 이해한다면, 잘못된 것이라고 보는 것이다.

그러기에 하나님의 사랑은 무동기적, 무조건적, 무원인적 사랑이라기보다는 동기가 있으며 반응과 상호적 관계를 바라며 더 나아가 공동체 형성을 적극적으로 추구하는 사랑이라고 강조한다. 여기서 포우스트의 아담스Robert M. Adams 인용은 주목할 만하다. "하나님의 우리를 향한 사랑과 우리의 하나님을 향한 사랑 사이의 관계들에 대한 어떤 욕망욕구을 포함하는 것으로 보아야 할 것이며, 하나님의 사랑은 관계 자체를 위한 것이지 단순히 우리를 위해서만은 아니다."[31] 신적 사랑은 일방향적 사랑이라기보다는 '공동체를 보존하고 창조하려는 사랑'인 것이다.

포우스트는 하나님의 사랑의 본질이 이렇기에, 하나님은 인간과의 소통이 제한될 때 고통하신다고 주장한다. 사랑의 부재로 고통하시는 하나님에게 사랑의 이상은 우정 곧 친밀한 상호적 관계 형성이다. 상호성이 사랑의 목적이기에 하나님은 홀로 있기를 꺼려하시며 하나님과 사랑의 관계 형성을 위한 다른 주체로서 인간을 찾으신다. 아무것도 필요로 하지 않는 자기 충족적 하나님, 친구도 세상도 필요 없는 하나님은 그리스 철학의 산물이지 성서에서 만나는 하나님의 모습은 아니다. 성서의 하나님은 인간과의 상호적 사랑을 추구하는 하나님이시기에 그러한 사랑의 부재로 인해 고통을 겪을 수밖에 없으신 분이다. 포우스트는 이 지점에서 사랑의 관점에서의 하나님의 본질과 하나님의 고통의 문제는 통합된다고 보고 있다.[32]

둘째, 보편 중심적 접근이 계몽주의나 칸트 철학의 영향 아래서 자아를 타자와 연결되어 있지 않은 독자적 존재로 이해하고 있다고 비판한다. 관계 속에 있는 자아가 참된 자아가 아니라, 독립자로 자족하는 존재를 참된 자아로 보는 것이 아니냐 하는 지적이다. 이런 차원에서 사랑은 상호적 관계 형성이나 공동체 형성을 이상으로 삼지 않고, 사랑의 규범을 충실하게 수행하는 주체에 관심이 있다. 도덕적 행위 주체로서의 모든 인간이 갖는 보편적인 내재적 가치를 강조하다가, 사랑의 대상의 개인적 독특성을 소홀히 하게 되거나 그와 연관하여 깊은 관계성으로 발전하지 못하는 위험이 있다고 비판한다.

포우스트는 아웃카가 인간의 도덕적 지위를 '인간적 존재자' human

31　Robert M. Adams, "Pure Love," *Journal of Religious Ethics* 8 (Spring, 1980), 96. Stephen Post, *A Theory of Agape*, 24에서 재인용.

32　Stephen Post, *A Theory of Agape*, 74-77.

existent로 축소시켰다고 비판한다. 창조질서에 따른 인간의 생물학적 특성과 사회적 혹은 사회생물학적 현실을 소홀히 하면서 '상호성'을 기독교 사랑의 본질에서 제거하는 오류를 범하고 있다고 주장한다. 다시 말해, 아웃카의 '자아'는 생물학적 실체와 사회적 실재 모두를 박탈당한 상태에 있다고 진단하는 것이다.[33]

> 아가페 사랑이 사람들 사이에 형성되는 사귐이라는 나의 정의는 부분적으로 창조신학에 근거하고 있다. 인간 존재는 창조 질서를 따라 다른 인간 존재의 실존에 참여하고 대화하고 또 경험하게 되어 있다. … 그러나 현대 기독교윤리학자들 가운데 어떤 이들은 인간이 자연적인 혹은 생물학적인 관계에 의해 통제받고 있다는 점을 적절하게 고려하고 있지 못하는 것 같다. 자아에 대한 지나친 강조와 신념은 계몽주의의 잘못된 자아관에 기인한 것이다. 계몽주의는 자아가 고유한 생물학적 역할을 담지한 사회적 동물이라는 사실을 소홀히 했다.[34]

그래서 아웃카의 동등배려로서의 아가페는 기독교적이라기보다는 칸트철학의 '동등존중'equal respect에 가깝다고 주장하면서, 기독교 사랑의 중심축은 특수 관계들을 통해 실현되는 사랑이라고 강조한다. 포우스트는 인간 경험에 대한 사회생물학적 이해가 가족 등과 같은 특수 관계에서 하나님의 지혜를 찾을 수 있다는 전제를 가지고 있다는 점은 신학적으로 중요하다고 보면서, 사회생물학적 구조로서의 가

---

33 위의 책, 30-32.
34 위의 책, 29-30.

족 질서 안에서 형성된 친밀한 관계는 특별한 가치와 의무를 내포한다고 지적한다. 자연적 혹은 본능적 사랑의 역동이 작용하는 가족 공동체 안에서 아가페의 이상이 구체화될 수 있다고 보면서 모든 사람이 가정에서 아가페를 충실하게 실현하며 산다면 모든 사람은 사랑받는 존재가 될 것이라고 포우스트는 주장하고 있는 것이다.[35]

셋째, 포우스트는 자비, 동정, 공감 등 감정적 역동이 없는 이타적 행위는 아가페를 온전히 드러내었다 할 수 없다고 주장한다. 아가페는 규범일 뿐 아니라 동시에 감정이요 본능적 지향이며 자연스러운 선호가 있기 마련이다. 모든 사람을 차별 없이 사랑해야 한다는 보편적 사랑의 명령에 입각하여 어떤 도덕적 의무를 수행하는 차원에서 자녀를, 배우자를, 친구를, 연인을 사랑하는 것이 아니라 각각의 사랑의 대상을 향한 자연스러운 감정적 지향에 순응하여 사랑하는 것이다.

성서에서 만나는 하나님의 사랑은 감정의 언어 없이 충분히 다 드러낼 수 없다. 하나님은 질투하시는 하나님이다. 하나님과 이스라엘의 관계를 결혼에 비유하는 본문들에서 하나님은 사랑의 대상을 향하여 열정을 다하시는 존재로 나타난다. 하나님은 사랑의 대상과의 소통의 부재로 고통하시며 또 고난 가운데 있는 사랑의 대상 때문에 깊은 슬픔에 신음하시지만, 동시에 하나님 백성과 이루어 가시는 친밀한 사랑의 관계에서 기쁨을 누리시고 또 그 관계에 참여하는 이들이 그 기쁨을 누리길 바라신다.[36] 이런 맥락에서 포우스트는 하나님의 사랑을 모범으로 삼아 기독교 사랑의 윤리가 상호성의 중요성을 회복해야 한

---

35 위의 책, 97-105.
36 위의 책, 54-57.

다는 점과 '풍성한 상호적 사랑'이 "참된 기쁨과 관계적 안정성과 선의로 가득한 상호적 섬김"[37]의 원천이 된다는 점을 강조하고 있는 것이다.

3. 특수 중심적 접근의 비판에 대한 보편 중심적 접근의 응답

1) 기독교 사랑의 규범적 이상理想

먼저 신적 아가페의 관점에서 살펴보자. 아웃카에 따르면, 니버 Reinhold Niebuhr 는 기독교 사랑의 이상을 자기희생적 사랑으로 생각한다. 니버에게 이 사랑에 대한 정당화의 근거는 하나님의 사랑의 속성이며, 그 속성은 '철저하게 자기 이해를 떠나 오직 타자를 위해 존재하는 것' perfect disinterestedness 이다.[38] 완전한 자기희생이라는 기준에 비추어 실존적 역사적 증거들을 점검한 니버는 개인적 차원의 성화와 역사내적 하나님 나라 실현에 매우 부정적 입장을 취한다. 그렇다고 니버가 완전한 염세주의자라는 뜻은 아니다. 사랑의 이상은 여전히 기독교인들의 사랑의 삶에서 기준으로 작용한다. 보복적 정의가 지배하는 사회 속에서 자기희생적 사랑의 실천이 그 사회의 정의의 수준을 높일 수 있는 계기가 될 수 있다는 점을 지적하면서도 아웃카는 기독교 사랑의 이상을 자기희생으로 보는 니버의 입장에 동의하지 않는다. 이 점에서 보편 중심적 접근의 사랑 이해가 잘못된 신론에 근거하고 있다

---

37 위의 책, 57. 하나님 사랑의 정서적 본성에 대한 포우스트의 논의를 1장에서도 다루었는데, 참고하길 바란다.

38 Gene Outka, *Agape*, 24-27.

는 포우스트의 비판은 그 과녁이 니버의 신론이라면 타당성을 확보할 수 있을지 몰라도 아웃카의 경우에도 적절한 것인지 의문을 갖게 된다. 오히려 아웃카의 하나님 이해는 포우스트의 비판을 무색하게 하는 측면이 있다.

아웃카는 하나님 사랑과 섭리의 궁극적 목적은 '관계성'에 있다고 본다. 사랑 이해에서 대상을 위한 희생이나 용서를 지나치게 강조하다 보면 이 점을 놓칠 수 있다고 생각하는 것이다. 여기에서 아웃카는 버나비 John Burnaby 의 견해를 인용하는데 이를 주목할 만하다.

끝까지 견디고 사랑할 만한 구석이 전혀 없는 대상을 향해 온전히 자신을 내어주는 그 사랑은 그 자체에 내포된 가장 고상한 목적을 이루기 위해 힘쓴다. 이 사랑은 무너진 관계가 회복될 때까지 그리고 거부가 응답으로 바뀔 때까지 쉬지 않는다. … 자비 charity 는 모든 것을 믿고 모든 것을 바라며, 믿음과 소망 가운데 결코 포기하지 않는 사랑은 그것의 목적인 성령의 연합을 이루어낸다.[39]

사랑의 목적은 '연합'이다. 하나님과 인간에게 사랑의 궁극적 목적은 일방적 자기희생이나 타자를 위한 고통의 감내가 아니라 인격 상호간의 화합적 관계 concordant relations 를 이루는 것이다. 이 지점에서 아웃카는 신의 자기희생적 사랑에 근거하여 우정과 같은 상호적 사랑을 부정적으로 보는 개신교 전통을 비판적으로 성찰하면서, 삼위일체론

---

39 John Burnaby, *Amor Dei* (London: Hodder and Stoughton, 1947), 18. Gene Outka, *Agape*, 176 에서 재인용.

적·성령론적 차원에서 인격 상호간의 '사귐'이라는 신적 사랑의 본질에 상응하여 기독교 사랑의 궁극적 목적 혹은 열매를 '상호적 사랑'으로 본다.

인간 사랑의 모범으로서의 하나님의 사랑이라는 측면에서 보편 중심적 접근과 특수 중심적 접근 사이의 접점은 가능하다고 필자는 생각한다. 하나님과 인간 사이의 관계성에 관해서는 미묘한 차이가 있지만, 하나님이 관계적 존재로서 친밀한 상호적 사랑을 추구하듯이 인간의 사랑도 그러한 존재와 사랑에 상응하여 쌍방향적 사귐과 헌신을 사랑의 궁극적 이상으로 삼아야 한다고 생각하는 점에서 접점을 찾을 수 있다는 것이다.

다음으로 인간 아가페의 관점에서 생각해 보자. 키엘케골^{Søren} ^{Kierkegaard}은 모든 인간은 우리가 사랑해야 할 이웃이라고 하면서 사랑의 대상으로서의 이웃에 대해 저울질하지 말고 차별 없이 사랑하라고 강조하며 또 사랑한 이후 자신의 사랑을 공적화하지 말라고 경고한다. 사랑의 행위뿐 아니라 사랑의 의도도 순전해야 한다. 반대급부적 사랑을 염두에 두는 숨겨진 의도까지도 철저하게 부정해야 한다고 강조한다. 기독교 사랑의 보편성, 무차별성, 일방향성 등을 강조하면서 키엘케골은 기독교 사랑에서 상호성을 떼어낸다. 쌍방적 관계 형성을 전제하는 우정과 같은 사랑의 관계에 대해 의심한다. 그러면서 대가나 반응에 대한 고려를 철저히 배제한 자기부정과 자기희생이 기독교의 이웃 배려의 본질이 되어야 한다고 강조한다.[40]

보편성과 일방향성을 기독교 사랑의 본질적 특징으로 보는 아

---

40 Gene Outka, *Agape*, 13-19.

웃카의 이론은 키엘케골의 영향을 받으며 형성되었다는 점을 부정할 수 없을 것이다. 그러나 아웃카가 키엘케골과 갈라서는 지점이 있음을 주목해야 한다. 아웃카는 자기사랑의 여지를 차단하고 기독교 사랑을 완전한 자기희생으로 보는 점 그리고 상호성에 늘 의구심을 갖는 있는 점 등에는 키엘케골에게 동의하지 않는다. 다시 말해, 아웃카는 적절한 자기배려가 철저하게 배제된 일방향적 자기희생에 대해 비판적 입장을 견지하면서 동등배려로서의 아가페는 자기 자신도 사랑의 대상으로 삼아야 한다고 강조한다. 또한 아웃카는 특수 관계의 고유한 지위와 가치를 존중하면서 특수 관계에 참여하는 사랑의 행위자들 사이의 상호적 관계 역동을 전면적으로 불순하게 보지 않는다. 우정 형성과 발전을 위해 조건과 선호 등의 요소들이 작용하지만, 그 안에서 우리는 이해타산적利害打算的 주고받음을 뛰어넘는 순수한 사랑의 마음과 실천을 분명히 발견할 수 있다고 아웃카는 지적한다. 요컨대, 사랑의 관계에 참여하는 행위자들이 각각 대상을 향하여 대가와 반응에 좌우되지 않는 사랑으로 서로 사랑하고, 그러한 쌍방적 사랑이 상호작용하여 이루어지는 공동체 형성communion과 '사귐'이 기독교 사랑의 궁극적 이상 혹은 열매임을 강조하고 있다.[41]

두 접근 모두 상호성을 중요하게 여기지만, 보편적 아가페와 특수 관계 사이의 관계성이라는 관점에서 둘 사이에 차이가 있다. 특수 중심적 접근은 특수 관계의 고유한 지위와 가치를 인정하면서 보편적 아가페와 특수 관계 사이에 우선순위 혹은 비중을 정하는 것을 거부한다. 바첵의 견해가 그 대표적인 보기가 될 것이다. 그에 따르면 아가

---

41   Gene Outka, "Agapeistic Ethics," 487.

페는 다른 이를 위해 다른 이를 사랑하는 것이며 우정은 다른 이와 맺는 관계를 위해 다른 이를 사랑하는 것이라고 설명하면서 순위를 설정하지 않는다. 이에 반해 보편 중심적 접근은 우선순위를 설정한다. 앞에서 언급한 대로, 아웃카는 원수를 사랑하는 것^{일방향적 아가페 사랑} 보다 원수를 친구로 만드는 것이 더 어렵다고 보면서 우정의 가치를 더 높게 평가하지만, 보편적 아가페의 일방향성과 보편성이 우선순위를 두어야 할 사랑의 척도라고 강조한다.[42] 위에서 본 대로, 보편적 아가페는 특수 관계들이 본연의 목적을 이루도록 도울 것이며 또 경계선을 설정하여 내부 강화를 위해 외부의 개인 혹은 다른 관계들에 해를 끼치는 것을 경계한다.

이런 맥락에서 보편적 아가페와 특수 관계 사이의 적절한 긴장을 유지하는 것은 필요하리라 본다. 상호성을 필수불가결하게 아가페의 핵심적 요소로 보는 것은 받아들이지만 그것이 지나칠 때 사랑의 범위를 특수 관계들에 참여하는 사람들로만 제한하게 되는 결과를 낳을 수도 있다. 상호적 관계가 형성되지 않는 사랑의 실천은 사랑이 아니라 할 수 있겠는가. 꼭 그렇게 되지 않는다 하더라도 기독교 사랑의 계명은 변함없이 사랑의 대상을 사랑하라고 도전한다. 또한 보편적 아가페와 특수 관계 사이의 긴장의 약화는 아가페의 본질적 내용을 특수 관계들의 특징으로 환원할 여지가 있다. 특수 관계가 아가페 사랑을 배우고 알 수 있는 '덕의 학교'가 될 수 있다고 주장하는 것과 '유일한 학교'라고 주장하는 것은 전혀 다른 문제이다. 특수 관계없이는 도무지 아가페를 이해할 수 없다는 주장에 이를 수 있다는 말이다.

42 위의 논문.

2) 사랑과 감정

기독교 사랑에서 감정의 부분은 매우 중요하다. 감정적 역동이 없는 사랑의 행위가 가능하겠는가. 아웃카는 기독교 사랑을 논하면서 이성과 감정을 이분법적으로 나누어 말한 적은 없다고 강조한다. 상대적으로 적은 분량으로 언급했다고 해서 중요하게 여기지 않는 것은 아니라고 말한다. 특수 중심적 접근이 자연스러운 감정의 역동이 본질적으로 중요한 위치를 차지하는 특수 관계들을 우선적으로 고려하는 것을 존중하면서도, 여전히 아가페의 일방향성의 원리를 견지해야 하지 않겠느냐고 제안한다.[43] 이 지점에서 아웃카의 리더 John P. Reeder 인용을 주목할 만하다. "유한성뿐 아니라 악도 상호성에 장애가 될 수 있다. … 그러나 사랑의 교환은 아가페의 바람직한 열매가 될 수 있지만 desired fruition of agape 그렇다고 필요조건이 되는 것은 아니다. 반응은 요구되어서는 안 되고 또 필연적으로 기대되어서도 안 된다. 다만 욕구될 수 있을 뿐이다 desired."[44] 상호성은 바람직한 것이지만, 필연적으로 요구되는 것은 아니라는 말이다. 특수 중심적 접근이 상호성을 필연적인 것으로 보는 근거는 특수 관계의 정서적 특성에 있다고 볼 수 있다. 부모가 자녀를 자연스러운 감정의 지향을 따라 필연적으로 사랑하는 것이다. 사랑의 윤리적 논의에서 이성과 감정을 이분법적으로 나누지 않는다고 하면서도 아웃카가 감정보다는 사랑에 대한 규범적 진술에 더 큰 관심을 두는 까닭은 사랑에서 감정이라는 부분이 갖는 불안정성,

---

43 Gene Outka, "Comment on 'Love in Contemporary Christian Ethics'," 435-36.
44 John P. Reeder, Jr., "Extensive Benevolence," *Journal of Religious Ethics* 26-1 (1998), 59. Gene Outka, "Comment on 'Love in Contemporary Christian Ethics'," 436에서 재인용.

변질 가능성, 악으로의 경도 가능성 등을 고려하기 때문이다. 감정의 측면을 소홀히 하면 아웃카의 보편적 아가페는 친밀한 인간관계의 형성과 성숙이라는 결실에 이르지 못할 것이라는 비판에 귀 기울여야 하겠지만, 동시에 감정에 근거한 사랑의 필연성의 논지를 강조하다가 감정의 지향을 뛰어넘어 모든 인간을 사랑하라는 도덕적 종교적 명령을 따라 원수까지도 배려해야 한다는 기독교 사랑의 규범적 특징을 약화시켜서는 안 될 것이다.

3) 사랑과 정당화의 근거

포우스트와 포움뿐 아니라 바첵과 같은 가톨릭 윤리학자도 아웃카의 인간 이해를 초점으로 하여 아웃카의 '사랑'론의 근거가 신학이라기보다는 철학이라고 비판한다. 도덕적 행위 주체로서의 모든 인간이 갖는 보편적인 내재적 가치에 대한 강조는 칸트의 의무론적 인간론을 연상케 한다는 것이다. 다시 말해, 특수 관계들이 갖는 도덕적 가치를 충분히 인정하지 않는 경향이 있다는 것이다. 요컨대, 이러한 인간 이해가 성서적 신학적이라기보다는 칸트의 철학 곧 모든 사람들을 목적 자체로 존중해야 한다는 인간 중심적 철학에 뿌리를 두고 있다는 것이 비판의 요점인 것이다.

이에 대해 아웃카는 기독교 사랑의 대상 범위에 있어서 보편성을 말할 때 칸트에 기대지 않는다고 강조한다. 오히려 성서적이며 신학적이라고 분명하게 밝힌다.[45] 성경의 근거 본문을 몇 가지 제시하는데, 원수사랑의 계명이 대표적이다. 원수는 사랑할 수 없다. 사랑할 수 없는 이를 사랑하라 하심은 사랑 못할 대상이 없다는 뜻이요 모든 사람이 사랑의 대상일 수 있고 또 이어야 함을 내포한다. 그리하여 원수 사랑의 계명에 담긴 중요한 규범적 원리는 사랑의 대상 범위에 관한 것이 된다. 모든 인간이 사랑의 대상이다. "사랑하는 이들만 사랑하면 칭찬받을 것이 무엇이냐? 세리도 그렇게 하지 않느냐"마 5:46; 눅 6:32-34는 가르침도 같은 맥락에서 생각할 수 있는 본문이다. 사랑하는 이들만 사랑하면 칭찬받을 것이 없다고 함은 자신을 사랑하지 않거나 심지어 미워하거나 박해하는 이들까지도 사랑해야 함을 뜻하면서 모든 인간을 포괄하는 사랑을 명령하고 있는 것이다. 이러한 사랑의 윤리적 가르침의 맥락에서 십자가의 의미도 해석할 필요가 있다. 포우스트가 강조하는 대로 십자가의 목적은 화해라는 점을 인정하지만, 화해만을 부각할 때 십자가에서 계시된 하나님 사랑의 보다 근원적인 의미와 가치를 약화시킬 수 있다는 우려를 표하고 싶다. 상호성도 중요하지만 죄인임에도 사랑하신 십자가의 사랑롬 5:8을 생각한다면, 전자를 지나치게 강조할 때 대가나 반응에 매이지 않고 그것을 초월하여 사랑하시는 하나님 사랑의 규범적 의미가 약화될 수 있다는 말이다. 예수가 대가를 바라고 죄인인 인간을 위해 십자가에 죽으셨는가라는 질문을 던질 수 있을 것이다.

또한 아웃카는 기독교 신학 전통에서 아가페의 보편성 원리의 근거를 찾는다고 주장한다. 어거스틴 전통은 분명히 사랑의 대상 범위 이해에 있어서 포괄적이다. 기독교 사랑에 대한 어거스틴의 사회윤리적 이해에서도 이 보편성 원리를 찾을 수 있다. 신의 도성과 세속 도성

---

45 Gene Outka, "Theocentric Agape and the Self: An Asymmetrical Affirmation in Response to Colin Grant's Either/Or," *Journal of Religious Ethics* 24 (1996), 36-37.

의 관계를 대립으로 이해하지만, 그럼에도 둘 사이에 존재하는 공동의 기반 혹은 공동의 추구의 여지를 남긴다.[46] 둘이 공통으로 추구하는 가치가 있다는 말이다. 대표적인 것이 평화이며, 하나님은 인간의 공동체적 실존에 필요한 요소로서 평화와 질서를 확보해 주시기 위해 정치사회적 체제들을 통해 섭리하신다. 하나님의 창조의 지평을 존중하는 섭리적 사랑이라 할 수 있겠다. 세속 영역에서 인간과 인간 공동체를 향한 하나님의 사랑을 반영하는 것으로서 기독교인의 사랑의 실천은 교회 밖에 있는 사람들도 그 사랑의 품 안에 두고자 한다. 요컨대, 하나님의 섭리의 사랑은 신자들만을 위한 것이 아니라 신자들의 공동체 밖에 있는 이들에게도 확장된다. 온 인류와 피조 세계를 포괄하는 하나님의 사랑의 섭리의 지평에 상응하면서, 기독교 사랑은 그 대상 범위에서 보편성을 띠는 것이다.

아웃카는 자신의 보편성 주장이 계몽주의나 칸트에게서 영감을 받았다기보다는 특수주의적이라고 한다. 다시 말해 기독교라는 특수한 전통에 의지하고 있다는 말이다. 여기서 프라이 Hans Frei 의 명제를 인용하는데, "모든 인간은 교회에게 주어진 이웃"[47]이라는 것이다. 모든 인간을 사랑해야 할 이웃으로 보는 신학적 근거는 하나님의 보편적 사랑 혹은 신중심적 사랑theocentric love 이다. 하나님이 모든 인간을 사랑으로 품고자 하시기에, 하나님이 사랑하시는 대상을 사랑함으로써 하나님께 대한 사랑을 표현한다. 하나님을 최상으로 사랑할 때 이웃과

---

46 Augustine, *The City of God*, trans. Markus Dods (New York: Random House, 2000) XIX. 17.

47 Hans Frei, *The Identity of Jesus Christ: The Hermeneutical Bases of Dogmatic Theology* (Philadel-phia: Fortress Press, 1975), 162. Gene Outka, "Following at a Distance: Ethics and the Identity of Jesus," in *Scriptual Authority and Narrative Interpretation*, ed. Garrett Green (Philadelphia: Fortress, 1987), 150에서 재인용.

자기 자신을 바르게 사랑할 수 있다는 점을 확인하면서 아웃카는 기독교 사랑의 보편성에 대해 말한다.

> 많은 기독교인들은 인류를 향한 하나님의 사랑은 그 범위에 있어 보편적이라는 확신을 가지고 있는데, 왜냐하면 온 인류를 하나님이 창조하시고 지탱하시고 또 구원하시기 때문이다. 그러므로 우리의 사랑은 할 수 있는 대로 이 사랑의 범위에 상응해야 한다. 우리의 사랑은 그 범위에 있어 (하나님의 사랑에) 상응하여 보편적이어야 한다는 결론은 적절한 혹은 정당한 이웃 사랑과 자기사랑이 있을 수 있다는 관점을 뒷받침한다.[48]

이러한 보편성에 대한 특수주의적 접근은 포우스트에게서도 발견된 바이다. 앞에서 본 대로, 포우스트는 교회 공동체를 아가페의 우선적 실현 자리로 보면서 기독교 사랑의 보편성은 구원론적·교회론적 지평을 벗어난 계몽주의적 만인애滿人愛로 환원되어서는 안 되고 모든 인간을 대상으로 하여 교회 공동체 안으로 이끌고자 하는 사랑의 실천이라는 뜻에서 특수주의적 기초에서 이해되어야 한다고 주장한다. 여기에서 아웃카와 포우스트 사이의 접점을 발견한다. 두 사람 모두 기독교 사랑의 보편적 범위를 논하면서 특수주의적으로 접근하고 있는 것이다. 다시 말해, 철학적 접근이 아니라 신학적 접근을 시도하고 있다. 다만 아웃카는 신론적 명제에 근거하여 하나님 사랑에 상응하는 것으로서의 보편적 사랑을 강조하는 반면, 포우스트는 구원론적·교회

---

48 Gene Outka, "Universal Love and Impartiality," in *The Love Commandment: Essays in Christian Ethics and Philosophy*, eds. Edmund N. Santurri and William Werpehowski (Washington, D.C.: Georgetown University Press, 1992), 2-3.

론적 명제에 의지하여 특수 관계로서의 교우 관계의 보편적 확장을 말한다는 점에서 차이가 있을 뿐이다. 어쨌든 두 사람은 다른 방향에서 전개하고 있지만, 기독교 사랑의 논의를 '신학적으로' 심화시킨 점에서 그 공헌을 인정받아야 할 것이라고 생각한다.

III

욕구 중심적 접근의 '사랑'론

1. 욕구 중심적 전일적 사랑의 윤리에 대한 기본 해설

1) 사랑의 삶의 원천으로서의 욕구와 전일적 사랑 이해

틸리히에게 사랑의 원천은 욕구desire이다. 다양한 사랑의 형태들이 있지만 그 형태들은 근본적으로 욕구를 기반으로 하고 있다는 생각인 것이다. 틸리히에 따르면, 리비도로서의 사랑은 결핍을 채워줄 대상을 향한 지향적 움직임이며, 우정으로서의 사랑은 우정의 관계에 참여하는 행위자들 사이에서 이루어지는 공동체 형성이며, 에로스로서의 사랑은 존재론적으로 낮은 단계의 주체가 높은 단계의 대상을 추구하는 욕구의 표현이다.[49] 여기서 틸리히의 '사랑'론은 이러한 다양한

---

[49] Paul Tillich, *Systematic Theology* I (Chicago: The University of Chicago Press, 1967), 280.

사랑에 관한 신학적 윤리적 탐구 사랑의 윤리

사랑의 형태들을 '전일적으로' 이해하고 있다는 점을 주목해야 할 것이다. 구체적인 사랑의 삶에서 각 사랑의 형태들이 갖는 고유성혹은 다양성이 드러날 수밖에 없다는 점을 인정하면서도, 틸리히는 그러한 다양성과 차이를 뛰어넘어 상이한 사랑의 형태들을 전일적으로 묶을 수 있는 토대적 근거가 있다고 보는 것인데 그것은 바로 욕구이다. "욕구라는 요소는 이 모든 형태들 가운데 분명히 존재한다."[50] 다시 말해, 욕구는 리비도 안에서도 작용하지만, 에로스와 필리아 안에서도 작용하며 심지어는 아가페의 구현 안에서도 발견된다.[51] 틸리히는 욕구를 좁은 의미에서 리비도의 의미로 사용하기도 하지만, 그 보다는 좀 더 넓은 의미에서 다양한 사랑의 형태들에 공통적으로 내재하는 지향적 역동drive으로 이해하고 사용하는 것이 틸리히의 전형적인 용법에 가깝다고 할 수 있다.[52] 틸리히에 따르면, '지향적 역동'으로서의 욕구는 결합되어야 하지만 분리되어 있는 주체들이 결합에 이르고자 하는 욕구이며,[53] 이 지향적 역동이 모든 사랑의 형태들 가운데 작동하고 있다는 점에서 "사랑은 하나이다."[54]

이런 맥락에서 틸리히의 욕구 중심적 전일적 사랑 이해는 '떨어져 있던 대상들이 재결합을 추구하는 욕구'라는 관점에서 논구할 필요가 있다. "감각들을 통해 물질적 실재와 결합을 이루고자 하는 욕구는 리비도의 실현으로서의 사랑의 한 보기이다. 리비도 안에 에로스,

---

50 위의 책.

51 위의 책, 280-82.

52 Alexander C. Irwin, "The Faces of Desire: Tillich on 'Essential Libido', Concupiscence and the Transcendence of Estrangement," *Encounter* (January 1990), 340-41.

53 Paul Tillich, *Love, Power, and Justice: Ontological Analyses and Ethical Applications* (New York: Oxford University Press, 1954), 25.

54 Paul Tillich, *Morality and Beyond* (London: Routledge and Keegan Paul, 1963), 35.

필리아, 아가페의 요소들이 내재하며, 그와 마찬가지로 후자의 세 가지 사랑의 형태 안에 리비도가 내재한다."[55] 전일적 관점에서 이해할 때 아가페는 '사랑의 리비도적인 지향적 역동들' 혹은 '음식, 음료, 섹스 그리고 미학적 향유'를 향한 욕구 안에도 내재하여 작동할 수 있고 또 어떤 면에서 그렇게 되어야 한다는 것이다.[56] 여기서 틸리히의 전일적 사랑 이해는 감각적 욕구와 아가페 사이의 강한 연속성이 있다는 점을 내포한다. 이러한 '연속성'에 대한 인식은 한편으로 감각적 욕구 충족을 위한 시도를 정욕의 관점에서 이해하고 다른 한편으로 아가페와 정욕에 뿌리를 둔 자기애적 自己愛的 추구를 대립적으로 보는 전통적 이해와는 분명히 충돌하는 부분이 있지만, 틸리히는 사랑의 원천으로서의 욕구를 감각적 결핍의 충족을 지향하는 역동으로 제한해서 규정하는 것을 경계한다. 예를 들어, 리비도는 그 자체로 볼 때 좋은 것이라고 강조하는데,[57] 왜냐하면 리비도의 작동 방향은 '본래 자신이 속해 있던 바로서 지금 떨어져 있는 대상과의 재결합'이기 때문이다.[58] 리비도가 왜곡된 방향으로 곧 타자와의 참된 결합과는 멀리 떨어지는 방향으로 퇴락할 가능성이 전혀 없는 것은 아니지만, 대상과의 재결합이라는 사랑의 본질적 목적을 이루기 위한 필수불가결한 요소로서 작용할 수 있고 또 그렇게 되어야 한다는 점을 강조하고 있는 것이다.

따라서 자기 자신과 타자 혹은 세계와의 본질적인 관계 형성이라는 관점에서 '욕구'를 필연적으로 죄라는 범주와 연관해서 생각해야 할

---

55 위의 책, 36.

56 위의 책.

57 Paul Tillich, *Love, Power, and Justice*, 116.

58 위의 책, 28-29.

〰〰〰〰〰〰〰 사랑에 관한 신학적 윤리적 탐구 사랑의 윤리

이유가 없다는 것이 틸리히의 생각이다. 리비도는 그 본성에 있어서 프로이드식ᵃ으로 고상한 실존적 차원으로부터 낮은혹은 형이상학적 차원으로 끌어내리려는, 도무지 채워질 수 없는 무한의 욕구가 아니라, 앞에서도 밝혔듯이 사랑의 다양한 형태들 곧 에로스, 우정, 아가페 등의 형태들의 본질적인 구성요소이기 때문이다.[59] 그러기에 리비도를 성적·육체적 결핍 충족의 추구에만 연관하여 생각하는 것을 경계하면서, 틸리히는 리비도는 왕성한 '자기실현의 지향적 역동'을 본질적으로 내포한다고 강조한다. 이 점과 연관하여, 틸리히는 에로스 사랑 곧 자기 자신을 넘어서서 자연과 문화 안에 내재하는 아름다움과 참됨 그리고 그러한 아름다움과 참됨의 존재론적 근원과의 '결합'을 갈망하고 추구하는 사랑으로서의 에로스가 온전히 구현되기 위해서 리비도와 함께 작동해야 한다'be united'는 점 또한 지적한다.[60] 다시 말해, 에로스는 '자기실현의 지향적 역동'으로서의 리비도를 포함하고 있기에, 자아 '밖'의 가치들을 향해 그리고 그 가치들과의 결합을 향해 사랑의 역동으로 행동하게 된다고 보는 것이다.

세계와 타자에 대한 앎을 확장해 가고 또 결합을 이루고자 하는 사랑의 원천으로서의 욕구는 궁극적 실재에 대한 지식과 그 실재와의 결합을 추구함을 통해 영적 지평을 확보하는 데까지 이른다. 여기서도 욕구는 필수불가결한 요소이다. 틸리히는 인간의 하나님에 대한 사랑에서 에로스가 작용하고 있다고 강조하는데, 앞에서 잠깐 살핀 대로, 에로스는 낮은 단계의 선에서 높은 단계의 선으로 진보하고자 하는

59   Paul Tillich, *Systematic Theology* II (Chicago: The University of Chicago Press, 1967), 53-54.
60   Paul Tillich, *Love, Power, and Justice*, 29-30.

욕구이기 때문이다. 그리하여 틸리히는 아가페와 에로스를 반제反題로 설정하여 둘 사이의 연속성을 철저하게 부정하는 신학적 시도를 반대하면서, 하나님을 사랑한다는 것은 그 본성에서 에로스의 발현이라고 주장한다. 다시 말해, 아가페와 에로스가 함께 작동하지 않는다면, 인간의 하나님을 향한 사랑도 이루어질 수 없다고 보는 것이다.[61] 요컨대, 하나님을 사랑하는 삶 곧 궁극적 실재이신 하나님을 향한 사랑의 지향에서 욕구는 장애 요소나 부차적 요소가 아니라 본질적 요소로서 하나님과의 상호적 관계 형성_{혹은 하나님과의 결합}을 추구하는 동인으로 작용한다는 것이다.

2) 도덕적 명령의 경험과 틸리히 '사랑'론에 대한 규범윤리적 성찰

① 도덕적 명령의 인간론적 함의

틸리히에 따르면, 도덕성morality의 본질적 토대는 도덕적 삶의 인간론적 필연성과 도덕적 명령의 경험이다. "도덕은 인간이 인간으로서 갖는 한 기능이다. 도덕이 없다면, 인간은 인간이 될 수 없다. 도덕적 요구에 대한 의식이 없는 존재는 인간이 아니다. … 범죄자는 도덕적 명령을 무시하기는 했지만, 도덕적 명령을 의식하고 있다. 범죄자는 인간의 본성 안에 있는 본질적인 요소에 대항하여 싸우기는 하지만 인간이다. 인간은 인간으로서 자기 자신에게 모순될 수 있는 잠

---

61 Paul Tillich, *Systematic Theology* I, 279-82.

재력을 가지고 있기 때문이다."[62] 여기서 우리는 틸리히의 도덕적 명령 개념 안에 내포된 두 가지 중요한 인간론적 함의를 탐색할 수 있다. 하나는 결핍의 확인이고 다른 하나는 참된 자아의 추구이다.

먼저 도덕적 명령을 들어야 하고 또 그렇게 할 수밖에 없는 까닭은 결핍 때문이다. 현재적 자아의 도덕적 현실과 참된 자아의 도덕적 이상 사이의 간격에 대한 경험을 통해 도덕적 주체로서 자아는 이 간격을 극복하고자 하는 소원을 가지며 그러한 극복의 결정적 통로가 되는 도덕적 명령의 청취와 실천을 향한 갈망을 갖게 되는 것이다. 아리스토텔레스 목적론의 틀 안에서 틸리히는 아리스토텔레스적的 '유데모니아' eudaimonia 에 이르는 것이 무조건적인 도덕적 명령이라고 단언하며, 그 신학적 의미를 밝힌다. 틸리히는 이 말을 보통 번역되는 바와 같이 '행복'이라고 번역하지 않는다. 그 어원적 풀이에 충실하여, 이를 '신의 도움으로 이루는 성취'라는 의미로 옮긴다. 그러므로 도덕적 명령이란 엄밀한혹은 어원에 가까운 정확한 의미에서 행복도 아니요 행복에 이르는 과정에서 얻게 되는 즐거움이나 만족도 아니다. 그것은 '신의 도움으로 이루어지는 성취와 그 성취에 동반하는 행복'이다. 이렇게 볼 때, 기독교인이 향유할 구원의 복 곧 천상에서의 영원한 지복eternal blessedness 은 '유데모니아'의 관점에서 새롭게 이해될 필요가 있다는 것이 틸리히의 생각이다.[63] "칼뱅주의자들은 하나님의 영광을 인생의 목적으로 삼는다 할지라도, 그들은 이 목적을 성취하고 또 하나님의 영광에 이바지하면서 지복을 누린다. 이러한 원리는 다음과 같은 중요한 신학적 목

62   Paul Tillich, *Theology of Culture*. 남정우 역, 『문화의 신학』(서울: 대한기독교서회, 2002), 140.
63   Paul Tillich, *Morality and Beyond*, 22.

적들에도 그대로 적용이 되는데, '하나님과 같이 되는 것' *theosis* 〈데오시스〉, '신적 삶의 직관을 즐기는 것' *fruitio Dei* 〈프루이티오 데이〉, 개별 인간 존재와 온 인류 그리고 우주의 목적으로서의 '하나님 나라'에 참여하고 헌신하는 것 등이다."[64] 애정 어린 신의 도움으로 도덕적 명령을 청취한 행위자는 신학적 목적 혹은 신학적 '유데모니아' 안에서 현재적 자아가 지향해야 할 목적으로서의 참된 자아와 두 자아 사이의 간격을 인식하고 참된 자아의 실현을 위해 전진하게 되는 것이다.

따라서 틸리히의 도덕적 명령 개념에 내포된 또 다른 의미는 참된 자아의 추구이다. 이는 해방의 추구라고도 할 수 있을 텐데, 참된 자아로부터 이탈되어 있는 '나'라는 왜곡된 혹은 부패한 자아의 굴레로부터의 자유 획득을 내포하기 때문이다. 참되고 충분한 실현이 억압된 자아가 참된 자아를 향해 실현되는 과정으로서, 이는 자기초월을 향한 지향이라고 할 수 있다.[65] 그러기에 틸리히는 도덕적 명령을 본성적으로 종교적 신앙과 결부시킨다. 종교를 궁극적 관심에 사로잡혀 '존재하고 또 사는' 상태라고 규정한다면, 자기초월을 향한 지향을 가능케 하는 도덕적 명령의 청취와 실천을 통해 자기 자신을 궁극적으로 초월하는 혹은 넘어서는 존재의 자리로부터 자신을 객관화하고 또 초월하고자 하는 영적 추구를 유비적으로 또 실제적으로 탐색할 수 있는 것이다.[66] 요컨대, 이 두 가지 인간론적 역동 곧 결핍의 확인과 참된 자아의 추구가 작용할 때 인간은 도덕적 명령을 듣게 되는데, 곧 이상적 자아의 실현을 향해 잠재적 가능성을 발현하라는 '해방'의 삶에로의 요청을 그

---

64 위의 책, 22-23.
65 위의 책, 19-21.
66 위의 책, 23-24.

요지로 삼는 도덕적 명령의 경험이 이루어지게 되는 것이다.

그러므로 이러한 도덕적 명령에 자기부정이나 폐쇄적인 자기몰입의 여지는 있을 수 없다. 오히려 참된 자아를 향한 자아의 전개라는 긍정적 전망이 있을 뿐이다. 이같은 긍정적 전망의 근거는 자기 자신에게 있지 않다. 모든 존재의 원천이신 하나님이 바로 그 근거가 되기에 하나님의 창조와 연관하여 자신의 가치를 인식할 필요가 있다고 틸리히는 강조한다. 특별히 인간은 하나님의 형상이다. 틸리히에 따르면 하나님의 형상으로 창조된 인간은 인간이라는 피조물의 차원에서 존재론적으로 완결적이며, 하나님의 로고스와의 유비적 관계에서 그 로고스를 드러내며, 또한 하나님과 연합에 이르는 능력을 보유한다. 이러한 특징들과 연관하여, 인간은 다른 피조물들 그리고 자기 자신과 의로운 관계를 형성할 수 있는 능력 곧 타자와 자아에게 정당한 가치를 부여하고 또 온전한 관계를 형성할 수 있는 능력을 보유한다. 그러므로 인간은 자아와 타자의 본연의 가치를 폄하하거나 파괴해서는 안 되는 것이다.[67] 이 지점에서 틸리히는 '사랑'과 '은총'을 융합하며 인간 긍정을 위한 근본적인 신학적 윤리적 토대를 마련한다. "사랑은 은총의 근원이다. 사랑은 용납될 수 없는 것을 용납하며, 사랑은 새로운 존재가 되도록 하기 위해서 옛 존재를 새롭게 한다. 중세기의 신학은 사랑과 은총을 동일시했다. 그것은 옳았다. 사람을 은혜롭게 만드는 것이 사랑이기 때문이다. 그러나 은혜는 동시에 용서하고 용납하는 사랑이다."[68] 여기서 틸리히는 하나님 형상의 창조신학적 의미와 구원신학

---

67 Paul Tillich, *Systematic Theology* I, 258-59.
68 Paul Tillich, 『문화의 신학』, 151.

적 인간 긍정을 은총의 근원으로서의 '사랑'에 근거하여 통합하고 있다. 하나님 형상을 부여한 하나님의 창조 행위의 동기는 사랑이며, 하나님은 동일한 사랑으로 지속적으로 옛 자아를 새로운 자아로 바꾸시는 구원론적 은총의 역사를 이루어 가시는 것이다.

② 도덕적 명령의 규범윤리적 이해와 그 본질적 내용

도덕적 명령은 규범의 형태로 도덕행위자에게 제시된다. 규범은 행위자의 선택과 행위를 규율하고 안내하는 윤리적 기준으로서, 이 기준에 비추어 옳고 그름 그리고 좋고 나쁨을 판단하게 되는 것이다. 도덕적 명령으로서의 규범에 대한 경험에 관해 논하면서, 특별히 틸리히는 규범을 구체적 상황에 적용할 때 규범이 갖는 '윤리적 기준으로서의 권위'라는 관점에서 규범의 본질적 속성을 밝히고자 한다. 한편으로 틸리히는 상황의 고유성이나 특수성을 존중하기보다는 규범은 다양한 행위의 맥락에 보편적으로 혹은 일반적으로 적용될 수 있고 또 그렇게 되어야 한다는 신념을 반영하는 절대주의를 경계하는데, 이러한 절대주의의 대표적인 보기로는 상황에 따른 독특한 적용이나 예외의 여지를 원천적으로 배제하는 종교적 율법주의를 들 수 있다. 다른 한편으로 상황의 특수성과 유동성을 예민하게 인식하면서 모든 상황에 공통적으로 적용할 수 있는 보편적인 기준은 존재할 수 없다고 주장하는 상대주의도 경계하는데, 윤리적 판단과 행위에 있어서 규범보다 개별 행위자의 독특성과 상황의 특수성에 일관성 있게 우선순위를 설정하고 불균형적으로 큰 비중을 허용하는 상황주의를 그 대표적인 보기로 생각할 수 있을 것이다. 틸리히는 도덕적 명령으로서의 규범에 대한 이해에 있어서 두 극단 곧 율법주의적 절대주의와 상황주의적 상대주의를 경계하면서, 일종의 제3의 길을 채택하고자 한다.[69]

율법주의적 절대주의를 거부하는 틸리히는 그 어떤 형태의 규범도 허용하지 않는 것인가? 극단적 상대주의 또한 배격하는 틸리히의 입장을 고려한다면, 상황의 고유성과 다양성을 존중하면서 행위의 기준으로서 작용할 규범의 여지를 열어두고 있는 것이 아닌가? 이러한 물음들에 대한 틸리히의 응답은 그의 규범윤리를 탐색하는 데 매우 중요한 의미가 있다. 틸리히는 자신이 가장 근본적인 것으로 생각하는 윤리적 기준을 분명하게 제시한다. 그것은 사랑이다. 그에게 사랑은 행위를 규율하고 안내하는 기준이자 동인이다.[70] 근원적 기준으로서의 사랑은 '윤리적 판단의 척도' 곧 인간의 행동의 방향을 지시하는 윤리적 이정표로 작용한다.[71] 척도로서의 사랑은 아가페적인데, 타자·지향적이며 대상에 대한 평가나 대상의 대가와 반응을 뛰어넘어 값없이 실행된다는 의미에서 그렇다.[72] 또한 사랑의 원천은 욕구이며, 욕구를 기반으로 하는 사랑은 특정한 사랑의 대상이나 우정과 같은 특수한 관계 형성을 향해 사랑의 행위자를 움직이게 하는 '동력'이다.[73] 다시 말해, 사랑은 인간의 행동을 사랑의 대상을 향해 그리고 대상과의 결합을 향해 움직이게 하는 정서적·의지적·인지적 역동이다. "사랑은 감정과 깊은 연관을 갖고 있을 뿐 아니라 실존적 분리를 극복

---

69 Paul Tillich, *The Protestant Era* (Chicago: The University of Chicago Press, 1957), 150-60.

70 위의 책, 154-55; Paul Tillich, *Systematic Theology* III (Chicago: The University of Chicago Press, 1967), 273-74.

71 Paul Tillich, *Systematic Theology* III, 273.

72 위의 책, 273-74.

73 위의 책, 274.

145
제3장 기독교 '사랑'론의 패러다임적 접근들

하기 위해 다른 존재를 향해 온 존재를 다해 움직이는 의지적 역동"이며 동시에 사랑의 대상을 향한 인지적 역동을 포함하는데, 여기서 인지적 역동이란 "애정 어린 앎의 행위 안에서 인지하는 주체와 대상 모두를 변화시키는 참여적 지식"을 본질적으로 내포한다.[74] 인간 존재를 구성하는 모든 인간론적 구성요소들과 연관되는 사랑 곧 인지적, 정서적, 그리고 의지적 요소를 포괄하는 사랑은 이제 다양한 사랑의 형식과 관계적 틀을 통해서 목적론적으로 사랑의 대상과 그 대상과의 결합을 향해 사랑의 행위자를 '추동하여 행동하게' 한다는 것이 틸리히의 이해인 것이다.

이상으로 보건대, 우리는 욕구를 기반으로 하는 사랑의 중요한 규범적 방향성을 탐지할 수 있는데, 그것은 타자지향성과 이타성이다. 다양한 형태의 사랑의 관계 형성을 추구하고 또 그 관계에 참여함으로써 정당한 자기사랑이라는 결실에도 이르지만 동시에 타자에 대한 헌신과 타자와의 결합이라는 결실에도 이르게 된다는 점을 고려할 때, 틸리히에게 사랑은 규범적으로 자아 존중과 배려일 뿐 아니라 타자에 대한 배려와 헌신이라는 실천적 방향성을 내포한다고 할 수 있다.[75] 이점은 참된 자아의 실현이라는 도덕적 목적의 추구에서도 드러난다. 틸리히에 따르면, 인간의 자기이해의 핵심은 자아존중과 자기실현의 가능성에 대한 긍정이며 이러한 긍정의 근거는 하나님께 있다.[76] 이 점을 인정하는 자아는 하나님께 존재의 근거를 두고 있는 타자도 역시 그 존재 가치나 자기실현의 가능성을 보유하고 있다는 점을 존중하며 타

---

74   위의 책, 136-37.
75   Melvin L. Vulgamore, "Tillich's Erotic Solution," *Encounter* 45 (1984), 198-200.
76   Paul Tillich, *Systematic Theology* I, 244-45.

자의 자기실현을 위해 이타적 사랑을 실천하게 된다. 이런 맥락에서 도덕적 명령으로서의 사랑의 구현은 한편으로 자아존중과 자기실현의 추구를 그리고 다른 한편으로 타자존중과 타자의 자기실현을 위한 구체적인 이타적 실천을 본질적으로 내포한다고 할 수 있다. 요컨대, 틸리히에게 윤리적 기준으로서의 사랑은 한편으로 적절한 자기배려와 이타적 실천이라는 규범적 방향성과 내용을 그리고 다른 한편으로 사랑의 대상으로서의 타자나 사랑의 관계 형성 혹은 타자와의 결합 을 향한 목적론적 지향을 내포한다고 평가할 수 있겠다.

2. 기독교 이타주의의 사랑의 윤리와 욕구 중심적 접근

1) 램지의 이타주의적 사랑 이해

기독교 이타주의자들은 아가페에 의한 리비도나 에로스의 고양 高揚 의 여지를 인정하면서도, 틸리히의 '사랑'론이 기독교 사랑의 본질을 약화시킬 수 있다고 우려한다. 비판의 최전선에 램지가 있다. 비판의 쟁점은 틸리히가 자기사랑을 신적 사랑의 모델의 지위로 격상함으로써 기독교 사랑의 자기희생적 이타성이라는 규범적 특징을 부정하는 결과를 낳았다는 것이다. 다시 말해, 틸리히의 '사랑'론이 지나치게 자기실현을 향한 지향적 역동에 좌우되다 보니, 자기배려 없는 자기부인의 윤리적 삶의 부정성을 개선하려다가 타자를 위한 자기 헌신의 명령을 간과하게 되었다는 비판적 평가를 내리고 있는 것이다.[77] 이제

---

77   Paul Ramsey, *Nine Modern Moralists* (Englewood Cliffs: Prentice Hall, 1962), 184-85.

램지의 틸리히에 대한 비판을 좀 더 엄밀하게 이해하기 위해 램지의 이타주의적 '사랑'론의 요체를 밝혀보고자 한다.

램지에 따르면, 기독교인들은 자신의 신적 영광을 포기하고 인간의 몸을 입고 오셔서 구원을 위해 생명을 바친 예수 그리스도의 자기희생적 사랑을 모범으로 삼아 그 사랑을 그들의 삶에서 구현하도록 부름 받는다. 램지는 다른 윤리들에 비해 기독교윤리가 우월하다고 판단하는데, 그 근거는 사랑의 이중 계명으로 집약되는 예수 그리스도의 사랑의 윤리적 가르침이라고 강조한다. "하나님의 사랑이라는 척도를 존중함으로써 우리는 자기사랑을 지양하고, 이웃을 발견하며 이웃사랑으로 나아간다. 보상의 차원으로 사랑받기 위함도 아니고 단순히 나를 사랑하는 만큼 사랑하기 위함도 아니라 친구들과 제자들을 위해 자신의 생명을 내어놓은 그리스도가 그렇게 사랑하셨기에^{요한서신}, 하나님과의 동등됨을 취하지 않으시고 자기 자신을 비워 죄인들이고 원수들이지만 인류를 위해 자기 자신의 모든 것으로 헌신하신 그리스도가 그렇게 사랑하셨기에^{바울} 우리는 우리의 형제와 자매를 사랑해야 한다. 이것이 기독교윤리의 지고의 원리이다."[78] 여기서 램지는 예수 그리스도는 사랑의 계명을 성경의 다른 어떤 법들과 견주어 더 중요한 법으로 이해한 것이 아니라 다른 법들과는 견줄 수 없는 중요도와 대체할 수 없는 독보적 지위를 가진 법으로 이해했다고 해석한다. 이러한 해석의 맥락에서 램지는 인간의 도덕적 종교적 의무는 오직 사랑의 계명에 그 근거를 두어야 한다는 신념에 이르게 된다고 주장한다.[79]

---

78 Paul Ramsey, *Basic Christian Ethics* (New York: Scribner's, 1950), 21.
79 위의 책, 65.

예수 그리스도의 사랑의 가르침과 삶을 모범으로 삼아 타자를 사랑하는 것이 마땅하다면, 기독교 사랑의 규범적 내용은 무엇인가? 램지는 예수 그리스도의 사랑의 윤리는 본질적으로 타자·지향적 자기 희생과 무저항의 사랑을 명령한다고 강조한다. 비폭력 저항의 여지는 조금도 찾을 수 없으며 오직 자기희생을 내포하는 무저항의 사랑을 명령한다고 보는 것이다.[80] 다시 말해, 무저항의 사랑에 대한 예수의 입장은 참으로 엄격하고 절대적이기에 폭력적 저항은 말할 것도 없고 그 어떤 형태의 저항도 허용하지 않는다고 풀이하는 것이다.

이런 맥락에서 기독교의 저항에 대한 정당화, 특히 강제력 사용을 통한 저항에 대한 정당화는 자기방어의 정당성을 밝히는 주장에 근거해서는 안 된다고 역설한다. 그는 기독교의 저항의 윤리에서 자기 방어는 "전쟁이나 다른 형태의 저항을 정당화하는 가능한 명분들 가운데 최악의 논거"라고 주장한다.[81] 다만 램지는 자아·타자 관계가 아닌 타자·타자 관계 곧 자기 자신이 아니라 타자 혹은 타자들가 연루된 치명적 폭력의 상황에서는 "자신을 방어하기 위해서가 아니라 타자들이나 자신이 살고 있는 정치사회 공동체를 방어하기 위해 사용하는 폭력은 수용할 수" 있다는 어거스틴의 입장을 존중하면서, 정의로운 공적 방어를 정당화한다. 특별히 무력武力을 동반하는 방어라 할지라도, 그것이 스스로를 보호할 능력이 없는 무고한 이웃을 불의한 폭력으로부터

80　정당화될 수 있는 자기방어에 대한 어거스틴의 주장을 옮긴다. "자신의 생명을 사랑해서 타자를 살해하는 것에 관해서 나는 반대한다. 다만 군인이나 공적 임무 수행자가 자신을 방어하기 위해서가 아니라 타자들이나 자신이 살고 있는 정치사회 공동체를 방어하기 위해 사용하는 폭력은 수용할 수 있지 않을까." Augustine, *Letters* I (Washington, D.C.: The Catholic University of America Press, 1951), 181.

81　Paul Ramsey, *Basic Christian Ethics*, 172.

보호하고자 하는 '사랑의 일'이기 때문에 정당화되어야 한다는 것이 램지의 생각이다.[82] "[자기 자신이 연루된 상황에서] 그 본성상 무저항의 사랑은 다수의 이웃들이 연관된 상황에서는 법적인 수단이든 무력적 수단이든, 폭력을 동반하든 그렇지 않든, 최선의 수단으로 저항하는 대안을 수용하게 될 것이다. … 사랑은 본질적으로 자기방어적이지 않지만 …, 무고한 제삼자들이 불의의 희생양이 되지 않도록 하는 방향에서 보호의 윤리를 전개하도록 몰아간다."[83] 요컨대, 램지는 한편으로 무저항의 사랑은 자기방어의 상황에서 기독교인의 도덕적 삶을 규율하는 가장 중요한 규범적 원리가 되며 다른 한편으로 치명적 폭력을 동반한 불의한 공격 앞에서 생명의 위기를 겪고 있는 무고한 이웃을 생각한다면 기독교의 사랑은 저항을 허용할 수 있다고 보는 것이다.[84]

2) 틸리히의 응답 탐색

우리가 본 대로, 램지에 따르면 사랑의 대상 안에 내재하는 선이나 가치 혹은 매력적인 특징들이 사랑의 행위자를 끌어당겨서 '사랑'이 촉발되는 것이 아니며 그렇다고 타자적 존재를 향한 결합에의 욕구가 사랑의 행위자를 추동하여 사랑의 관계가 형성되는 것도 아니

---

82 2장에서도 살폈는데, 램지는 기독교 사랑이 저항과 정당한 강제력 사용을 수용할 수 있다는 규범적 여지를 신중하게 열어두고자 하는 기독교 이론가들과 실천가들은 '유일하고 또 제한적인 예외'를 설정한다는 점을 강조한다. Paul Ramsey, *Christian Ethics and the Sit-in* (New York: Association Press, 1961), 101-102.

83 Paul Ramsey, *Basic Christian Ethics*, 165.

84 이에 대해서는 2장에서도 다루었는데, 참고하길 바란다.

다. 오히려 타자를 사랑하되 자기 자신을 희생하면서까지 사랑하는 것이 인간으로서 마땅히 해야 할 바이기에 곧 그렇게 사랑하는 것이 도덕적 의무이기에 사랑하는 것이며 그러한 도덕적 의무는 예수 그리스도의 사랑의 삶과 가르침을 모범으로 삼아 도출된 윤리적 규범에 그 뿌리가 있다는 것이 램지의 인식이다. 이 점에서 틸리히는 램지와 확연하게 갈라선다. 틸리히는 기본적으로 사랑은 규범의 인식과 수행의 결단으로 동기 지워지는 것이 아니라 사랑의 행위자에 내재하는 존재론적 욕구에 의해 추동된다고 생각하기 때문이다. '사랑의 근원적 동기에 대한 인식'의 관점에서 두 사람 사이에 존재하는 차이가 두드러지게 드러나는 지점은 자기사랑의 논제이다. 틸리히에게 자기사랑은 자연스러운^{혹은 당연한} 사랑일 뿐 아니라 정당한 것이다. 램지는 '자기희생적 이타성'의 규범의 관점에서 자기배려나 자기보호의 욕구에 대해 비판적인 윤리적 판단을 내리는 반면, 틸리히는 그러한 자기애적 역동을 구체적으로 실현되어야 할 존재론적 본성으로 보면서 긍정한다. 이런 맥락에서 어거스틴 전통에 서서 정당방어의 명분을 확보했다 하더라도 자기방어를 도덕적으로 경계해야 할 자기사랑의 실천으로 보는 램지의 입장에 대해 틸리히는 비판적 평가를 내릴 것이다. 부당한 폭력 앞에서 한 인간이 자신의 존재론적인 지향적 역동에 따라 자기 생명을 보존하고자 하는 목적으로 그 폭력에 대응하려고 시도한다면, 틸리히는 그러한 시도를 윤리적으로 정당화하고자 할 것이다.

그렇다면 틸리히의 욕구 중심적 사랑 이해에서는 이타성을 규범적 본질로 수용할 수 있는 여지가 전혀 존재하지 않는 것인가? 틸리히가 자기사랑에 기독교 사랑의 모범의 지위를 허용함으로써 자기희생적 이타성과 같은 규범적 명령을 소홀히 하거나 부정하는 결과를

151
제3장 기독교 '사랑'론의 패러다임적 접근들 ⅢⅢⅢⅢⅢ

낳았다는 램지의 비판은 정당한가? 틸리히는 이러한 비판에 대해 어떻게 응답할 것인가? 필자는 램지의 비판은 신중하게 재검토될 필요가 있다고 판단한다. 다시 말해, 틸리히의 '사랑'론의 전체적 맥락에서 볼 때, 틸리히에게 고유한 '이타성'의 논지를 찾을 수 있다고 생각하는 것이다. 크게 두 가지 관점에서 논하고자 한다.

앞에서 살핀 대로, 틸리히는 참된 자아를 향한 자기실현을 권고하는 도덕적 명령의 경험에서 자기부정이나 자기비하의 여지를 허용하지 않는다. 이러한 긍정적 전망의 근거는 개별적 인간 존재에 있지 않고 영원한 토대로서의 하나님께 있음도 보았다. 인간에 대한 긍정적 전망의 토대가 되시는 하나님에 대한 인식은 자아 뿐 아니라 타자에 대한 평가의 근거가 된다. 자아의 근원을 모든 존재의 영원한 원천이신 하나님에게서 찾았다면 타자의 근거도 거기에서 찾아야 한다. 타자의 근거가 하나님께 있음을 인정한다면, 한편으로 타자의 존재를 소홀히 여기거나 파괴해서는 안 되며 다른 한편으로 타자가 잠재성을 충분히 실현하여 참된 자아혹은 이상적 자아에 이를 수 있도록 도와야 한다. 바로 여기가 틸리히의 '사랑'론에서 이타성을 탐색할 수 있는 중요한 지점이다. 일반적인 정의定意와 마찬가지로, 틸리히에게도 아가페는 타자·지향적이며 다른 존재의 자아실현에 기여하고자 하는 사랑이다. 이 사랑을 추구하는 행위자는 영적인 차원에서 궁극적 실재이신 하나님과의 연합을 추구하며, 인격·상호간의 차원에서 다른 인간의 복지와 행복을 위해 헌신하고자 한다.[85]

또한 틸리히는 아가페와 다른 사랑의 형태들 사이의 규범적 행

---

[85]　Paul Tillich, *Systematic Theology* I, 280-81.

위·동력적 상호작용의 가능성을 상정하면서, 아가페의 이타성이 다른 사랑의 형태들에 참여하는 행위자들의 타자·지향적 동기와 실천을 강화하는 방향으로 영향을 미칠 수 있는 여지를 허용한다. 곧 아가페와 결합할 때, 리비도, 에로스, 우정 등은 다른 사랑이 된다. 틸리히는 아가페는 리비도를 고상하게 만들며, "문화적 에로스를 책임적으로 그리고 신비적 에로스를 인격적으로 만든다."고 강조한다.[86] 리비도의 역동을 내재하는 아가페_{혹은 아가페와 결합된 리비도}는 자아의 잠재성 실현이 타자의 잠재성 실현과 연계하여 추구될 수 있도록 작용할 뿐 아니라 사랑의 관계 안에서 타자가 목적이 아닌 수단으로 전락하는 것을 경계하고 또 방지한다. 또한 '분리나 소외를 극복하고 결합을 추구하는 지향적 역동'이라는 관점에서 아가페와 에로스 사이에는 분명하게 연속성이 존재하며, 에로스와 아가페의 결합은 에로스가 대상과의 결합을 통한 자아의 만족의 획득과 자아의 고양高揚이라는 목적을 넘어서 타자와의 결합 자체를 목적으로 둠으로써 도덕적으로 책임적인 관계를 그리고 영적으로 인격적인 관계를 형성하는 데까지 이르도록 한다.

틸리히의 자기긍정과 자기실현에 대한 지향적 역동의 강조가 자기희생적 이타성이라는 기독교 사랑의 규범적 본질을 약화시킬 수 있다는 램지의 비평적 평가를 존중하면서도, 지금까지 살핀 대로, 틸리히의 사랑의 윤리에서 이타성의 규범적 여지를 탐색할 수 있었다. 하나님 앞에서의 자기긍정은 타자긍정과 이타적 실천 곧 타자의 잠재적 가능성 실현을 도와 참된 자아에 이를 수 있도록 힘쓰는 타자·지향적 실천으로 귀결될 수 있으며 또 여러 사랑의 형태들이 아가페와 결

---

86 Paul Tillich, *Love, Power, and Justice*, 118.

합되었을 때 자아에 매몰되지 않고 타자를 향해 사랑이 '고상하게' 전개될 수 있다는 것이다.

3. 가톨릭 목적론적 사랑의 윤리와 욕구 중심적 접근

1) 바첵의 목적론적 사랑 이해

니그렌은 인간의 차원에서는 참된 사랑이 불가능하다고 단호하게 주장한다. 인간의 부패함과 죄악됨 그리고 그것에 상응하는 하나님의 은혜의 절대적 필요성 등을 고려할 때, 인간의 사랑은 그 동기와 목적에 있어서 그리고 대상에 대한 평가와 사랑의 구체적인 실천에 있어서 도무지 순수할 수 없다는 것이다.[87] 앞에서 언급한 대로, 그러기에 인간에게 참된 사랑의 가능성은 오직 한 길 곧 신적 사랑으로서의 아가페의 '통로'가 되는 것뿐이다.[88] 여기에 아가페와 에로스 사이의 극단적 대조 설정이 있다. 에로스에 대한 극단적인 부정 그리고 아가페에 대한 절대적인 긍정이 니그렌식式 사랑 이해의 두드러진 특징인 것이다. 이러한 이분법적 사랑 이해와 대비적으로, 절충적인 사랑 이해가 존재한다. 절충이라는 스펙트럼 안에 다양한 입장이 있을 수 있다. 아가페를 유일한 참된 사랑의 형태로 보지 않지만 여전히 다른 사랑의 형태들을 위한 토대적인 규범적 기준으로 중시하면서 자기사랑

87 Anders Nygren, *Agape and Eros*, 고구경 역, 『아가페와 에로스』(서울: 크리스챤 다이제스트, 1998), 177-82. 이에 대해서는 아웃카의 니그렌 비판을 논하면서 1장에 다루었고, 자기사랑의 주제를 탐구하는 4장에서 좀 더 상세하게 다룰 것이다.

88 위의 책, 791.

에로스이나 우정필리아을 정당한 사랑의 형태로 긍정하는 입장, 자기사랑이나 우정에 선호의 비중을 설정하면서 아가페의 지위를 다른 사랑의 형태들과 동등한 것으로 보는 입장, 그렇게 아가페의 지위를 낮추는 것을 경계하지만 그렇다고 신적 사랑에 상응하는 아가페적 사랑의 실천을 '고상한' 종교적 도덕적 의무로 과도하게 의미부여하는 것을 반대하는 입장 등을 생각해 볼 수 있다.[89] '절충'의 범주에서 가장 주목할 만한 학자들 중 한 사람이 바로 바첵이다. 바첵은 기독교인의 사랑의 삶에서 아가페는 독특하며 또 특수한 도덕적 지위를 보유한다는 점을 인정하면서도 아가페만이 기독교의 사랑이며 기독교인의 윤리적 삶을 결정적으로 또 총체적으로 해명하는 유일한 사랑의 방식이라는 주장에는 비판적이다.

바첵은 자기사랑, 우정, 아가페 등 모든 사랑의 형태들을 종교적으로 또 윤리적으로 긍정하며, 이 사랑의 형태들은 공히 하나님 사랑의 반영이자 표현이며 하나님 사랑의 구현에 동참하는 사랑이라고 강조한다. 이러한 인식에 대한 신학적 정당화를 위해 틸리히를 중요하게 인용한다. "존재하는 모든 것에 참여하시고 그 모든 것과 공동체를 형성하실 뿐 아니라 그것들과 운명을 함께 [하시는]" 하나님은 모든 인간 존재의 궁극적 기반이 되신다.[90] 이 하나님 사랑이 인간 존재 안에 드러나는데, 특별히 인간인 우리를 '존재하게 하는 힘'으로서 작용한다. 바첵의 '사랑'론은 인간을 존재하게 하는 힘으로서의 하나님 사랑은 그 사랑의 힘으로 존재하는 인간의 다양한 사랑의 관계들에서

---

89   Colin Grant, "For the Love of God: Agape," *Journal of Religious Ethics* 24-1 (1996), 3-19.

90   Paul Tillich, *Systematic Theology* I, 245. Edward Vacek, *Love, Human and Divine*, 90에서 재인용.

구체적으로 드러나는 대상을 향한 '정서적 지향과 표출'을 통해 구현된다는 점을 핵심 요소로 삼는데, 이 점에서 바첵의 '사랑'론은 틸리히의 신론적 존재론적 사랑 이해와 연속성을 갖는다고 평가할 수 있다.

또한 모든 사랑의 형태들을 긍정하면서도, 필리아 곧 우정에 우선순위를 설정하는 바첵의 입장은 틸리히의 '하나님과 세계의 관계성' 이해를 중요하게 참조한다. 하나님은 세계와 실제적으로 관계하신다는 틸리히의 신념을 적시하면서, 바첵은 그를 인용한다. "하나님과 인간의 관계 형성, 그리고 그 관계성 안에서 인간뿐 아니라 하나님도 계시의 역사의 진전에 따라 또 모든 인격적 관계의 발전에 따라 변화하신다."[91] 이 문장을 풀이하면서, 바첵은 틸리히의 하나님은 인간과의 인격적 사귐에 참여함이 없이 사랑하실 수 없는 존재라는 점을 밝힌다. 다시 말해, 하나님은 친밀한 사귐^{혹은 상호적 사랑}을 신적 사랑의 이상으로 설정하며 또 그러한 사랑을 인격적으로 또 열렬하게 추구하는 존재라는 것이다. 이러한 하나님 사랑에 상응하여 인간의 사랑 또한 필리아로 대표되는 상호적 사랑에 우선순위를 두어야 한다는 것이 바첵의 생각이며, 이 생각의 중요한 근거를 틸리히에게서 찾고자 하는 것이다.

앞에서 잠깐 언급한 대로, 바첵은 자기사랑으로서의 에로스, 우정으로서의 필리아, 이타적인 자기희생적 헌신으로서의 아가페 등 다양한 형태의 사랑을 모두 종교적 사랑으로 곧 하나님 사랑을 반영·표현하고 또 하나님 사랑의 구현에 동참한다는 의미에서 종교적 사랑으로 이해한다. 부연하자면 이러한 이해는 목적론적이다. 앞에서 언급한

---

91   Paul Tillich, *Systematic Theology* I, 61. Edward Vacek, *Love, Human and Divine: The Heart of Christian Ethics* (Washington, D.C.: Georgetown University Press, 1994), 89에서 재인용.

대로, 바첵은 사랑을 대상 안에 내재하는 선善을 '정서적으로 확정하는 것'affectively affirming이라고 정의한다.[92] 이 정의를 적용한다면, 에로스는 자아 안에 내재하는 선을 발견하고 그 선을 정서적으로 확정하는 것이며, 필리아는 사랑의 관계에 참여하는 주체들이 형성해 가는 공동체 안에 내재하는 선에 대해 구성원들이 '공감'으로 그 선을 확인하고 향유하는 것이며, 그리고 아가페는 사랑의 대상으로서 타자 안에 있는 선에 정서적으로 이끌려 그 가치를 인정하며 그 대상을 위해 이타적으로 행동하는 것이다. 요컨대, 에로스는 자기 자신을 위해 타자를 사랑하는 것이며, 필리아는 공동체 형성을 위해 타자를 사랑하는 것이며, 그리고 아가페는 타자를 위해 타자를 사랑하는 것인데, 이는 하나님 사랑의 표현·반영이자 하나님 사랑에의 참여이며 이러한 표현·반영과 참여는 목적론적 사랑의 역동 곧 대상 안에 내재하는 선에 대한 정서적 확정으로 이루어지는 것이다.[93]

2) 틸리히의 응답 탐색

인간의 다양한 사랑의 관계들이 신적 사랑에 궁극적 근거를 두고 있으며 또 그러하기에 그 사랑을 반영하고 표현하게 될 수밖에 없다는 바첵의 견해는 틸리히의 신론적 존재론적 이해와 맞닿아 있다는 점을 보았다. 이 점에서 바첵 스스로 틸리히와의 연관성을 밝혔을 뿐 아니라 필자 역시 그러한 연관성 주장에 동의하며 이를 논술하고자

---

92 Edward Vacek, *Love, Human and Divine*, 5-16, 49-66.

93 자기사랑의 주제를 다루는 4장에서 바첵의 사랑의 윤리에 대해 자기사랑을 논점으로 좀 더 살필 것이다.

하였다. 그러나 둘 사이에 중요한 차이가 있다. 사랑의 행위가 촉발되는 근본 동인의 관점에서 중요한 차이가 있다는 점에서 근본적인 차이라 할 것이다. 요점을 줄여 표현해 본다면, 바첵은 목적론적이고 틸리히는 존재론적이다. 바첵에게 사랑의 전제는 대상 안에 존재하는 '선'인데, 이 선이 사랑의 행위자를 그 선을 담지하고 있는 대상을 향해 움직이게 하며 그 행위자는 대상과 대상의 선을 정서적으로 확정함으로써 '사랑'이 이루어진다는 점에서 목적론적이다. 틸리히에게서도 사랑의 형성과 전개의 관점에서 바첵과 같은 목적론적 이해의 가능성을 탐색할 수 없는 것은 아니지만 그에게 있어 사랑의 근원적 동기와 지속성의 동력은 대상 안의 '선'이 아니라 사랑의 주체 안에 내재된 사랑의 '욕구'라는 점에서 존재론적이다. 여기에 기독교 사랑의 규범적 본질로서의 이타성과 사랑의 대상 범위에 관한 중요한 윤리적 함의가 있다. 한편으로 바첵은 대상 안에 존재하는 '사랑할 만한' 선^{혹은 가치}을 사랑의 필요충분조건으로 설정함으로써 그 선의 유무에 따라 사랑의 대상 범위를 제한하며 또 그 선의 정도가 이타성의 강도에 결정적인 영향을 미칠 수 있는 여지를 남긴다. 다른 한편으로 틸리히는 사랑을 촉발하는 근원적 동인이라는 관점에서 초점을 '대상 안의 선'에서 '주체 안의 욕구'로 옮김으로써 사랑의 행위자의 선택과 실행이 사랑의 대상에 내재적인 조건에 종속되거나 좌우될 가능성을 최소화하고 대상에 대한 자격심사^{혹은 조건심사}를 뛰어넘어 사랑의 대상 범위를 설정하는 방향성을 강화한다.

이런 맥락에서 틸리히가 욕구를 자기중심성을 넘어서는 타자·지향적 역동으로 이해하고 있다는 점에 주목할 필요가 있다. 욕구라는 것이 자아내부로부터 자연스럽게 생성되고 자아가 그 충족을 추구한다는 점에서 일정 정도 자기중심적인 측면이 있다는 점을 부정할 수 없을 것이다. 그러나 앞에서 밝힌 대로, 틸리히에 따르면 사랑의 원천으로서의 '욕구'에는 타자를 지향하는 이타적 역동이 존재한다는 점을 주목할 필요가 있다. 사랑의 행위자가 구체적으로 사랑하게 하는 근본 동인으로서의 욕구에 타자지향성이 존재론적으로 내재한다는 말이다. 뿐만 아니라 다양한 사랑의 형태들이 아가페와 결합하여 '고 상한' 사랑으로 변화될 수 있다는 틸리히의 주장을 이 지점에서 다시 곱씹을 필요가 있다. 아가페는 욕구에 내재된 이타적 역동을 강화하고 더욱 진전된 형태로 구현케 한다는 말이다. "아가페적 특질이 리비도, 에로스, 우정 안으로 파고들어가 작용하면 이 세 가지 사랑의 형태가 갖는 자기중심성이라는 모호성을 넘어서 더 고상한 수준으로 그 사랑의 추구를 고양시킨다."[94] 아가페는 성적·육체적 결핍 충족의 추구가 타자를 도구화하는 것을 막고 목적으로서 바라볼 수 있도록 변화시키며, 단지 미학적이기만 한 에로스적 추구에 영향을 미쳐서 책임적인 앎과 결합의 추구로 고양시키며, 그리고 선호적 사랑으로서의 우정이 차별적 사랑에 머물지 않도록 돕는다.[95]

요컨대, 사랑의 행위를 촉발하는 동인이 대상의 '선'에 있다고 보는 바첵과 달리, 틸리히는 사랑의 주체에 내재적인 '욕구'에서 사랑의 근본 동인을 찾음으로써 사랑의 대상 범위 설정이 대상의 자격이나 조건에 좌우될 수 있는 가능성을 줄이거나 없애고 더 나아가 대상에 대한 가치평가나 자격심사를 뛰어넘어 사랑의 범위를 '보편적으

---

94 Paul Tillich, *Love, Power, and Justice*, 116.
95 위의 책, 116-19.

로' 확장할 수 있는 기반을 마련하고 있다고 평가할 수 있다.

4. 욕구 중심적 접근의 관점에서의 종합적인 비평적 평가와
신학적 윤리적 제안

우리가 본 대로, 틸리히의 사랑의 윤리를 모색·논술하였고 그의 사랑의 윤리를 현대 기독교 사랑의 윤리 담론 안에 위치시켜 보편 중심적 접근, 특수 중심적 접근 등의 접근들과 비평적으로 서로 성찰케 함으로써 제3의 접근 혹은 제3의 길을 탐색하고 담론 성숙에 이바지하고자 하였다. 이제 이상의 연구를 토대로 종합적인 비평적 평가를 내리면서 사랑에 대한 온전한 이해와 구체적인 사랑의 실천의 성숙을 위한 몇 가지 제안을 하고자 한다.

먼저 보편 중심적 접근과 특수 중심적 접근을 통전할 수 있는 일종의 제3의 길로서 틸리히의 사랑의 윤리가 갖는 의미에 관한 것이다. 한편으로 틸리히의 사랑의 윤리는 보편 중심적 접근을 향해 사랑의 삶에 있어서 자연스러운 욕구의 중요성을 환기시켜 주며, 이타성이나 보편성과 같은 규범적 내용들이 행위자 밖의 규범의 원천 곧 도덕법, 자연법, 성서의 윤리적 가르침 등과 같은 원천으로부터가 아니라 행위자·내재적 욕구나 정서적 역동으로부터 도출될 수 있다는 점을 밝혀준다. 욕구나 사랑의 행위자로부터 흘러나오는 자연스러운 인지적·정서적·의지적 역동과 그 발현이 기독교 사랑의 규범적 방향성의 모판이 될 수 있다는 것이다. 다른 한편으로 특수 중심적 접근을 향해 사랑의 규범적 본질에 대한 성찰의 주된 근거를 사랑의 대상 안에 내재하는 '선'에 제한함으로써 대상에 대한 가치판단에 따라 사랑의 형태나 범위가 결정될 수 있다는 점을 비평적으로 검토할 기회를 제공해 준다. 대상의 '선' 뿐 아니라 사랑의 행위자의 존재론적 속성 곧 행위자·내재적 욕구^{혹은 지향적 역동}를 사랑의 삶의 모판으로 설정함으로써, 그 모판으로부터 정서적 역동으로서의 사랑을 그리고 규범적 방향성이라는 관점에서 윤리적 이정표로서의 사랑을 모두 모색할 수 있는 길을 열어준다는 것이다.

　　이로써 보건대, 건실한 사랑의 삶을 위해 한편으로 사랑에 대한 규범적 성찰을 성실하게 수행하되 일반적이고 보편적인 규범 탐색으로만 머물지 않고 구체적인 사랑의 실천과 관계 형성이라는 결실로 이어지도록 힘써야 할 것이며 다른 한편으로 구체적 실천이나 특수한 사랑의 관계 형성을 위한 추구가 이타성이나 보편성과 같은 기독교 사랑의 규범적 본질을 적절하게 반영하고 있는지 진지하게 돌아보아야 할 것인데, 이 두 가지 과제를 수행하기 위해 틸리히의 사랑의 윤리는 이론적으로 또 실천적으로 의미 있는 기여를 할 것이다. 다만 틸리히의 사랑의 윤리에 대한 비평적 성찰도 요구된다. 주된 비평의 지점들로는, 욕구에 내재적인 규범적 지향성과 타자를 향한 지향적 역동을 긍정하지만 규범에 대한 온전한 인식에 이르지 못하거나 규범적으로 잘못된 판단이 내릴 수 있다는 점, 틸리히가 그의 사랑의 윤리에서 초점을 사랑의 대상의 선^善에서 행위자의 욕구로 옮김으로써 대상의 가치에 좌우되지 않고 사랑의 대상을 향해 보편적으로 다가설 수 있는 가능성은 커졌다고 하더라도 사랑의 초점이 행위자에게로 집중되어 사랑이 자기중심적 형태로 전개될 수 있다는 점 등을 생각해 볼 수 있다.

　　다음으로 사랑의 행위자인 인간에 대한 긍정에 관한 것이다. 앞에서 살핀 대로, 틸리히는 도덕적 명령의 청취와 구현의 과정에서 자기비하나 자기부정의 여지는 찾을 수 없고 오히려 이상적 자아에 이를 수 있다는 긍정적인 전망이 있을 뿐이라는 낙관적인 인간 이해를 견지한다. 자아에 대한 낙관적 전망은 자기사랑의 정당성을 뒷받침하는 유효한 근거가 될 수 있다는 점, 인간의 도덕적 능력에 대한 긍정은 사랑의 삶과 실천을 견인하는 동기부여의 힘으로 작용할 수 있다는 점, 인간 긍정은 자아뿐 아니라 타자도 포함함으로써 타자존중을 동반하는 타자·지향적 사랑의 실천을 강화할 수 있다는 점 등을 생각할 때 낙관적 인간 이해가 사랑의 삶과 실천의 성숙에 유익하다는 점은 부정할 수 없는 것이다. 그러나 이러한 낙관적 이해를 존중하면서도, 무제한적^{혹은 무조건적} 긍정이 내포하는 잠재적 위험을 적절히 고려할 필요가 있다고 필자는 생각한다. 사랑의 행위자로서의 인간의 도덕적 가능성을 아무리 긍정한다 해도, 인간은 하나님일 수 없으며 절대적으로 선할 수 있는 존재가 아님을 잊어서는 안 될 것이다. 다시 말해, 사랑의 삶에서 선이 아니라 악을 선택하고 행할 가능성, 인간이 피조물이기에 갖는 행위자로서의 한계 등을 겸허하게 살펴야 할 것이다. 특별히 욕구를 창조의 선성^{善性}의 관점에서 긍정한다 하더라도, 사랑의 대상^{혹은 목적}을 향해 욕구가 지향적 역동으로 작용하여 사랑의 관계가 구체적으로 형성되지만 그 욕구가 자아의 결핍 충족을 위해 대상을 도구화하거나 억압하는 방식으로 표출될 가능성도 있다는 점을 늘 경각심을 갖고 인식해야 할 것이다.

마지막으로 하나님과 인간 사이의 존재론적 연속성과 사랑의 행위자로서의 인간의 도덕적 주체성에 관한 것이다. 틸리히는 존재론적으로 하나님이 인간에게 주신 바로서 사랑의 대상인 타자나 사랑의 관계 형성을 향한 욕구^{혹은 지향적 역동}와 그 발현을 사랑의 삶의 핵심적 요소로 강조함으로써 대상의 선에 의한 사랑의 추동이 아니라 하나님 사랑과 존재론적으로 연동된 행위자의 사랑의 역동을 기반으로 자기 자신 뿐 아니라 타자를 위한 배려와 실천을 구체화할 수 있다는 '사랑'론을 확연하게 제시한다. 필자는 틸리히의 사랑의 윤리는 보편 중심적 접근과 특수 중심적 접근의 약점을 보완하면서 규범과 정서를 통전적으로 포괄하는 대안적 접근으로서 자리매김할 수 있다는 평가를 내렸는데, 이 윤리의 핵심적인 신학적 근거는 하나님은 인간을 포함한 모든 존재의 근원이 되시며 또 하나님을 존재의 기반으로 하는 인간은 사랑의 원천으로서의 욕구를 보유하게 된다는 존재론적 신념이다. 따라서 틸리히의 욕구 중심적 전일적 사랑의 윤리에서 이 존재론적 신념은 핵심적 지위를 차지한다고 평가할 수 있을 것이다. 다만 이 신념을 인간의 도덕적 주체성의 관점에서 신중하게 성찰할 필요가 있다. 특별히 하나님과 인간 사이의 존재론적 연속성의 관념이 둘 사이의 동일시로 해석됨으로써, 인간의 도덕 행위자로서의 자율성이나 주체의식을 약화시키거나 철폐하는 원인이 될 수 있다는 점을 지적해 두어야 하겠다. 다시 말해, 하나님과 인간 사이의 존재론적 연속성의 강조는 인간 자아가 하나님에게로 섞여 들어감으로써 자아의 자율성을 충분히 확보하지 못하거나 사랑의 책임에 대한 주체적 응답을 소홀히 하는 결과에 이를 수 있다는 우려인 것이다. 이런 맥락에서 사랑의 삶의 소중한 목적으로서 하나님과의 사귐과 일치를 추구함에 있어서, 하나님이 인간 존재의 궁극적 근원이 되신다는 신앙적 진실에 충실하면서도 도덕적 주체성과 책임성을 적절하게 확보하는 방향성을 견지해야 할 것이다.

제 4 장

자기사랑에 대한
신학적 윤리적 고찰

* 이 장은 다음 문헌을 수정·보완한 것이다. 이창호, "'자기사랑'에 관한 현대 기독교윤리학계의 담론 탐색," 『기독교사회윤리』 25 (2013. 4), 121-64.

본 장에서 필자는 자기사랑에 대한 현대적 논의의 지형을 정리하고 자기사랑에 대해 신학적으로 또 윤리적으로 평가하고자 한다. 자기사랑은 기독교 신앙이 받아들일 수 있는 정당한 종교적 도덕적 명령인지에 대해 논하는 것은 사랑의 삶에 있어서 매우 중요하다. 자기자신을 정당한 사랑의 대상으로 포함하는 것은 건실한 자아실현과 자기화해를 위한 선결조건이 되기 때문이기도 하지만, 사랑의 정치사회적 영역에서의 실현, 특히 공적 정치사회적 영역에서 평화를 실현하는 과정에서 개별적 자아와 자기 공동체에 대한 적절한 배려가 요구되기 때문이다.

　　필자는 자기사랑에 대한 신학적 윤리적 논의의 역사를 개괄적으로 살피고 핵심 논점들을 정리하여 제시할 것이다. 이 논점들에 대해 어떤 입장과 견해를 가지느냐에 따라 다양한 기독교적 '자기사랑'론이 산출된다고 할 수 있으며 본 장에서 네 명의 학자를 주로 다룰 것인데, 자기사랑을 전면적으로 부정하는 입장에서 적극적으로 정당화하는 입장에 이르기까지 네 가지의 대비적인 견해가 드러나게 될 것이다. 가장 부정적인 입장을 대표하는 니그렌Anders Nygren으로부터 시작하여 가장 적극적인 옹호자로 바첵Edward Vacek, 그리고 그 중간에 할렛Garth Hallett과 아웃카Gene Outka를 다루고자 한다. 앞으로 제시할 논점들에 대해 이 네 학자가 각각 어떻게 응답하는지를 살피고 이들의 견해를 비교하고 또 평가하고자 하는데,[1] 이러한 작업을 통해 좀 더 온전한 자기사랑에 대한 규범적 이해에 이를 수 있기를 기대한다.

I

자기사랑에 대한 신학적 윤리적 논의의 역사적 개관

　　자기사랑도 기독교의 사랑인가? 하나님을 제일第一의 사랑의 대상으로 삼고 그 다음으로 사랑해야 할 대상으로 자기 자신을 꼽았던 아퀴나스 같은 신학자를 생각한다면, 이 질문은 불필요한 것인지 모르겠다. 그러나 이처럼 자기사랑에 대해 기독교 사랑의 한 형태로서의 정당한 지위를 허용하는 입장과는 달리, 자기사랑을 참된 사랑으로서의 하나님의 사랑과 대척점에 서 있는 사랑의 형태로 보면서 기독교 사랑의 범주에서 제외하는 입장도 엄연히 존재한다. 어떻게 보아야 할 것인가? '자기 자신을 사랑함'은 기독교 신앙이 받아들일 수 있는 정당한 종교적 도덕적 명령인가?

　　탐구를 시작하면서 '자기사랑'에 관한 기독교의 이해理解의 역사에서 현대 기독교윤리학계의 담론 형성에 토대를 제공한 것으로 평가할 수 있는 몇 가지 입장을 간략하게 살펴보고자 한다. 어거스틴은 사랑의 윤리를 '하나님의 사랑'에 관한 논의의 큰 틀 안에서 전개하는데, 그의 '자기사랑'론 역시 이러한 맥락을 벗어나지 않는다. 어거스틴은

1　방법론적으로 볼 때, 본 장에서 필자는 성서언어적 성서주석학적 작업보다는 네 학자의 견해에 대한 신학적 윤리적 분석·비교·평가에 방법론적 비중을 두고 있음을 밝혀두고자 한다. 니그렌의 자기사랑으로서의 '에로스' 이해는 철학적 신학적 해석에 깊이 뿌리내리고 있으며 할렛은 신약성경의 사랑론을 추적하면서 자아선호 등의 개념으로 자기사랑을 말하지만 그 접근은 주석적이라기보다는 철학적 분석적이다. 바첵은 자기사랑은 기독교의 정당한 도덕적 명령이라고 역설하면서 성서의 근거들을 제시하는데 자기사랑을 구원론적으로 해석하기 위해 그 근거들을 활용하고 있으며 아웃카는 성서에 드러난 하나님의 보편적 사랑이라는 신학적 관점(perspective)으로부터 자기사랑을 논한다.

하나님을 사랑하는 것이 참된 사랑의 유일한 형태라고 생각한다. 하나님을 사랑함으로써만, 사랑하는 그 사람이 참된 행복과 궁극적으로 구원에 이를 수 있다. 사랑의 바른 질서 속에서, 다른 어떤 대상보다도 하나님을 먼저 그리고 더 사랑해야 한다. 다시 말해, 사랑은 무엇보다도 먼저 '하나님을 사랑함'이어야 하고, 그 다음에 이웃 사랑과 자기사랑이 하나님과의 관계 안에서 바르게 이루어져야 한다. 참된 그리고 완전한 자기사랑은 다른 어떤 대상보다도 하나님을 더 사랑할 때 가능하다. 어거스틴은 "우리의 심장은 당신 안에서 안식할 때에야, 참 쉼을 얻을 수 있습니다."[2]라고 선언한다. 하나님의 창조물로서 인간의 자아는 자연스럽게^{본능적으로} 자아의 기원이며 모든 존재의 근거인 하나님을 욕구하거나 사랑하도록 되어 있다는 것이다. 그런데 "자아가 우주의 다른 부분으로부터 독립적으로 존재하는 것이라고 불완전하게 이해될 때, 자아는 악이 된다."[3] 다시 말해, 자아가 하나님과 다른 피조세계를 등지고 자기 자신 안에서 완숙을 찾으려 할 때 자기사랑은 부패하게^{perverse} 된다. 말하자면 '참된' 자기사랑과 '부패한' 자기사랑을 구분하고 있는 것인데, 여기서 어거스틴은 자기사랑의 가능성을 완전히 배제하지는 않고 있다는 점을 밝혀 두고자 한다.

아퀴나스는 하나님의 자연법적 질서의 관점에서 어거스틴의 '자기사랑'론을 긍정의 방향으로 극대화하는 기초를 놓는다. 그는 하나님의 자연법적 창조론적 섭리 질서에 상응하여, 사랑에도 질서가 있다는 '사랑의 질서'론을 전개한다. 사랑에 질서가 있다 함은 무엇보다

---

2   Augustine, *Confessions*, trans. Henry Chadwick (New York: Oxford University Press, 1991), 1.

3   Oliver O'Donovan, *Problem of Self-love in St. Augustine* (New Haven: Yale University Press, 1980), 147.

도 사랑의 대상의 관점에서 선후先後와 질서가 있음을 내포한다. 원수보다 친구를[4] 또 악한 이들보다 덕스러운 이들을[5] 더 사랑해야 한다. 아퀴나스는 이 '질서'의 관점에서 자기사랑에 대해 언급한다. 하나님 말고 다른 그 누구보다 또 그 무엇보다 자기 자신을 더 사랑해야 한다는 것이다.[6] 또한 "하나님과 더 가까운 이들은 더 큰 선善을 보유하고 있기에 하나님과 덜 가까운 사람들보다 더 사랑해야 한다."[7]는 그의 견해와 함께 생각할 때, 자기사랑에 우선순위를 두어야 한다는 주장은 자아에 대한 가치 인식과 깊은 연관이 있음을 알 수 있다. 요컨대, 아퀴나스에게 자기사랑은 하나님의 사랑혹은 사랑의 질서의 반영이자 표출이며 자아에 내재된 선善에 대한 반응인 것이다.

　　가톨릭 전통이 어거스틴의 '자기사랑'론을 긍정적인 측면에서 전개하고 확장했다면, 개신교 전통은 부정적인 측면을 더 부각시켜 왔다고 대체적으로 평가할 수 있을 것이다. 루터는 "네 이웃을 네 몸처럼 사랑하라."는 계명을 자기사랑이 먼저이고 타자에 대한 사랑은 자기사랑을 모범으로 삼아야 한다는 식으로 해석하는 흐름을 분명하게 거부하면서, 자기사랑은 죄악된 본성에 뿌리를 두고 있는 왜곡된 사랑의 형태이고 자기 자신이 아닌 타자를 사랑하는 것이 예수의 사랑의 계명에 부합된다고 강조한다.[8] 스웨덴의 루터교 신학자 니그렌은 하나님의 사랑을 자발적·동기초월적 사랑으로 규정하는 반면, 자기애적自己愛的 사랑의 역동인 '에로스'는 대상에 대한 가치판단에 좌우되는 사랑이며 철저하게 소유지향적이고 자기중심적인 본능적 욕구로 이해한

4　　Aquinas, *Summa Theologiae* II-II, 27.7.
5　　*ST* II-II, 31.3.
6　　*ST* II-II, 26.3-4.

다. 니그렌은 하나님의 아가페의 반제反題로서의 자기사랑을 기독교 신학과 윤리가 수용할 수 있는 여지를 철저하게 차단한다. 그러나 이것이 개신교의 자기사랑 이해의 전부는 아니다. 역시 루터교 신학자인 아웃카는 니그렌의 해석을 자기사랑에 대한 개신교적 이해에 있어 하나의 극단적인 보기라고 평가하면서, 자기사랑에 대한 전향적인 접근이 필요하다고 지적한다. 도덕적인 요구가 있어서 자기 자신을 사랑하는 것일 수도 있지만, 자연스럽게 혹은 '즉각적으로'unreflectively 그렇게 되기도 한다는 점에서 자기사랑은 정상적이다normal. 또한 아웃카는 규범적으로 자기사랑이 이웃 사랑을 위한 모범이 될 수 있다고 주장하면서, 마태복음 5장의 '황금률'이 이를 증거한다고 보았다.[9]

앞에서 간략하게나마 살펴 본 '자기사랑'에 관한 이해의 역사에서 드러나는 주된 논쟁점들을 몇 가지로 정리해 보면 다음과 같다. 첫째, 자기사랑과 아가페의 정의定意 사이의 관계 문제이다. 기독교 사랑에 대한 개념적 정의가 어떤 것이냐에 따라 자기사랑에 대한 도덕적 평가는 달라진다. 예를 들어, 철저한 이타성에서 기독교 사랑의 본질을 찾는 니그렌에게 자아지향적自我指向的 사랑의 역동은 규범적으로 옳지 않은 반면, 사랑의 대상의 선善을 향한 자연스러운 지향성을 기독교 사랑에 대한 개념 정의의 핵심으로 보는 아퀴나스에게 하나님 창조의 선함이 내재하고 있는 자아에 대한 사랑은 자연스럽고 또 정당하다. 그러므로 자기사랑에 대한 논의는 기독교 사랑의 규범적 본질을

---

7   *ST* II-II, 26.6.

8   Martin Luther, *Lectures on Romans*, trans. and ed. Wilhelm Pauck (Philadelphia: Westminster, 1961), 366-69.

9   Gene Outka, "Agapeistic Ethics," in *A Companion to Philosophy of Religion*, eds. Philip Quinn and Charles Taliaferro (Oxford: Blackwell, 1997), 485.

탐구하는 작업과 병행해야 한다. 둘째, 하나님의 사랑과 자기사랑 사이의 연관성이라는 주제이다. 기독교 신학과 윤리의 울타리 안에서 자기사랑의 정당성을 논구할 때, 하나님의 사랑의 빛에서 자기사랑을 탐색할 필요가 있다. 이웃 사랑의 규범적 이상理想을 찾는 시도에서 하나님의 사랑에 대한 고찰을 빼놓을 수 없는 것처럼, 자기사랑의 경우에도 꼭 필요한 작업인 것이다. 셋째, 자아와 타자의 관계 문제이다. 자아와 타자의 관계를 규범적으로 어떻게 설정하느냐에 따라, 자기사랑의 여러 가지 양상이 나타날 수 있다. 자기 자신에 대한 배려를 철저히 배제하는 이타적 희생이 사랑의 이상으로 드높여지기도 하고 자기의 유익을 위해 '타자를 사랑함'이 정당화되기도 한다. 또 자아와 타자를 향한 불편부당不偏不黨한 배려를 강조하여 자아와 타자 사이의 균등한 거리를 유지하는 것을 규범적 이상으로 여기기도 하고 그러한 균등의 유지가 기계적 균형으로 흐를 수 있는 가능성을 감지하며 둘 사이의 불균형성을 조심스럽게 정당화하려는 시도가 등장하기도 한다.

II
자기사랑에 대한 현대적 담론 탐색

1. 니그렌의 유신론적 이타주의적 '자기사랑' 비판

니그렌의 자기사랑 이해는 그의 아가페론과 깊은 연관이 있다.

니그렌은 인간이라는 도덕행위자의 차원에서 규범으로서의 사랑에 대해 논하기 전에, 인간 아가페의 규범적 모범이 되는 하나님의 사랑에 대해 먼저 논한다. 니그렌은 크게 네 가지로 하나님의 사랑을 설명한다. 첫째, 하나님의 사랑은 자발적·동기초월의 사랑이다^{spontaneous and unmotivated}.[10] 하나님의 사랑은 외생적 동기에 의해 좌우되거나 그 행동의 원리가 행위자 밖에 있는 것이 아니라 행위자 안에 있다는 의미에서 자발적이다. 또한 어떤 이유나 동기에 의해 사랑의 의도를 갖거나 사랑의 행위를 현실화하는 것이 아니라, 하나님은 사랑 자체로서 곧 이타적 사랑으로만 가득한 존재로서 그 존재의 본질에 부합되게 사랑하신다는 의미에서 동기초월적이다. 둘째, 가치 판단을 뛰어넘는 사랑이다^{indifference to value}.[11] 하나님의 사랑은 대상에 대한 가치판단에 근거하여 사랑 실행의 여부, 사랑의 강도, 사랑의 지속성 등을 결정하는 것이 아니라, 평가라는 관념 자체를 뛰어넘어 대상을 있는 그대로 품고 사랑하는 사랑이다. 셋째, 가치를 창조하는 사랑이다^{value-creating}.[12] 사랑으로서 하나님은 창조와 구원의 하나님이며, 이 하나님은 가치 평가에 근거하여 창조자와 구원자로서 드러나는 분이 아니라 오히려 가치를 부여함으로써 창조와 구원을 이루어가는 분이다. 아가페는 가치를 인식하는 것이 아니라 창조한다.[13] 넷째, 하나님이 먼저 사랑하신다^{initiator of love}.[14] 요한1서의 증언이 이 하나님의 사랑의 특징에 대한 중요한 근

---

10   Anders Nygren, *Agape and Eros*, 고구경 역, 『아가페와 에로스』(서울: 크리스챤 다이제스트, 1998), 78-79.
11   위의 책, 80.
12   위의 책, 81-82.
13   위의 책.
14   위의 책, 83.

거이다. "사랑은 여기 있으니 우리가 하나님을 사랑한 것이 아니요 하나님이 우리를 사랑하사 우리 죄를 속하기 위하여 화목제물로 그 아들을 보내셨음이라. 사랑하는 자들아, 하나님이 이같이 우리를 사랑하셨은즉 우리도 서로 사랑하는 것이 마땅하도다"요1 4:10-11. 사랑의 주도권이 하나님께 있다는 증언인 것이다. 하나님의 선도적 사랑이 있었기에, 그 사랑에 대한 반응이 발생할 수 있었고 또 사랑의 관계의 형성이 가능하게 되었다는 것이다.

　　니그렌에게는 이러한 하나님의 사랑만이 참된 사랑이다. 이 사랑이 규범적으로 옳다. 니그렌은 하나님의 사랑과 그 사랑에 직접적으로 뿌리를 두고 있는 사랑 외에 다른 모든 형태의 사랑을 부정적으로 본다. 니그렌에게 '에로스'[15]는 하나님 사랑과 완전히 반제다. 니그렌은 플라톤의 '에로스'론에 근거하여 에로스를 획득적 사랑으로 이해한다. '에로스'는 타자의 행복과 복지를 위해 자기 자신을 희생하는 사랑이 아니라, 철저하게 욕구충족적이며 이기적 동기에 좌우되어 오직 자기 자신의 유익을 추구한다.[16] 필연적으로 가치가 있다고 판단되는 대상만을 향하는 사랑의 역동인 것이다. 사랑의 대상에 대한 가치평가에 따른 동기부여가 없으면 사랑할 수 없다는 의미에서, 자기사랑으로서의 에로스는 동기초월적이며 가치판단을 뛰어넘는 하나님 사랑과는 다르다.[17] 철저히 동기에 좌우되며 가치 판단에 따라 사랑한다. 가치가 있으면 사랑하고 그렇지 않으면 사랑을 기꺼이 철회한다. 또한

15　니그렌에게 '에로스'는 자기중심적 사랑의 지향의 총칭이라 할 수 있다. 자기 자신의 복지를 위해 자아를 독점적으로 배려하는 것은 물론이고 타자나 하나님도 자기중심적 사랑의 도구로 삼기에 주저하지 않는다.

16　Gene Outka, "Agapeistic Ethics," 482.

17　Anders Nygren, 『아가페와 에로스』, 177.

에로스는 자기중심적이다. "플라톤적 에로스는 전체적으로 자기중심적 구조를 가지고 있다. 모든 것이 개인적 자아와 그의 운명에 집중한다. … 에로스가 획득적 사랑이라는 사실이 에로스의 자기중심적 성격을 충분히 알려준다. 모든 욕망, 혹은 욕구, 그리고 동경은 자기중심적이며 그 정도만 다를 뿐이다."[18] 심지어 신적 존재를 향한 영적 추구에 있어서도 자기중심적 구조를 벗어나지 못한다.[19]

그리하여 니그렌은 참된 이웃 사랑을 비롯하여 정당하게 기독교의 사랑으로 받아들일 수 있는 인간 사랑의 모든 형태는 하나님의 사랑이 행위의 기준과 동력의 측면에서 인간의 사랑을 완전히 지배하는 것이어야 한다고 주장하면서, 사랑의 행위자로서의 인간은 하나님의 사랑이 흐르는 '관' tube 이어야 한다고 강조한다.[20] 하나님의 사랑은 규범적 모범으로 작용할 뿐 아니라, 구체적 사랑 실천을 위한 감정적 실천적 동인과 동력으로 작용한다. 하나님의 사랑 없이 인간은 참되게 곧 '부정적 자기사랑의 범주를 벗어나' 사랑할 수 없다. 여기서 니그렌은 자기사랑의 부정성을 극단의 지점으로 밀어붙이면서, 사랑의 행위자로서의 인간의 도덕적 잠재성을 폐기한다고 볼 수 있다.

요컨대, 니그렌은 유일한 참된 사랑으로서의 하나님의 사랑아가페과 대조적으로, 자기사랑에로스을 포함하여 하나님의 사랑을 벗어난 모든 형태의 인간의 사랑을 부정하게 보았다. 자기사랑의 역동은 죄악된 욕망에 기인하며, 그리하여 하나님을 사랑하는 것과 하나님의 사랑을

---

18 위의 책, 181.

19 위의 책, 182.

20 위의 책, 791. 이에 대해서는 1장에서 니그렌에 대한 아웃카의 비평적 평가를 진술하면서 그리고 3장에서 메일랜더의 보편적 아가페와 특수 관계 사이의 관계성 모형을 논하면서 간략하게 다루었다.

받아 사랑하는 것을 제외한 다른 모든 인간적 애정의 동기와 행위는 결국 죄로 귀결된다고 보는 것이다. 니그렌은 인간의 죄악됨과 무력함 그리고 그에 상응한 하나님의 초월적 은혜의 절대적 필요성 등을 뼈 대로 하는 루터교 신학에 깊이 뿌리를 내리면서, 기독교 사랑의 한 이 론을 전개했던 것이다. 깊은 죄악과 '노예의지'에 좌우되는 인간은 자 발적으로 하나님 사랑^{하나님을 사랑함}을 선택할 수 없다. 하나님을 선택하고 사랑하기 위해 절대적으로 하나님의 은혜의 개입이 필요하다. 강력한 자기애적 욕망에 본능적으로 좌우되는 인간은 타자를 참되게 사랑할 수 없다. 이웃 사랑이 발생했다면 그것은 인간의 사랑이 아니며, 하나 님의 사랑이 '통로'인 인간이라는 행위자를 통해 타자에게 흘러간 것 일 뿐이다. 또한 니그렌은 자기사랑은 죄악이며 우정 등과 같은 상호 적 사랑의 관계와 행위들도 결국 아가페를 변질시키고 말 것이라고 강조한다. 그에게 있어 기독교 사랑은 철저하게 이타적이어야 하며 오 직 하나님의 사랑에 그 근거를 두어야 한다. 이러한 극단적인 이타주 의적 이해에서 우리는 긍정적인 자기사랑의 가능성을 조금도 찾을 수 없는 것이다. 사랑의 이타주의적 특징을 강조하는 기독교 전통에서^{특히} ^{개신교 전통에서} 정녕 자기사랑을 정당한 도덕적 명령으로 볼 수 없는 것인 가? 이타성을 존중하면서도, 자기사랑이라는 도덕적 의무를 전면적으 로 부정하지 않는 이론의 가능성을 기독교 철학자요 윤리학자인 할렛 에게서 찾아보자.

2. 할렛의 이타주의적 '선호'론적 틀 안에서의 '자기사랑'론

할렛은 기독교 사랑 곧 아가페의 본질을 이타주의적 헌신에서 찾는다. 신약성경에 나오는 사랑과 관련된 본문들을 고찰하면서, 기독교 사랑을 '선호'preference의 관점에서 윤리적으로 설명하고자 한다. 자아와 타자의 관계에서 아가페는 자아와 타자를 향한 사랑의 실행 여부 그리고 사랑의 강도의 차이를 규범적으로 허용한다고 보는 것이다. 다시 말해, 기독교적 사랑의 삶을 살려고 할 때, 자기 자신을 사랑할 것인지 타자를 사랑할 것인지 또는 자아를 더 사랑할 것인지 타자를 더 사랑할 것인지 등을 결정해야 한다고 할렛은 생각한다. 그는 신약성경의 여섯 가지 '선호의 유형'을 제시하는데, 방법론적으로 그의 성경에 대한 접근은 주석적이라기보다는 신약성경의 사랑에 관한 윤리적 명제들에 대한 철학적 분석이라는 점을 먼저 밝혀 두어야 하겠다.[21]

한쪽 끝에는 자기 자신의 복지를 타자의 그것보다 우선시하는 자아선호Self-Preference 유형을 위치시키고 반대쪽 끝에는 타자를 위해 모든 경우에 자기 자신을 희생하는 자아부인 Self-Denial 유형을 상정한다. 그 가운데 네 가지 유형이 있다. 자아와 타자 어느 쪽에도 기울지 않는 균형Parity 유형, 타자에게 더 큰 비중과 우선순위를 두는 기조를 채택하는 타자선호Other-Preference 유형, 타자에게 유익에 되는 한에서 자아 배려를 허용하는 자아복종Self-Subordination 유형, 자기 자신의 유익은 타자에게 유익이 될 때에만 정당화되는 자아망각Self-Forgetfulness 유형 등이다.[22]

여섯 가지 유형을 좀 더 상세하게 살펴보자. 첫째, 자아선호 Self-Preference 유형이다. 자아와 타자 사이의 이해利害가 충돌할 때, 타자

---

21 Stephen Pope, "Love in Contemporary Christian Ethics," *Journal of Religious Ethics* 23 (1995), 169.

22 Garth L. Hallett, *Christian Neighbor-Love: An Assessment of Six Rival Versions* (Washington, D.C.: Georgetown University Press, 1989), 2-10, 47-82.

의 유익보다 자기 자신의 유익을 좀 더 생각할 수 있는 도덕적 여지를 남겨두는 유형이다. 신학적 윤리의 전통에서 자아에 대한 상대적 선호의 근거를 제시한 대표적인 인물은 아퀴나스이다. 앞에서 본대로, 아퀴나스는 '사랑의 질서'론에 입각하여 하나님보다 나를 더 사랑해서는 안 되고, 다른 이들보다는 나를 더 사랑해야 한다고 강조한다.[23] 할렛은 이웃을 '내 몸 같이' 사랑하라는 명령에 대한 상반된 해석을 소개한다. 한편으로, 아퀴나스 같은 이는 이 사랑의 계명을 근거로 하여 자기사랑이 먼저이고 자기사랑을 타자에 대한 사랑의 모범으로 삼아야 한다고 주장한다.[24] 다른 한편으로, 루터는 아퀴나스식의 해석을 비판적으로 보면서 자기사랑은 왜곡된 형태의 사랑이고 그 사랑의 열심 곧 '내 몸을 극진히 사랑하는' 열심을 가지고 자기 자신 대신 타자를 사랑해야 한다고 강조한다.[25] 모범으로 간주되는 사랑의 형태가 반드시 그 모범을 따르는 형태보다 우월해야 하는 것이 아니며 이웃 사랑의 도덕적 명령도 자기사랑을 모범으로 삼아야 하는 것이 아님을 의미하는 것이다.[26]

뵐클Richard Völkl을 인용하면서 할렛은 디모데전서 4장 16절[27]과 사도행전 20장 28절[28]과 같이 신약성경에서 자아선호 유형을 뒷받침할 수 있는 본문들을 소개하지만, 뵐클과는 달리 이러한 본문들이 필

---

23   *ST* II-II, 26.3-4.

24   Aquinas, *Opusculum* 54, chap. 3. Garth L. Hallett, *Christian Neighbor Love*, 3에서 재인용.

25   Martin Luther, *Lectures on Romans*, 366-69.

26   Garth L. Hallett, *Christian Neighbor-Love*, 49.

27   "네가 네 자신과 가르침을 살펴 이 일을 계속하라 이것을 행함으로 네 자신과 네게 듣는 자를 구원하리라"(개역개정판).

28   "여러분은 자기를 위하여 또는 온 양 떼를 위하여 삼가라 성령이 그들 가운데 여러분을 감독자로 삼고 하나님이 자기 피로 사신 교회를 보살피게 하셨느니라"(개역개정판).

연적으로 자아선호 유형을 지지하는 내용으로 볼 수 있겠느냐는 의문을 제기한다. 할렛은 이 두 경우 모두 자아와 타자에게 발생할 수 있는 유익이라는 관점에서 전혀 충돌의 가능성이 없다는 점을 드러내는 본문이지, 자아선호를 도덕적으로 권면하기 위한 것은 아니라는 점을 분명히 한다. 이 점에서 그는 신약성경에서 자아선호를 일방적으로 뒷받침하는 본문들을 찾을 수 있는지에 대해 부정적 입장을 취한다고 하겠다.[29]

둘째, 균형 Parity 유형이다. 자아와 타자를 사랑함에 있어 어느 한쪽으로 치우치지 말고 균등하게 관심을 가져야 한다. 할렛은 예를 들어 설명한다. 두 가지 선택지 가운데 하나를 선택할 수 있다. 나는 두 가지 중 어느 것을 선택해도 똑같이 이롭고 내 이웃에게는 두 번째를 선택할 때 더 유리하다면, 나는 첫 번째 뿐 아니라 두 번째도 선택할 수 있다.[30] 기독교 사랑의 이타성에 대한 규범적 강조가 타자와 연관하여 자기 자신에게 상대적으로 더 큰 희생을 요구해서는 안 된다는 의미로 받을 수 있다. 균형 유형의 관점에서 이웃 사랑의 계명을 풀이한다면, 양의 문제가 아니라 사랑의 형식 혹은 방법에 있어 내 몸 사랑하듯 사랑하라는 뜻으로 해석하게 될 것이다.[31]

'예루살렘 교회 후원'이라는 주제를 다루고 있는 고린도후서 8-9장을 생각해 보라(특히, 고후 8:12-15[32]을 보라). 쉘클 Karl Schelkle 은 여기

29　Garth L. Hallett, *Christian Neighbor-Love*, 50.
30　위의 책, 3-4.
31　*ST* II-II, 44.7.
32　여기서는 고린도후서 8장 13-14절을 인용한다. "이는 다른 사람들은 평안하게 하고 너희는 곤고하게 하려는 것이 아니요 균등하게 하려 함이니 이제 너희의 넉넉한 것으로 그들의 부족한 것을 보충함은 후에 그들의 넉넉한 것으로 너희의 부족한 것을 보충하여 균등하게 하려 함이라"(개역개정판).

서 바울이 제시하는 행위의 지침은 균형 유형의 원칙에 가깝다고 보면서 "헌금 모금의 목표는 생존에 필요한 자원에 있어서의 평등"이기 때문이라고 말한다.[33] 그러나 할렛의 해석은 좀 다르다. 먼저 마케도니아 교회 교인들이 헌금을 힘에 지나도록 했으나 바울은 스스로 생각하기에 이상적인 수준 이상을 의무 사항으로 요구하지는 않을 것이라는 점을 할렛은 지적한다고후 8:8. 또한 헌금을 모금하는 입장과 기부에 참여하는 입장은 구분되어야 한다는 점도 지적한다. 헌금하는 교회나 받는 교회 모두에게 바울은 공평해야 한다고 하면서, 어떤 교회는 계속 후원하는 입장에 서 있고 다른 어떤 교회는 계속 받기만 하는 것은 공평한 것이 아니라고 할렛은 주장한다. 만약 고린도 교회에서 너무 많이 모았다면, 바울은 예루살렘 교회로부터 헌금을 모으는 것이 균형 유형의 원칙에 부합되는 것이라고 보는 것이다. 이렇게 이 본문을 읽으면, 이 본문을 근거로 균형 유형을 지지할 수는 없을 것 같다고 할렛은 결론짓는다.[34]

셋째, 타자선호Other-Preference 유형이다. 이 유형은 자아의 유익에 대한 배려를 전적으로 부정하지 않지만 타자의 유익에 더 큰 비중을 두는 입장을 나타낸다. "기독교 사랑은 봉사에 두드러진 특징이 있기에, 이웃과 이웃의 관심에 우선순위를 두어야 한다."는 것이다.[35] 기독교 사랑의 이상은 균형 유형이 요구하는 선을 넘어서기를 명령한다. 바울이 예수의 말씀을 직접 인용하는 대로, "주는 것이 받는 것보다

---

33 Karl Schelkle, *The Second Epistle to the Corinthians*, trans. K. Smyth (New York: Herder and Herder, 1969), 126. Garth L. Hallett, *Christian Neighbor Love*, 51에서 재인용.

34 Garth L. Hallett, *Christian Neighbor-Love*, 51-52.

35 위의 책, 4.

낫다"^{행 20:35}. 신약성경에서 우리는 자기 자신의 유익보다 다른 이들의 유익을 더 중요하게 여기고 우선순위를 두고 추구하라는 규범적 명령을 얼마든지 찾을 수 있다^{눅 6:33-35; 14:12-14; 롬 12:10; 요1 3:16 등}. 그러나 이 유형은 타자의 유익을 더 중요하게 여기지만, 그렇다고 자기 자신에 대한 배려를 전적으로 부정하는 것은 아니다. 빌립보서 2장 4절에서 바울은 자기 유익 뿐 아니라 타자의 유익도 구하라고 권면하는데, 이러한 권면에서 신약성경은 자아에 대한 관심을 철회하지 않음을 알 수 있다. 나중에 살피겠지만, 이런 점에서 타자선호의 유형은 더 철저한 자기희생을 요구하는 자아복종, 자아망각, 자아부인의 유형 등이 요구하는 바에는 미치지 못한다고 하겠다.

　　넷째, 자아복종^{Self-Subordination} 유형이다. 자기 자신의 유익을 구할 수 있으나 타자에게 최대한의 유익이 돌아감을 확실히 하는 조건에서 그렇게 해야 한다는 의무를 내포하는 유형이다. 할렛은 이 유형을 뒷받침할 수 있는 신학자들을 인용한다. 암브로스^{Ambrose}는 "바르게 사는 사람은 타자의 소유를 빼앗을 생각을 하지 않을 뿐더러 타자의 불이익을 토대로 자신의 유익을 구하지 않는다."고 역설한다.[36] 바르트^{Karl Barth} 인용도 주목할 만하다. "기독교인이 그리스도와 함께 죽었다는 신학적 주제는, 그 자체로만 의미가 있는 자기부정이나 금욕주의와는 아무 상관이 없다. 바울은 자신을 내어 줄 때, '너의 영혼을 위해서'라고 했다^{고후 12:15}."[37] 자아복종의 유형에서 바르트 인용이 중요한

---

[36]　St. Ambrose, *Duties of the Clergy*, in *Nicene and Post-Nicene Fathers*, trans. H. De Romestin, 2nd ser., vol. 10, book 3, chap. 2, n. 13. Garth L. Hallett, *Christian Neighbor Love*, 5에서 재인용.

[37]　Karl Barth, *Ethics*, ed. D. Braun and trans. G. Bromiley (New York: Seabury, 1981), 329. Garth L. Hallett, *Christian Neighbor Love*, 5에서 재인용.

까닭은 이 유형이 앞의 유형들보다 더 높은 수준에서의 타자지향적 자기희생을 요구하지만, 그렇다고 자기 자신에 대한 배려를 원천적으로 부정하는 것은 아님을 밝힌다는 점에서 그렇다. 다른 사람들의 유익과 충돌하지 않을 때 자기 자신의 유익을 구할 수 있다는 여지를 남기고 있는 셈이다. 할렛은 마태복음 5장 38-42절에 나오는 예수의 명령을 예로 든다. 타자의 요구가 있거나 타자의 유익을 위해서 자신의 옷을 벗어줄 수 있으며, 원한다면 속옷 뿐 아니라 겉옷까지도 벗어줄 수 있다. 그러나 할렛은 요구하는 사람이 없는데도 벗어주어야 한다는 의미를 내포하지는 않는다고 풀이한다. 이런 점에서 할렛은 타자선호나 자아복종을 전혀 고려하지 않는 채 자아부인이나 자아망각만을 기독교 사랑의 규범으로 삼는 것에 대해 신중한 입장을 취한다.[38]

남은 두 가지 유형은 함께 생각하겠다. 자아망각Self-Forgetfulness과 자아부인Self-Denial 유형이다. 이 두 유형의 기초는 타자를 위한 자기희생이 기독교 사랑의 규범적 핵심이라는 명제이다. 자아망각 유형의 경우, 자기 자신의 유익은 오직 타자의 유익과 관련해서만 구할 수 있으며 자기 유익을 타자의 유익으로부터 완전히 떼어서 독립적으로 고려해서는 안 된다.[39] 타자의 유익으로부터 독립적으로 자기 자신의 유익을 구할 수 없다는 자아망각 유형의 원칙을 포괄하면서, 자아부인의 유형은 좀 더 나아가서 자기 자신의 유익까지도 타인을 유익하게 하는 것이어야 한다는 의무를 포함한다.[40]

할렛은 누가복음 6장 35절[41]과 14장 12-14절[42]에 나오는 예수

---

38   Garth L. Hallett, *Christian Neighbor-Love*, 53-55.

39   위의 책, 5-6.

40   위의 책, 6.

의 윤리적 가르침에 주목한다. 여기에서 예수께서는 원수를 사랑하고 악을 선으로 갚으라 하며, 대가를 바라지 말고 타자를 위해 헌신하되 돌려줄 능력이 없는 가난한 이들을 우선적으로 돌보라고 가르치신다. 돌려 줄 능력이 없기에 가난한 이들을 섬겨야 한다면, 이것은 자아부인을 실행하는 구체적인 실천이 될 것이라고 할렛은 해석한다. 다시 말해, 사랑의 윤리적 실천은 자기 유익과 아무 상관이 없다는 의미이다. 자기 자신의 복지나 행복에 대한 고려는 전혀 없다. 그러나 할렛은 돌려줄 능력이 없는 이들을 먼저 섬기라는 명령을 타자에 대한 섬김이 자기 자신에 대한 관심으로 인해 영향 받지 않도록 하라는 의미로 해석한다면 이러한 예수의 윤리적 명령을 굳이 자아망각과 자아부인 유형으로 볼 필요가 있겠느냐는 질문을 던지면서, 오히려 자아복종 유형에 가까운 것이 아닌지 조심스럽게 제안한다.[43]

　　앞에서도 살핀 대로, 바울은 자아망각이나 자아부인 유형이 요구하는 전적인 자기부정을 받아들이지 않는다. 타자의 유익은 물론이지만, 자아의 유익도 동시에 구할 수 있다빌 2:4. 다시 말해, 타자의 유익을 우선시하고 자기 유익보다 중요하게 여기며 둘이 충돌할 때 타인의 것을 더 중요하게 여기지만, 자신의 유익을 전면적으로 배제하지는 않는다는 말이다고전 10:24; 롬 15:1. 이런 맥락에서 할렛은 바울서신특히 고린도

41　"오직 너희는 원수를 사랑하고 선대하며 아무 것도 바라지 말고 꾸어 주라 그리하면 너희 상이 클 것이요 또 지극히 높으신 이의 아들이 되리니 그는 은혜를 모르는 자와 악한 자에게도 인자하시니라"(개역개정판).

42　"또 자기를 청한 자에게 이르시되 네가 점심이나 저녁이나 베풀거든 벗이나 형제나 친척이나 부한 이웃을 청하지 말라 두렵건대 그 사람들이 너를 도로 청하여 네게 갚음이 될까 하노라 잔치를 베풀거든 차라리 가난한 자들과 몸 불편한 자들과 저는 자들과 맹인들을 청하라 그리하면 그들이 갚을 것이 없으므로 네게 복이 되리니 이는 의인들의 부활시에 네가 갚음을 받겠음이라 하시더라"(개역개정판).

43　Garth L. Hallett, *Christian Neighbor-Love*, 56-57.

전서와 로마서에서 바울이 교회들에게 강조하는 이타적 삶에 대한 가르침이 어떤 배경에서 나왔는지를 주목해야 한다고 주장한다. 약한 믿음을 가진 형제자매들, 분쟁에 관한 염려, 그러한 문제들의 원인 곧 자기중심적 추구가 주된 배경이라는 것이다.[44] 또한 할렛은 타자의 유익과 상관없이 독립적으로 자기 유익을 추구하는 것에 대해 부정적인지 아닌지 단정할 수 없다고 생각한다. "수사학적으로, 교육적으로 그가 자기 자신에 대한 관심을 절대적으로 배제하는지는 확실치 않다."[45]

할렛은 종합적으로 검토할 때 신약성경은 자아망각이나 자아부정보다는 자아복종의 규범을 사랑의 이상으로 제시하고 있다고 해석한다. 타자선호 유형이 요구하는 것보다 더 이타적이어야 하며 또 자아망각과 자아부인의 유형이 요구하는 것보다는 자아에게 좀 더 매우 약한 정도이지만 유익을 허용할 수 있다는 규범적 이해인 것이다. 요컨대, 할렛은 니그렌 만큼 자기사랑에 부정적이지 않다. 타자지향적 자기희생의 사랑에 더 큰 가치를 부여하지만, 그렇다고 해서 니그렌처럼 자기사랑을 죄악시하거나 부정不淨한 것으로 보지 않는다는 말이다. 이런 점에서 할렛은 선호론적 관점에서 기독교 사랑의 자기희생적인 타자지향성을 규범적인 핵심으로 소중하게 받아들이면서 자기사랑의 윤리적 가능성을 모색하고 있다는 점에서 긍정적으로 평가해야 할 것이다. 이제 니그렌과 할렛과는 달리, 기독교 사랑의 이타성에 무게중심을 두지 않고 타자지향적 아가페와 더불어 자기사랑도 정당한 도덕적 명령으로서 전면적으로 수용하는 흐름을 대표하는 신학자인 바첵을 만날 차

44   위의 책, 58.
45   위의 책, 59.

레이다.

3. 바첵의 유신론적 목적론적 '자기사랑'론

바첵의 사랑론은 근본적으로 가톨릭 전통에 서 있다. 바첵은 이 전통이 오랜 역사를 걸쳐 견지해 온 대로, 이타적 아가페, 우정, 자기 사랑에로스 등 모든 사랑의 형태가 기독교의 사랑일 수 있다고 강조한다.[46] 이타적 아가페 외에 다른 사랑의 형태를 부정적으로 혹은 '기독교적인 사랑이 아닌 것'으로 보는 입장과 달리, 바첵은 '아가페'를 비롯하여 자기사랑으로서의 '에로스' 그리고 상호적 공동체적 사랑의 관계로서의 '필리아'도 정당한 사랑의 형태로 받아들이고 있는 것이다. 바첵의 사랑 이해는 감정적 역동이 배제된 추상적 의무로서의 사랑의 규범에 대해 순종하는 의무론적 이해도 아니며 인간 행위자의 주체성을 부정하고 단지 하나님의 사랑의 통로로서 기능하는 어떤 유신론적 기능론적 이해도 아니다. 오히려 그의 사랑 이해는 목적론적이며 본능적이다. 사랑은 목적으로서의 선善에 대한 자연스러운 반응이다. 앞에서 본 대로, 바첵에게 사랑은 사랑의 대상 안에 내재된 선을 인식하고 그 선에 자연스럽게naturally 이끌려 그 대상을 정서적으로 인정하고 받아들이는 것affectively affirming이다.[47] 이 사랑은 일방향적이지unilateral 않으며, 사랑하는 대상과의 친밀한 상호적 관계의 형성으로 완성된다. 사랑의 대상으로서의 자기 자신 안에 내재된 선善에 대한 정서적 확정이

---

46 Edward Vacek, *Love, Human and Divine: The Heart of Christian Ethics* (Washington, D.C.: Georgetown University Press, 1994), 304-12.

47 위의 책, 5-16, 49-66.

에로스 사랑이며, 타자에 내재된 선에 대한 목적론적 이끌림과 타자와의 일치를 향한 사랑의 실천이 아가페 사랑인 것이다.[48]

이런 점에서 가톨릭 전통의 목적론적 사랑 이해와 맥을 같이 한다고 평가할 수 있지만, 바첵의 사랑 이해의 독특성은 모든 사랑의 형태에 대한 그의 유신론적 해석에 있다. 바첵은 하나님의 사랑을 반영하고 표출하며 또 하나님의 사랑 구현에 협력하는 형태라고 한다면 어떤 사랑이든 종교적인 혹은 기독교적인 사랑이 될 수 있다고 주장한다. 그러나 하나님의 사랑으로부터 떨어져 구현되고 있다면 그렇지 않다. 다시 말해, 바첵은 모든 인간의 사랑은 하나님의 사랑의 반영이요 표출이며, 인간 행위자는 그 사랑 안에서 자기 자신과 타자를 사랑하며 또 하나님의 사랑의 목적 완수를 위해 하나님과 동역하며 하나님과 책임을 공유한다는 점을 역설하고 있는 것이다.[49] 인간이 하나님의 책임을 공유한다는 이해는 펠라기우스적이라는 비판을 받을 수 있는데, 바첵은 인간의 모든 형태의 사랑의 실천과 하나님의 사랑에의 책임적인 참여는 '선행적 은혜'로 가능하다는 점을 강조하면서 이 비판을 비껴간다.[50] 가톨릭 전통의 신학적 용어를 빌린다면, 자연적 사랑 속에 이미 은혜가 있으며 그 은혜가 모든 형태의 인간적 사랑의 실천들로써 하나님의 사랑에 참여하게 하며 자연적 사랑을 승화시켜 더욱 고상한 형태의 사랑으로 성숙하게 한다.

이러한 전체적인 흐름에서 바첵은 자기사랑을 정당한 것으로 받아들이며, 자기사랑도 하나님의 사랑을 반영하고 표출하며 또 그 사

---

48 이에 대해서는 3장에서도 다루었는데, 참고하길 바란다.
49 Edward Vacek, *Love, Human and Divine*, 1-5.
50 Stephen Pope, "Love in Contemporary Christian Ethics," 182.

186
ıııııııııı 사랑에 관한 신학적 윤리적 탐구 사랑의 윤리

랑에 협력하는 종교적 사랑으로 본다.[51] 바첵은 자기사랑에 대한 좀 더 심화된 정당화의 논리를 전개하는데, 크게 세 가지로 정리해 볼 수 있겠다. 먼저, 삼위일체적 관점에서 자기사랑의 신학적 정당성을 추적한다. 삼위일체 하나님은 삼위일체의 틀 안에서 자기 자신을 사랑하며 일종의 자기사랑의 형태로서 그러한 '자기 자신'을 표현하기 위해 행동하신다. 삼위일체 하나님 자신의 사랑의 표현의 결과로 인간은 하나님의 사랑을 '은혜'로 받고 또 반영하여, 자기 자신을 사랑하며 타자를 향해 그 사랑을 확장하고 궁극적으로 상호적 공동체적 사귐에 이른다.[52]

또한 바첵은 자기사랑의 정당성을 성서신학적으로 뒷받침하는 작업도 빼놓지 않는다. 마태복음 5장 43-48절에서 예수께서는 하나님의 사랑의 보편성을 밝히신다. 바첵은 하나님이 모든 인간을 사랑한다면 자기 자신도 그 하나님의 사랑의 대상으로 포함되는 것이 당연한 것이 아닌지 자문하면서, 만일 이타적 아가페가 자기사랑을 배제한다면 하나님이 사랑하시는 존재를 사랑하지 말아야 한다는 주장과 다를 바 없다고 역설한다.[53] 마태복음 16장 25절과 19장 29절에서 예수는 자기 생명을 얻고자 하는 사람을 잃어야 한다는 하나님의 뜻을 전하신다. 얻는 것이 목적이라면, 무엇을 얻는 것인가? 그것은 생명인데, 타자의 생명이 아니라 자기 자신의 생명이다. 예수의 치유 사역의 수혜자는 누구인가? 마가복음 1장 40절에서 치유받기를 '원하는' 이가 그렇게 될 수 있다는 뜻이 드러난다. 치유를 통한 자기 유익의 신장을

---

51   Edward Vacek, *Love, Human and Divine*, 21-27, 201-205.

52   Edward Vacek, "Love, Christian and Diverse: A Response to Colin Grant," *Journal of Religious Ethics* 24 (1996), 31.

53   위의 논문.

원하는 사람에게 치유의 은총이 주어진다는 것이다. 기도는 어떤가? 자기 자신이 원하는 바를 구해야, 그것을 받을 수 있다. 자기 배려를 전제한 간구라고 보는 것이다눅 11:9-13. 이상의 성서적 근거들을 참조하면서 바첵은 "우리가 하나님의 용서와 구원을 소중하게 여긴다면 자기사랑 없이 그럴 수 없을 것"이라고 강조한다.[54]

한 가지 더 생각한다면, 바첵은 기독교 사랑의 이타성에 대한 비판적 성찰을 통해서도 자기사랑을 기독교 사랑의 한 형태로 정당화하려고 한다. 사랑은 이타적이어야만 기독교적인가 자문하면서 스스로 '부정'으로 답한다. 그가 제시하는 몇 가지 논거를 살펴보자. 먼저 이타적 사랑은 하나님의 피조물 가운데 인간에게만 고유한 것이 아니라는 과학적 발견을 그 근거로 제시한다. 동물의 세계에서도 이타적 사랑의 구체적 보기들을 찾을 수 있다는 것이다.[55] 그러기에 바첵은 이타적인 사랑은 인간에게만물론 기독교인을 포함하여 고유한 것이라고 주장해서는 안 된다고 강조한다. 다음으로 바첵은 이타적 사랑의 본능적 성향을 지적한다. 자기 자신을 돌보는 것은 본능적인 혹은 자연적인natural 것이다. 이것이 가톨릭 전통이 강조하는 자연법적 원리이다. 이 원리는 자기 자신의 생명에 유익이 되는 것을 추구하고 해害가 되는 것을 피하는 본능적 질서를 내포한다. 그러나 자기사랑에만 본능적 지향이 작용하는 것은 아니다. 바첵은 타자를 돌보는 것도 본능적 질서로 이해할 수 있다는 점을 강조한다.[56] 마지막으로 니그렌의 사랑 이해를 비

---

54 위의 논문, 32.

55 Stephen Pope, *The Evolution of Altruism and the Ordering of Love* (Washington, D.C.: Georgetown University Press, 1994), 110-119.

56 Edward Vacek, "Love, Christian and Diverse: A Response to Colin Grant," 33.

판적으로 성찰하면서, 사랑의 이타성을 검토한다. 바첵이 보기에, 니그렌의 사랑의 행위자는 자기충족적이다. 그래서 받을 수도 없고 받으려 하지도 않으며 또 사랑 때문에 상처 받을 수도 없고 또 받으려 하지도 않는다. 결과적으로 사랑을 주고받을 수 없기에 상호성이 존재할 수 없다.[57] 오직 한 가지 방향이 있을 뿐이다. 하나님의 사랑으로 충족되어, 그 사랑의 통로로서 타자를 향해서만 그 사랑을 전달한다는 뜻에서 일방향적이다. 그러므로 니그렌에게 사랑은 이타적이며 동시에 철저한 하나님의 사랑의 전이轉移인 것이다. 바첵은 기독교 사랑은 오직 이타적이어야 하고 또 그 사랑만이 하나님 사랑의 반영이라는 니그렌의 주장에 반대한다. 이타적 사랑만이 아니라 다른 형태의 사랑들 곧 우정이나 자기사랑도 하나님 사랑의 반영이며 표출이라고 강조하는 것이다. 정당한 기독교 사랑의 한 형태로서 자기사랑에 확고한 도덕적 지위를 부여한다고 해서, 바첵이 이타적 아가페를 자기사랑보다 우위에 두는 것은 아니다. 동등한 지위를 부여하고 있는 것으로 평가할 수 있다. 이 점은 자기사랑 담론에서 바첵의 이론을 긍정적으로 평가할 수 있는 지점으로 볼 수도 있지만, 그와 함께 비판이 가능한 지점이 되기도 한다. 자기사랑의 긍정성을 강조한 것은 의미 있는 기여이지만, 그것이 지나쳐서 기독교 사랑의 이타적 본질이 약화되는 것이 아니냐는 비판이 있을 수 있다. 자아를 향한 사랑의 역동을 본능적 은혜로 해석함으로써, 인간의 이기성利己性 곧 타자에게 희생을 요구하면서라도 자기 자신의 유익을 추구하고자 하는 인간 본성의 부정적 측면을 간과할 수 있는 위험이 있다는 것이다.

---

57 위의 논문.

지금까지 살핀 세 학자의 이론들에서 우리는 접점을 찾을 수도 있지만, 그보다는 긴장과 충돌의 지점들을 더 많이 발견한다. 기독교의 '자기사랑'론은 니그렌, 할렛, 바첵의 견해를 종합하는 방향으로 전개되어야 하는가? 아니면, 불가피하게 윤리적으로 정당한 모형을 선택해야 하는가? 기존의 담론을 폭넓게 살피면서 '자기사랑'에 관한 주된 견해들을 종합적으로 또 분석적으로 검토한 학문적 작업을 소개할 차례이다. 자아도 하나님의 보편적 사랑의 대상이어야 함을 전제하면서, 이타주의적 전통과 가톨릭의 목적론적 전통 외에 불편부당론적 견해를 추가하여 자기사랑에 관한 윤리적 담론을 확장한 기독교윤리학자로서 아웃카를 만나보자.

4. 아웃카의 신중심적 '자기사랑'론

　　아웃카의 '동등배려'로서의 아가페가 모든 인간을 차별 없이 사랑하는 보편적 사랑이라면, 자기 자신도 사랑의 대상에 포함되는가? 아웃카는 신중심적 theocentric 관점에서 자기사랑의 문제를 접근한다. 하나님은 창조자요 섭리자요 구원자로서, 창조한 세계와 온 인류를 보편적으로 사랑하고자 하신다. 앞에서 살핀 대로, 하나님의 사랑이 보편적이라면 우리의 사랑도 하나님의 그것에 상응해야 한다고 아웃카는 생각한다.[58] 모든 인간 존재가 대상에 대한 가치 판단 혹은 자격 심사를 뛰어넘어 그 자체로 품고 사랑하시는 하나님의 사랑의 대상이라면,

---

58　Gene Outka, "Universal Love and Impartiality," in *The Love Commandment: Essays in Christian Ethics and Philosophy*, eds. Edmund N. Santurri and William Werpehowski (Washington, D.C.: Georgetown University Press, 1992), 1-3, 6-17.

우리의 사랑도 인간의 얼굴을 하고 있는 이라면 누구든지 사랑해야 한다는 말이다. 모든 인간이 사랑의 대상이기에 타자뿐 아니라 자기 자신도 사랑의 대상이 되어야 한다. 신중심적 관점에서 하나님은 타자와 자아를 차별 없이 동등하게 사랑하신다면, 그 사랑에 상응하고자 하는 사랑의 행위자는 역시 타자와 자아를 차별 없이 동등하게 사랑해야 하는가? 다시 말해, 타자와 자아에게 어떤 불균형이나 차별성을 허용함이 없이 불편부당하게 혹은 똑같이(기계적인 균등을 견지하며) 사랑해야 하는가? 아웃카는 신중심적 보편적 사랑의 관점에서 불편부당성不偏不黨性을 주장하는 이론을 비판적으로 성찰하면서 이러한 질문들에 대해 규범적으로 또 경험적으로서술적으로 응답한다.

보편적 사랑은 불편부당성으로 해석될 가능성이 있다. 타자를 사랑하되, 기계적 균등을 유지하며 사랑한다. 자아와 타자 중 어느 한 쪽을 더도 덜도 사랑하지 않는다. 이러한 이해는 자아와 타자를 포함한 모든 인간에 대한 동등한 가치 인식을 전제한다. 동등한 가치 인식은 동등한 배려로 이어진다. 타자와 자아의 필요나 행복에 대해 그 어떤 차이도 허용함이 없이 동등하게 관심을 갖고 또 그 관심을 실천해야 한다는 뜻에서 동등한 배려이다. 모든 인간이 보유하는 동등 가치에 대한 존재론적 인식은 불편부당성이라는 규범적 인식으로 이어진다. 여기에서 자아와 타자 사이에 그 어떤 불균형이나 불평등도 거부된다. 아웃카는 불편부당성의 옹호자들처럼 인간에 대한 가치 인식에 있어서 불균형이나 불평등을 허용하지 않지만, 동등한 배려를 동일한 대우identical treatment 와 혼동해서는 안 된다고 강조한다.[59] 이 지점에서 우리는 사랑에 대한 불편부당론적 해석과 '신중심적 보편적 사랑'론 사이의 중요한 차이의 가능성을 감지하게 된다. 불편부당론적 해석은 자아와 타자 사이에 존재론적 규범적 실천적 불균형을 용납하지 않지만, '신중심적 보편적 사랑'론은 불균형을 허용하는 규범적 여지를 남겨 둔다. 아웃카는 불편부당론적 해석이 기독교 아가페의 본질을 전체적으로 다 설명해 주지는 못한다고 본다.

아웃카는 네 가지 불균형 asymmetry [60]을 제안하며 불편부당론적 해석을 비판적으로 성찰한다. 둘은 규범적 명제이며 다른 둘은 경험적 명제이다. 각각의 명제를 상술하면서 아웃카의 자기사랑 이해를 좀 더 심도 있게 살펴보고자 한다. 첫 번째는 규범적 명제인데, 기독교 사랑의 계명에 응답하는 개인은 자기 자신의 유익보다 타자의 그것에 우선적으로 집중해야 한다는 것이다. 불편부당론적 해석을 옹호하는 이들은 이러한 타자에의 집중을 철저하게 개인의 선택과 동의의 문제로 본다. 아웃카는 기독교 이타주의의 불편부당론적 해석에 대한 비판을 소개하면서 자신의 입장을 전개해 간다. 아웃카가 소개하는 이타주의의 불편부당론 비판은 크게 두 가지이다. 하나는 불편부당론자들이 자아와 타자 사이의 동등한 가치 인식과 거기로부터 흘러나오는 동등한 배려의 실천적 요구를 강조하다가 이러한 강조가 오히려 자기사랑에 대한 정당화의 계기로 작용할 수 있다는 점이며, 다른 하나는 불편부당론적 입장이 사랑 기독교 사랑을 철두철미한 효용 계산을 포함하는 자아와 타자 사이의 기계적 균형으로 환원할 수 있다는 점이다. 이러한 이타주의의 비판에 대한 아웃카의 응답은 무엇인가? 먼저 이타주의의 비판을 긍정적으로 받아들이면서, 이타주의가 기독교 사랑의 타자지

59 Gene Outka, *Agape: An Ethical Analysis* (New Haven and London: Yale University Press, 1972) 10, 19-21.

60 Gene Outka, "Universal Love and Impartiality," 17-91.

━━━━━━ 사랑에 관한 신학적 윤리적 탐구 사랑의 윤리

향성과 일방향성이라는 규범적 특징을 견지하고 또 강화하는데 유용하다는 점을 지적한다. 그러나 아웃카는 자신의 신중심적 관점과 불편부당론적 해석의 관점에서 이타주의의 약점을 지적하는데, 일방향적이며 타자지향적인 사랑의 규범적 특성을 지나치게 강조하다가 자기 자신을 정당한 사랑의 대상 범위에서 제거하는 경향이 있다는 점을 그 대표적인 보기로 든다.[61]

자아와 타자에 대한 엄격한 균등 유지에 대한 불편부당론자들의 강조가 기계적 균형에 빠질 위험이 있다는 이타주의의 비판에 대한 아웃카의 응답도 살필 필요가 있다. 이타주의 비판의 타당성을 인정하면서도, 아웃카는 이에 전적으로 동의하지는 않는다. 그러한 위험을 감지하면서, 아웃카는 이타주의보다는 자신의 신중심적 보편적 사랑 이해가 그러한 위험 극복의 방안으로는 더 적절하다고 주장한다. '신중심적 보편적 사랑'론은 불편부당론적 해석이 허용할 수 없는 자아와 타자 사이의 불가피한 불균형을 허용할 수 있기 때문이다. 보편적 사랑은 사랑의 행위자가 자기 자신보다 타자를 우선적으로 또 더 큰 정도로 사랑할 수 있으며 또 타자를 위한 최소한의 의무를 넘어서는 공덕적 실천으로 타자를 사랑할 수 있다는 도덕적 여지를 남겨둠으로써 불편부당론적 해석을 넘어선다. 그러면 여기에서 아웃카는 이타주의의 입장을 전면적으로 수용하고 있는 것인가라는 질문을 받을 수 있다. 둘 사이에 차이가 존재하는가? 이타주의자들은 타자의 자아에 대한 우선성을 규범적 필수조항으로 여기는 반면, 아웃카와 같은 '보편적 사랑'론자들은 그러한 우선성에 대한 규범적인 여지를 남겨

---

61 위의 논문, 17-44, 80-81.

둔다고 해도, 그것을 필수적인 것으로 보지는 않는다.[62]

두 번째는 경험적서술적 명제로서, 사랑의 행위자로서 인간은 지극히 이기적일 수 있다는 것이다. 아웃카는 불편부당성을 옹호하는 사람들이 이를 진지하게 받아들이지 않는 경향이 있다고 지적한다. 다시 말해, 불편부당론자들이 제시하는 규범과 달리, 현실 세계 혹은 경험의 현장에서 인간의 강렬한 자기애적 경향을 적절하게 파악하거나 또 인정하지 못하고 있다고 비판하는 것이다. 기독교 사랑의 윤리가 이타주의보다 불편부당론을 선호하면서 이러한 경험적 명제에 담긴 진실을 간과한다면 타자지향적 자기희생의 사랑이 인격적 사회적 관계 안에서 개선改善의 변화능력으로 작동할 가능성을 차단할 수도 있다는 점을 아웃카는 우려한다.[63] 아가페가 사회적 차원에서 '불가능의 가능성'impossible possibility일 수 있지만, 사회 정의의 실현에 있어 자기희생적 아가페의 추동推動은 긍정적 변화의 동력으로 작용할 수 있다고 보는 것이다.[64] 그러나 아웃카는 이러한 이타주의의 타자지향적 자기희생적 사랑의 역동을 긍정적으로 판단하면서도, 과도한 자기희생 곧 자기 자신에 대한 적절한 배려를 배제한 타자지향적 사랑이 갖는 위험을 경계한다. 두 가지 우려가 여기에 있다. 하나는 자기희생적 사랑에 대한 과도한 규범적 강조가 자아와 타자 사이의 동등한 가치 인식에 부정적 영향을 미칠 수 있다는 점, 다시 말해 자아를 타자보다 열등한 가치로 인식할 수 있다는 점을 우려한다. 다른 하나는 자기희생의 사랑이 사랑의 대상인 타자에게 또 사랑하는 행위자 자신 모두에게 해악害惡

---

62   위의 논문, 81-82.
63   위의 논문, 46-47.
64   Gene Outka, *Agape*, 28-31.

이 될 수 있다는 우려이다. 이런 의미에서 자기희생적 사랑에 적절한 제한制限을 두는 것이 필요하다는 생각에 아웃카는 동의한다.

　　세 번째는 다시 규범적 명제로서, 모든 인간은 개별적 존재로서 독보적 가치를 보유한다는 점을 스스로 인정해야 하며 특별히 하나님 앞에서 또 하나님을 위하여 기꺼이 그렇게 해야 한다는 것이다. 불편부당성의 옹호자들이 자아와 타자 사이의 균형을 강조하다가 적절한 자기 배려의 중요성을 간과할 수 있다는 비판적 평가를 내포하는 명제이다. 이 명제를 통해 아웃카는 불편부당론자들이 자아와 타자 사이의 기계적 균형을 강조할 수 있지만 그러한 강조가 인간이 개별 존재로서 갖는 고유한 가치와 특수한 삶의 계획과 소명의 의미를 소홀히 하는 결과로 이어져서는 안 된다는 점을 강조하고 있는 것이다.[65] 인간 존재로서 '내'가 개별적 존재로서 갖는 독보적 가치와 내가 감당해야 할 고유한 삶의 여정과 소명은 하나님으로부터 왔다는 점을 분명히 인정하고 또 그러한 하나님의 가치부여와 인도하심을 존중하면서 나 자신의 정체성과 삶의 여정을 스스로 소중하게 여김으로써, 나는 하나님을 사랑하고 또 나 자신을 사랑할 수 있고 또 사랑해야 한다. 이런 맥락에서 자기 자신에 대한 과대평가도 문제이지만, 자기 자신에 대한 과소평가나 자기비하도 문제이다. 교만도 죄이지만 게으름 혹은 나태 sloth도 죄가 된다. 하나님을 믿고 또 기꺼이 복종하는 삶에서 오직 타자를 위해 헌신하는 것만이 의미가 있으므로 "나 자신에게만 독특하게 주어진 존재의 양식은 무시해야 한다고 가정하는 것은 역시 믿음의 부재不在로부터 온 것"이라고 아웃카는 강조한다.[66] 자기 자신에 대

65　Gene Outka, "Universal Love and Impartiality," 48-51.

한 부정否定은 '나'라는 존재에 독보적 가치와 고유한 정체성과 소명을 부여하신 하나님과 하나님의 의도에 대한 부정으로 연결될 수 있다. 이런 의미에서 하나님과 자기 자신에 대한 죄가 될 수 있다는 해석인 것이다.

　　네 번째는 다시 경험적서술적 명제로서, 자기 자신을 위해서 그리고 타자를 위해서 이룰 수 있는 것 사이에는 차이가 있다는 것이다. 불편부당론적 해석이 자아·자아 관계와 자아·타자 관계 사이에 현실적으로 존재할 수 있는 불균형을 파악하고 반응하는 데 실패하고 있다는 비판을 내포한 명제이다.[67] 아웃카의 '보편적 사랑'론은 이 문제에 대해 양면적으로 응답한다. 먼저 아웃카는 자아·자아 관계와 자아·타자 관계 사이에 존재할 수 있는 현실적 불균형을 인정하지만, 그렇다고 그러한 불균형의 가능성혹은 자아·자아 관계에 좀 더 비중을 두게 되는 가능성에 지나친 비중을 두는 것은 경계한다. 인간 존재로서 어느 누구도 자기 자신을 또 타자를 구원할 수 없다는 점을 그 보기로 제시한다. 또한 아웃카는 타자의 유익을 위해 여러 가지 방식으로 사랑을 실천할 수 있으나 종교적으로 타자를 대신해서 할 수 있는 것은 그리 많지 않다는 점을 지적한다. 아웃카는 '회개'를 실례로 들어 설명한다. "나는 내 이웃에게 회개하라고 권할 수 있다. 그러나 만일 내 이웃을 대신하여 회개하려 한다면, 나는 나 자신에게 죄를 물을 수 있는 교만에 이르게 되며 내 이웃을 모욕하는 어떤 경계선을 넘어서는 결과를 낳을 것이다."[68] 여기서 아웃카는 오직 자기 자신만이 하나님 앞에서 할 수 있고 또 해야

66　위의 논문, 56.
67　위의 논문, 60-62.
68　위의 논문, 65-66.

할 종교적 과업들이 있다는 점을 밝히고 있는 것이다. 다시 말해, 질적으로 고유하고 특수한 존재로서 걸어가야 할 신앙적 순례의 여정이 있다는 점을 강조하고 있는 것이다.

요컨대, 아웃카에게 자기사랑은 정당한 도덕적 종교적 명령이다. 자기 자신도 동등배려의 대상이 되어야 한다고 보는 것이다. 반드시 순응해야 할 도덕적 요구이기도 하고 또 자연스럽게 혹은 즉각적으로 unreflectively 자기 자신을 배려하게 되는 것이 인간존재의 질서인 것이다. 자기사랑의 이러한 내재적 본능적 특징을 감안하면서도, 아웃카는 자기사랑이 이웃 사랑을 위한 규범적 모델이 될 수 있는 가능성도 배제하지 않는다. 특별히 자기사랑이라는 주제를 신중심적 보편적 사랑의 틀 안에 끌어 들여 고찰함으로써 자기사랑의 담론을 심화시킨 점을 긍정적으로 평가해야 할 것이다.

Ⅲ
비교와 평가 및 자기사랑의 규범적 방향성 모색

1. 비교와 비평적 평가

1) 자기사랑과 사랑의 정의定意

니그렌은 자신의 사랑론을 '위로부터' 전개한다. 다시 말해, 연역적 방법으로 기독교의 아가페를 설명하는 것이다. 사랑의 모범은 오직 하나님에게서 찾을 수 있다. 하나님의 사랑을 모범으로 하는 기독교 사랑의 이상理想은 이타성, 보편성, 일방향성 등의 규범적 특징을 포함한다. 이러한 이상에서 볼 때 자기사랑은 규범적으로 옳지 않다. 할렛은 기독교 사랑을 '선호'의 관점에서 이해한다. 여러 대상 중에서 특정 대상에게 선호를 갖고 사랑을 실천한다는 관념을 간직하고 있는 것이다. 앞에서 본 대로, 신약성경에서 여섯 가지 선호의 유형을 찾아 제시하고 있는데, 결국 자아와 타자 사이의 선호의 양상을 여섯 가지 형태로 분석한 것이라고 할 수 있다. 할렛은 기독교인이 사랑의 삶을 살고자 할 때 규범적으로 자아보다 타자를 선호해야 한다는 기조를 견지한다. 자아복종의 유형을 신약성경이 드러내는 사랑의 규범적 이상에 부합하는 것으로 해석하며, 할렛은 니그렌과 마찬가지로 '이타성'을 아가페의 본질로 이해하는 것이다. 다만 자아복종의 경우에서도 자기 배려를 원천적으로 부정하지 않는다는 점 그리고 자기 자신에 대한 최소한의 배려도 허용하지 않는 자아망각과 자아부인의 유형을 기독교 사랑의 이상으로 보는 것에 대해 신중한 태도를 유지하는 점 등을 고려할 때, 니그렌보다는 자기사랑을 좀 더 긍정적으로 보고 있다고 평가할 수 있을 것이다.

바첵의 사랑 이해는 목적론적이며 자연법적임을 보았다. 목적론적이라 함은 대상의 선善을 파악하고 그 선을 향해 이끌려간다는 점에서 그렇다. 타자 뿐 아니라 자기 자신 안에서 선을 발견한다면 자기 자신을 사랑하는 것은 마땅한 것이다. 가톨릭의 신학 전통 안에서, 바첵은 자기 본성 안에서 하나님의 은혜의 손길을 여지없이 포착하기에 자아는 사랑의 목적으로서의 선이 된다고 주장하고 있는 것이다. 자연법적이라 함은 인간은 유익한 것을 추구하고 해가 되는 것을 피하는 자연적 본능적 질서에 따라 행동한다는 점에서 그렇다. 자기사랑은 자연법적 질서이며, 그 질서는 곧 규범이 된다. 바첵의 자기사랑 이해는 그의 사랑에 대한 규범적 이해에 상응한다고 하겠다. 바첵은 니그렌과 정면으로 충돌한다. 바첵에게 자기사랑은 본능적으로 옳은 것인데 반해, 니그렌에게 자기사랑은 본능적으로 악하기 때문이다. 이러한 자기사랑 이해의 충돌은 그 근원에 있어서 사랑에 대한 기본적 이해의 차이에서 온다.

앞에서 살핀 대로, 아웃카에게 인간 아가페는 동등배려이다. 동등배려로서의 사랑의 두 가지 규범적 축은 일방향성과 보편성이다. 전자는 기독교 사랑의 이타성에 상응하는 것으로서 자기사랑의 정당화에 거스르는 작용을 할 수 있는 반면, 후자는 모든 인간이 사랑의 대상이 되어야 한다는 규범적 명령으로서 자기 자신을 사랑의 대상으로 포함시킬 수 있는 근거로 작용할 수 있다. 가톨릭 전통이 규범적으로 수용해 온 우정이나 자기사랑 등과 같은 사랑의 형태가 아닌 '일방향적 이타적 사랑'을 도덕적 이상으로 중시해 온 개신교 전통에 서 있으면서 자기사랑을 정당한 종교적 도덕적 명령으로 이해하며 그 도덕적 정당화의 논리와 이론을 발전시켜 온 점은 아웃카의 공헌으로 인정해야 할 것이다.

2) 하나님의 사랑과 자기사랑

니그렌에게 사랑은 하나님의 사랑이다. 하나님의 사랑만이 지고지순하며 완전하다. 하나님의 사랑이 아닌 다른 어떤 사랑의 형태도 참된 사랑일 수 없다. 그러기에 우정의 관계에서 이루어지는 사랑의 교환에 대해서 의구심을 내려놓지 않으며, 자기사랑은 획득적 탐욕에 휘둘리는 부정적 사랑의 형태라는 평가를 철회하지 않는다. 앞에서 본 대로, 하나님의 사랑은 대가와 반응을 바라지 않는 온전히 이타적인 사랑이기에, 인간을 통해 이루어지는 사랑도 하나님의 사랑의 모범을 따라 온전히 이타적인 사랑이어야 한다. 그 사랑은 하나님 외에 다른 근원에서는 나올 수 없는 것이다. '유일한' 참된 사랑인 하나님의 사랑으로만 그렇게 사랑할 수 있다는 것이 니그렌의 강한 신념이다. 그래서 만일 인간이 온전히 이타적인 사랑을 구현하기 위해서 할 수 있고 또 해야 할 일이 있다면, 그것은 하나님의 사랑이 흘러가게 하는 '관'tube이 되는 것이다. 니그렌은 규범에 대한 인식과 평가, 행위의 동기와 동력 등의 관점에서 사랑의 행위자로서 인간은 스스로의 입지를 찾으려 해서는 안 되며 또 찾을 수도 없다고 보는 것이다. 할렛은 신약 성경을 중심으로 하나님의 사랑을 인간 사랑의 규범적 모범으로 삼고자 한다는 점에서 니그렌의 유신론적 기조와 맥을 같이 하지만, 그의 주된 관심은 행위의 '기준' 모색에 있다. 하나님의 사랑을 규범적 모범으로 삼고 사랑하라는 조언을 삼가지 않겠지만, 니그렌처럼 구체적으로 사랑을 실천하는 과정에서 하나님의 사랑만이 동기와 실행의 동력으로 작용해야 한다는 식의 주장까지는 하지 않을 것이다. 이 점에서 할렛은 니그렌이 종종 받는 비판 곧 사랑의 행위자로서 인간의 도덕적 주체성을 완전히 부정할 위험이 있다는 비판을 비껴간다.

하나님이 인간을 포함하여 피조물을 사랑하고 그 사랑을 받은 인간은 그 사랑으로 타자를 사랑하고 일방향성을 뛰어넘어 궁극적으로 깊은 사귐에 이른다는 전체적 구도 설정에서 바첵은 참된 사랑의 근원이 하나님께 있다는 니그렌의 기본적 인식과 맥을 같이 한다는 평가를 내릴 수도 있을 것이다. 그러나 좀 더 세부적으로 분석해 보면 큰 차이를 발견한다. 니그렌은 하나님의 사랑으로서 아가페 외에 다른 모든 형태의 사랑을 부정不淨하게 보는 반면, 바첵은 자기사랑을 포함하여 모든 형태의 사랑을 긍정한다. 단순한 긍정이 아니라, 모든 형태의 사랑은 하나님의 사랑의 반영이요 표출이며 하나님의 사랑에 협력하는 것이라고까지 주장하고 있음을 보았다. 니그렌의 경우에서도 인간 행위자를 통해 하나님의 사랑이 드러날 수 있다. 그러나 그러한 하나님의 사랑의 반영 혹은 표출은 인간 행위자의 도덕적 가능성(사랑의 행위자의 동기부여와 목적의식 그리고 실행력 등의 관점에서)에 대한 철저한 부정否定을 전제한다. 이에 반해, 바첵은 인간 행위자에 내재된 본연의 혹은 본성적인 사랑의 가능성을 긍정한다. 본성 자체가 은혜인 것이다. 여기서 멈추지 않는다. 하나님의 사랑이 더 부어지고 또 하나님의 사랑과 협력하면서, 인간의 본성적 사랑은 고상한 수준으로 성숙하게 된다는 점을 바첵은 더불어 강조한다.

아웃카는 일종의 제3의 길을 취한다. 하나님의 보편적 사랑의 범위를 상응하여 동등배려로서의 인간 아가페는 자기 자신도 사랑의 대상으로 포함한다고 주장함으로써, 자기사랑을 하나님의 사랑의 반영으로 해석할 여지를 남겨둔다. 자기사랑이 하나님 사랑의 반영이라고 한다면, 아웃카는 사랑의 범위의 관점에서만 그렇다고 생각한다. 다시 말해, 아웃카는 사랑의 대상 범위라는 관점에서 하나님의 보편성을 그 기준으로 삼고 자기 자신도 사랑의 대상에 포함시키지만, 사랑의 동기나 정서적 역동 그리고 실천동력의 측면에서 하나님의 사랑이 없이는 참된 사랑이 있을 수 없다는 니그렌식式의 이해를 수용하지는 않는다. 하나님의 사랑 외에 우정이나 자기사랑과 같은 다른 형태의 사랑이 갖는 고유한 도덕적 특성과 가능성을 긍정적으로 본다는 측면에서 바첵과 맥을 같이 한다고 할 수 있지만, 아웃카는 그러한 사랑의 형태들이 '은혜' 자체이며 동시에 본능적 자연법적 질서에 속한다고 보는 입장에는 동의하지 않을 것이다. 한편으로 아웃카는 인간 행위자를 하나님의 사랑이 흐르는 단순한 통로로 보는 니그렌의 입장이 하나님과 인간이 동일시될 수 있는 위험과 인간 행위자의 도덕적 가능성을 철폐할 위험이 있다는 점에서 그것에 반대하며 조심스럽게 자기사랑의 도덕적 가치를 인정한다. 다른 한편으로 그는 자기사랑을 포함하여 모든 인간 사랑의 형태가 그 자체 안에 내재된 하나님 사랑의 표출이라는 본성적 자기사랑의 욕구 자체를 '은혜'로 해석하는 바첵의 입장에 전적으로 동의하지 않으면서 하나님의 사랑을 행위의 기준으로서 여전히 소중히 여기고자 한다.

3) 자아와 타자의 관계

자기사랑의 문제를 기독교윤리적으로 논구함에 있어서 또 한 가지 중요하게 검토해야 할 주제는 사랑의 삶에서 자아와 타자의 관계 설정에 관한 것이다. 단순화해서 정리해 본다면, 한편으로 타자를 향한 철저한 이타주의적 삶이 기독교 사랑의 규범적 요체라는 입장에 서면 자기 자신에 대한 사랑의 배려와 관심은 도덕적으로 수용할 수 없는 것이 될 것이며, 다른 한편으로 과도한 이타적 삶의 지향이 적절한 자기사랑의 장애 요소로 작용한다면 그러한 이타주의적 사랑을 부정적으로 평가하고 자기사랑은 정당한 도덕적 지위를 차지해야 한다고 강조하게 될 것이다. 이 두 입장을 양극으로 하여 그 사이에 자아와 타자의 관계의 여러 가지 형태를 상정할 수 있을 것이다. 니그렌은 규범적으로 또 실제적으로 극단적 타자지향성을 기독교 사랑의 본질로 이해하며 자기사랑을 도덕적으로 옳지 않은 것으로 볼 뿐 아니라 신학적으로는 죄악된 본성의 열매로 판단한다. 니그렌의 사랑 이해에서 타자가 항상 우선이며 중심인 데 반해, 자아는 배려의 대상으로서 정당한 지위를 얻을 수 없다. 할렛은 니그렌과 마찬가지로 이타성을 기독교 사랑의 중요한 규범적 축으로 여기지만, '선호'의 관점에서 자아와 타자의 관계의 여러 가지 가능성을 상정한다. 우리가 본 대로, 신약성경을 명제적으로 또 철학적으로 탐구하면서 다양한 자아·타자 관계를 유형화한다. 이러한 유형화를 통해 타자에게 집중되어 있던 시야를 자아를 향해 돌리게 한 점은 긍정적인 기여라고 평가할 수 있을 것인데, 이타주의적 초점을 유지하면서도 자기사랑을 긍정적으로 평가할 수 있는 도덕적 여지를 마련했다는 점에서 할렛은 니그렌과는 다른 형태의 이타주의를 제시하고 있다고 볼 수 있다. 그러나 할렛은 여전히 타자지향성을 기독교 사랑의 핵심으로 봄으로써, 니그렌이 받고 있는 주된 비판을 공유하고 있다. 다시 말해, 할렛은 자기사랑의 여지를 전면적으로 부정하지는 않지만, '자아복종'을 기독교 사랑의 이상理想의 자리에 위치시킴으로써 자기사랑을 이타적 사랑에 비해^{자아를 타자에 비해} 부차적 지위로 격하시키는 흐름을 강화하는 결과를 낳았다는 비판을 받기도 한다.[69]

바첵은 이러한 비판의 선봉에 설 수 있는 학자이다. 그에게 있

---

[69] Stephen Pope, "Love in Contemporary Christian Ethics," 172-73.

어 자기사랑은 이타적 사랑의 부속물이 아니다. 자기사랑은 이타성이라는 결정적 변수에 따라 사랑의 실행 여부와 강도가 좌우되는 그런 성격의 사랑이 아니라는 말이다. 자아는 타자만큼 소중하며, 자기사랑은 타자에 대한 배려와 독립적으로 고려되고 실행되어야 할 도덕적 책무인 것이다. 바첵은 도덕적 정당화 뿐 아니라 신학적 정당화도 빼놓지 않음을 보았다. 자기사랑은 하나님의 사랑의 반영이며 표출이기에, 타자에 대한 무조건적 배려와 더불어서 자연스럽게 이루어질 수밖에 없는 사랑의 역동이라는 것이다. 이 점에서 바첵은 개신교와 가톨릭을 포함하여 기독교 전체를 놓고 볼 때 타자 쪽으로 과도하게 기울어졌던 규범의 추를 자아 쪽으로 이동시키는 데 기여한 학자라고 평가할 수 있을 것이다.

아웃카는 한편으로 이타주의에 반응하여 적절한 자기 배려의 필요성을 강조하며 다른 한편으로 불편부당론에 응답하여 자아와 타자를 위한 불편부당한 대우에 대한 강조가 왜곡된 자기사랑의 정당화와 기계적 균형으로의 환원에 귀결될 수 있다는 점을 지적한다. 니그렌과 할렛을 향해 아웃카는 적절한 자기 배려를 배제한 이타성의 강조가 가져올 수 있는 부정적 영향들(부적절한 자기부정, 맹목적 사랑의 폐해, 착취적 사랑으로의 변질 등)에 대해 관심을 기울여야 할 것이라고 조언할 것이며, 바첵을 향해서는 자기사랑에 대한 적극적인 윤리적 신학적 정당화가 자칫 이기적 역동에 좌우되는 획득적 욕구 추구와 같은 왜곡된 자기사랑의 양상까지도 정당화할 수 있는 위험을 경계할 것을 환기할 것이다.

2. 자기사랑의 규범적 방향성 제안

필자는 니그렌과 할렛 같은 이타주의자처럼 기독교 사랑의 일방향적 타자지향성을 소중하게 여기지만, 그렇다고 언제나 또 반드시 자아보다 타자에 우선순위를 두는 것을 규범적 필수 사항으로 요구하지는 않는 아웃카의 입장에 기본적으로 동의를 표하고자 한다. 자아와 타자에 대한 기계적 균등이 가능하지도 또 바람직하지도 않으며, 그래서 자아와 타자의 관계에서 규범적으로 또 경험적으로 불가피한 불균형 asymmetry 이 존재할 수밖에 없다는 점을 수용해야 할 것이다. 이러한 입장이 바첵으로 대표되는 목적론적 자연법적 이해와 맥을 같이 할 수 있는 여지를 더 넓힐 수 있다고 평가할 수 있겠지만, 바첵과 달리 규범적 무게중심은 여전히 일방향적 이타성과 보편성에 있음을 지적해 두고자 한다. 이제 자기사랑에 대한 몇 가지 규범적 제안을 하고자 하는데, '자기사랑' 이해와 실천의 성숙에 조금이라도 기여할 수 있기를 바랄 뿐이다.

첫째, 기독교회와 신자들은 자기사랑의 문제를 도덕적으로 또 종교적으로 좀 더 긍정적으로 평가할 필요가 있다고 본다. 앞에서 밝힌 대로, 계속해서 보편성과 일방향적 이타성을 기독교 사랑의 규범적 요체로 견지하면서, 자기사랑도 기독교 사랑의 중요한 한 형태로 받아들일 넓은 마음을 갖추기를 바라는 것이다. 다시 말해, 기독교 사랑의 이상을 자기희생의 규범 곧 '자기 자신에 대한 최소한의 배려도 허용하지 않는 전적으로 타자지향적인 자기희생적 삶과 실천'에서 찾아온 기존의 이해를 신중하게 검토해 보자는 제안인 것이다. 어거스틴의 전통에서 원죄의 두 양상은 교만과 정욕이며 또 그 뿌리에는 소유지향적 자기애의 본능이 깊이 자리 잡고 있다고 보는 것을 근본적으로 부정할 수는 없겠으나, 이를 극단으로 밀어붙임으로써 적절한 자기 배려마저도 '죄악'의 범주 안에 묶어두려 하는 의식적 무의식적 시도는 건강하지 못한 태도라고 필자는 생각한다. 이런 맥락에서 좀 더 심각하게 검토해야 할 주제가 있다. 자기사랑은 '죄악된' 본성에 연관되어 있는 반면 자기 배려를 철저하게 배제한 자기희생은 숭고한 기독교 사랑의 실천이라고 강조하면서, 혹시라도 그 이상理想의 실천을 특정 부류의 사람들에게만 강제하고 있는 것은 아닌가. 교회 밖 영역에서 약자들이 감당해야 했던 자의적 타의적 자기희생의 문제를 논외로 하더라도, 교회 안에서 정의롭지 못한 자기희생의 강제가 없었는지 돌아보아야 할 것이다.

두 번째는 첫 번째 제안과 연결되는 것으로, 자아와 타자 사이의 건강한 관계 형성에 관한 것이다. 앞에서 본 대로, 아웃카는 과도한 타자 배려(적절한 자기사랑이 배제된 과도한 자기희생)의 위험성을 감지한다. 아웃카는 기독교 사랑은 백지수표blank check를 써 주는 것이 아니라고 주장하면서, 적절한 자기사랑이 과도한 타자 배려의 위험성을 막아주는 장치가 된다는 점을 강조한다. 만일 자기희생이라는 기준을 절대시하여 적절한 자기사랑의 가능성을 엄격하게 배제한다면 기독교 사랑은 맹목적 사랑, 자기학대적 사랑, 타인착취적 사랑 등의 왜곡된 형태로 귀결될 수 있다는 것이다. 무엇보다도 사랑은 다른 이들의 필요에 민감하게 반응하는 것이다. 그러나 그러한 타자지향적 일방향성과 자기희생적 헌신만을 강조하다 보면, 사랑이 오히려 그 대상에게 부정적 영향을 미칠 수 있다는 점을 간과해서는 안 될 것이다.

셋째, 하나님의 사랑과 자기사랑 사이의 관계성에 관한 것이다.

니그렌은 자기사랑의 도덕적 신학적 부당성을 강조함으로써 하나님의 사랑과 자기사랑을 극단적으로 대비하고 또 단절한다. 이에 반해, 바첵은 자기사랑을 하나님의 사랑의 반영과 표출로 봄으로써 둘 사이의 연속성을 두드러지게 설정할 수 있는 모형을 제시한다. 앞에서 본 대로, 아웃카는 니그렌과 바첵을 비판적으로 검토하면서 나름대로 균형적 시각을 제시하고자 한다. 하나님의 사랑과 자기사랑 사이의 극단적 대비와 단절을 강조하는 니그렌의 이해는 건강하지 못하다고 평가하는 한편, 자기사랑을 하나님의 사랑의 한 반영과 표현으로 보는 일종의 '아래로부터의 동일시'에 대해서도 신중한 입장을 취한다. 특별히 후자의 경우, 하나님의 사랑을 자기사랑으로 축소 또는 환원하여 인간 편에서 하나님의 사랑을 제한制限하는 오류를 범할 수 있다는 점을 경계하는데, 필자는 이러한 견해에 동의한다. 극단적 대비나 단절도 피해야 하지만, 완전히 경계선을 허물고 섞이는 것도 옳지 않다고 본다.

이런 맥락에서 '하나님을 사랑함'과 '자기 자신을 사랑함' 사이에 지켜야 할 구분 혹은 차이를 존중해야 한다. 하나님의 사랑의 대상인 자기 자신을 소중히 여기는 것은 마땅한 일이지만, 자기사랑을 '하나님을 사랑함'의 구체적 실천으로서 과도하게 의미부여하는 것에 대해서는 경계해야 한다. 하나님을 사랑함에 있어서 그 사랑은 예배의 형태로 나타날 수 있고 또 나타나야 하지만, 자기사랑이 자기숭배의 오류에 빠져서는 안 될 것이다. 여기서 어거스틴의 '자기사랑'론은 유익하다. 왜곡된 자기사랑은 하나님 밖에서 '나'를 사랑하는 것이다. 그 사랑은 교만과 정욕을 포함하는 '원죄'와 다른 이름이 아니며, 자기숭배에 이를 수 있는 위험을 원천적으로 간직하고 있다. 참된 자기사랑은 '하나님 안에서' 자기 자신을 사랑하는 것이다. 참되시며 또 모든 존재를 포괄하는 존재 자체로서의 하나님을 사랑할 때, 나는 '나라는 존재'를 온전히 사랑할 수 있다.[70] 여기서 어거스틴은 한편으로 하나님 과 자아의 구분을 견지하면서, 다른 한편으로 자기숭배에 빠지지 않고 자기 자신을 적절하게 사랑할 수 있는 길을 제시하고 있는 것이다. 하 나님을 참되게 사랑할 때, 나는 나 자신을 참되게 사랑할 수 있다는 조 언인 것이다.[71]

---

70 Augustine, *Confessions*, trans. Henry Chadwick (New York: Oxford University Press, 1991), XIII.9; Augustine, *The City of God*, trans. Markus Dods (New York: Random House, 2000), XV.22.

71 어거스틴의 자기사랑 이해에 대한 오도노반(Oliver O'Donovan)의 연구는 여기서 유용하다. 오도 노반에 따르면 어거스틴에게 자기사랑은 세 가지의 '평가적 의미'가 있다고 주장한다. "'자기사랑' 에 대한 어거스틴의 용법을 추적해 보면, 우리는 몇 가지 의미 구분이 있음을 발견하게 된다. 첫 째, 비우호적 의미(tone)인데, 모든 죄와 하나님께 대한 반역의 뿌리가 됨을 가리킨다. 둘째, 중립 적 의미인데, 인간의 자연적 본성 곧 동물적 또는 이성적 본성의 자연적 상태를 뜻한다. 셋째, 우호 적 의미인데, 사람이 하나님 안에서 참된 복지(행복)를 발견한 것을 뜻한다." Oliver O'Donovan, *Problem of Self-love in St. Augustine*, 137. 오도노반에 따르면, 어거스틴의 사상에서 참된 자기사 랑은 다름 아닌 하나님 사랑인데, "왜냐하면 자아가 그것의 일부라고 여기는 바로서의 전체에 대한 사랑이기에, 즉 자아가 인위적으로 만들어낸 개별적 존재에 국한된 사랑이 아니라 존재 자체(Be- ing itself)에 대한 사랑이기에 그렇다." 위의 책, 147. 하나님의 창조물로서 인간의 자아는 자연스 럽게(본능적으로) 하나님을 욕구하거나 사랑하도록 되어 있는데, 하나님은 자아의 기원이며 모든 존재의 근거이다. Augustine, *Confessions*, I.20. 그런데 "자아가 우주의 다른 부분으로부터 독립적 으로 존재하는 것이라고 불완전하게 이해될 때, 자아는 악이 된다." Oliver O'Donovan, *Problem of Self-love in St. Augustine*, 147. 다시 말해, 자아가 하나님과 다른 피조 세계를 등지고 자기 자신 안에서 완숙을 찾으려 할 때 타락하게(perverse) 된다.

제 5 장

정치적 사랑과
한국교회의 공적 참여

* 이 장은 다음 문헌을 수정·보완한 것이다. 이창호, "정치적 사랑에 대한 기독교 윤리적 모색," 『신앙과 학문』 44 (2010. 9), 195-227.

본 장에서 필자는 정치사회 영역에서 구현되어야 할 사랑의 규범적 내용과 실천적 양상을 규명하고자 한다. 정치적 사랑에 대한 기본적 이해로부터 시작하여 정치적 사랑이라는 규범적인 참고 틀을 좀 더 체계적으로 또 정교하게 정립·서술할 것이다. 아울러 서구 기독교와 한국교회의 정치적 사랑을 비교·평가함으로써 한국교회의 공적 참여의 이론적 실천적 성숙을 위한 토대를 더욱 건실하게 다지고자 한다. 다시 말해, 정치적 사랑에 대한 서구 신학적 견해들과 한국 기독교의 견해들이 서로 만나게 함을 통하여, 기독교 사랑의 정치적 적합성에 대한 좀 더 온전한 이해에 이를 수 있도록 하는 것이다. 이러한 목적을 이루기 위해 서구와 한국 기독교의 정치적 사랑을 추적하고자 하는데, 사랑이 정치적 폭력을 어떻게 바라보느냐에 초점을 맞출 것이다. 필자의 탐구에서 주된 작업은 각각의 정치적 사랑 이론을 정립해 가는 데 있어, 그에 대한 신학적 근거들을 제시하는 것이다. 서구 신학자들, 곧 어거스틴, 니버 Reinhold Niebuhr, 그리고 요더 John Howard Yoder 의 신학 사상과, 한국교회의 역사와 신학적 배경 등을 다루게 될 것이다. 필자가 다루고자 하는 교의적 주제들은 주권과 섭리론, 교회론, 종말론, 신학적 인간론 등이다. 이러한 신학적 탐구를 기초로 해서, 공적 정치적 영역에서의 기독교인의 사랑의 삶을 조명해 주는 윤리적 함의들을 도출해 내고자 한다.

I

정치적 사랑의 기본적 개념 이해

본 장의 주제는 공적 정치사회적 영역에서 이루어지는 기독교인의 사랑의 삶에 관한 것이며, 규범으로서의 사랑이 이 영역에서 기독교인의 도덕적 판단과 선택 그리고 행동을 어떻게 규율하는지에 대해 고찰할 것이다. 어거스틴의 사상은 필자의 탐구에 있어 근본적 질문들과 생각들을 형성해 가는 데 중요한 역할을 했다. 어거스틴은 기독교인의 삶의 모든 영역에서 사랑이 가장 중요한 규범으로 작용해야 한다고 생각한다. 이런 맥락에서 때론 행사할 수밖에 없는 강제력 또는 무력武力을 기독교 사랑이 참으로 비통한 심정으로 허용할 수 있다고 보았다. 사랑의 규범을 현실 세계에 실현해 감에 있어, 어거스틴은 인간과 인간 사회에 대한 현실적 분석 그리고 하나님 나라와 현재의 정치사회적 질서 사이의 종말론적 간격에 대한 인식 등을 중요하게 고려한다. 하나님의 창조와 섭리의 지평을 존중하는 구원사적 구도 안에서, '신의 도성'의 사람들과 '세속 도성'의 사람들 사이에는 역사적 실존에 필요한 정치적 조건들에 관한 어떤 공감대가 존재한다고 보았다. 어거스틴에 따르면, 기독교인들은 그러한 조건들을 보존하고 증진하기 위해 힘써야 한다. 이런 맥락에서 사회의 구성원들 사이에 다양한 의지의 지향들 혹은 사랑의 지향들이 존재한다 하더라도 그 지향들이 공공선common good의 관점에서 결합되어야 할 때는 그러한 결합을 이룰 수 있는 방향으로 힘써야 한다고 강조한다. 불가피한 전쟁 수행을 통해 이루어지는 평화의 상태가 바로 기독교인들이 신앙 공동체 밖의 사람들과 협력하면서(의지의 지향에서 결합을 추구하면서) 추구해야 할 하나의 보기일 것이다.

앞에서 살핀 대로, 아웃카는 이웃 사랑 혹은 아가페를 '동등배려' 또는 '자격 심사를 뛰어넘는 배려' unqualified regard 라고 정의한다. 아웃카의 정의는 모든 사람을 차별 없이, 동등하게, 도무지 축소할 수 없는 (어느 것에도 환치될 수 없는) 가치의 존재로 받아들이며 사랑한다는 뜻을 함축한다. 여기서 기독교 사랑은 그 대상 이해에서 보편성을 가진다. 또한 사랑하되, 어떤 대가나 반응을 기다리거나 요구하지 않는다. 혹 적대적 반응이 돌아온다 하더라도 지속적으로, 대상을 사랑한다. 여기에서 우리는 사랑의 일방향성을 찾을 수 있다. 다만 사랑의 이상적 결실^{목적}은 사람들 사이에서 이루어지는 연합과 공동체 형성이다.

아가페는 현실 세계 속에서 다양한 형태의 '특수 관계들'을 만나게 된다. 우정, 가족, 신앙 공동체, 사회 정치적 관계와 같은 특수 관계들에서 우리는 선호, 특수한 감정적 역동, 고유한 관계 질서 따위의 특징들을 발견하게 된다. 그런데 이러한 특징들은 아가페의 규범적 특징들인 '보편성'과 '일방향성'과는 긴장을 형성한다. 앞에서 본 대로, 아웃카는 아가페는 특수 관계들의 유일한 기원이나 영감이 아니라고 말하면서 아가페는 특수 관계들을 규율하고 안내하는 규범적 '후견인' 혹은 '감시자' guardian 역할을 한다고 주장한다.[1] 각각의 특수 관계들은 그 관계들 속에서 정당화될 수 있는 행동이 무엇인지를 판단하는

---

1 Gene Outka, *Agape: An Ethical Analysis* (New Haven and London: Yale University Press, 1972), 274.

데 근거가 되는 실체적 고려 사항들substantive considerations을 제공한다.[2] 특수 관계들에서 사랑은 여러 사람들 사이에 존재하는 차이를 부정하지 않는다. 예컨대, 인간이기에 아내를 사랑하는 것이 아니라, 특별한 사람이기에 사랑하는 것이다. 나를 끄는 특별한 매력, 다른 사람들에게는 없는 독특한 매력이 있기에 사랑하는 것이며 또 둘만이 공유하는 경험, 관심 등이 있기 때문이기도 하다. 공적 정치사회적 영역에서도 마찬가지다. 기독교인의 사랑은 이 영역에 고유한 '실체적 고려 사항들'을 신중하게 고려해야 한다. 예를 들어, 도덕적 판단을 할 때, 동족으로서의 민족적 정서적 유대 형성과 같은 특징을 소홀히 여길 수 없다는 말이다.

　　본 장에서 필자의 주된 관심사는 보편적 아가페와 정치적 공적 영역 사이에서 이루어지는 상호작용이다. 공적 정치사회적 영역에서 기독교인의 사랑의 삶을 정치적 사랑이라 칭할 때, '정치적'이라는 개념은 규범적으로 세 가지를 의미한다. 첫째, 기독교인들이 사랑을 실천하며 살아가는 영역이다. 전통적으로 세속 정부는 영적 정부혹은 교회 공동체 밖 영역을 뜻한다. 또한 이는 공적 정치적 공간으로도 일컬어지며, 이 공간은 국가의 정당한 공권력 사용이 용인되는 정치 영역 뿐 아니라 시민들의 자발적 참여가 이루어지는 공적 혹은 시민적 영역 모두를 포함한다. 특히 세속 정부는 사회적 안정을 저해하는 불법적 행위나 악행을 제어하기 위해 강제력을 사용할 수 있겠지만, 개인으로서 시민의 내적 혹은 영적 삶을 제어할 수 있다고 생각해서는 안 된다.

2   Gene Outka, "Comment on 'Love in Contemporary Christian Ethics'," *Journal of Religious Ethics* 26 (1998), 436.

둘째, 기독교인들이 이 영역에서 사랑으로 살면, 공동체 삶의 사회적 정치적 조건들에 영향을 미친다. 예를 들어, 불의한 폭력의 위협 앞에서 스스로를 보호할 수 없는 무고한 시민들을 위해 군사력을 사용하는 것은 그들을 위한 이타적 사랑의 행위이며 또 공적 질서와 평화를 유지·증진하는 데 이바지할 수 있다. 다시 말해, 세속 정부가 주도하는 전쟁에 참여하거나 혹은 지지함으로써, 공적 정치적 측면에서 기독교인들은 사랑의 삶을 사는 것이다. 무고한 이웃에 대한 사랑의 동기가 있으며 안전과 평화를 확보하여 이웃의 복지에 기여한다는 의미에서 사랑의 삶을 사는 것이다.

세 번째는 두 번째의 것과 연관되는 것인데, 사랑의 우선순위에 관한 것이다. 아웃카가 지적하는 대로, 특정한 민족 국가의 일원이 됨으로 형성된 특수한 유대 관계는 "필연적으로 by necessity 우리의 종교적인 그리고 도덕적인 정체성을 형성한다."[3] 기독교의 정치적 사랑이 같은 민족이라는 조건이 묶어 주는 사람들만 배타적으로 사랑하라고 하지는 않지만, 그럼에도 특수한 역사적 현실들을 고려할 때 우선순위를 설정하는 것을 받아들이게 하는 어떤 규범적 여지를 갖게 한다. 예를 들어, 한국인들이 일본의 식민 지배를 받고 있을 때 한국 기독교인들은 동족에 대한 우선적 사랑을 분명하게 드러냈는데, 때론 국권을 빼앗은 일본 식민 통치에 저항함을 통해서 그렇게 했다.

기독교인들은 국가가 강제력을 행사하는 모든 통치 행위들을 정당성에 대한 고려 없이 무조건적으로 지지하지 않는다. 세속 정부가 수행하는 전쟁은 정당전쟁 just war 의 기준들에 부합되어야 정당화될 수

---

[3]   위의 논문.

있다. 강제력을 정당하게 사용한다 해도, 기독교인들은 참으로 비통한 심정으로 받아들여야 한다. 기독교인들이 국가의 강제력 사용을 무비판적으로 수용할 때, 저항함이 마땅한 국가의 폭력 사용에 대해 규범적으로 판단할 수 있는 여지를 상실하게 될 것이다. 이 점에서, 교회는 국가가 폭력화할 때 대안적 기능을 수행할 수 있도록 역량을 갖추어야 할 것이다.

한국교회의 역사에서 두 가지 종류의 정치적 사랑이 교회와 국가의 관계를 두드러지게 설명해 준다. 전형적 보기를 우리는 1960년대와 70년대 박정희 정부시기에서 찾을 수 있다. 첫 번째 유형의 정치적 사랑은 복음주의 기독교인들에게서 발견된다. 이들은 나라를 사랑하는 본질적인 방법을 복음화에서 찾았다. 특히 개인 영혼의 구원에 초점을 맞춘다. 복음화의 궁극적 이상은 한국을 기독교 국가로 바꾸는 것이다. 또한 복음주의 교회들은 교회와 국가 관계에 대한 보수적 이해를 가진다. 교회가 국가의 일에 개입하는 것은 하나님의 뜻이 아니라고 생각하기도 한다. 이러한 분리적 입장을 고수하면서도, 한국의 복음주의 교회들은 국가의 반공 정책을 지지하는 경향이 있다. 위기 상황에서 마지막 수단으로서 북한에 대한 무력 사용을 용인한다.

두 번째 유형의 정치적 사랑은 진보적 기독교인들의 정치사회적 실천에서 찾아 볼 수 있다. 박정희 정권의 경제 성장 일변도 정책 실행과 권위주의적 통치를 공고히 하고자 하는 시도들은 부정적인 결과들을 낳았다. 예를 들어, 한국 민주주의의 퇴보나 사회적 약자들의 주변화 등의 결과를 생각해 볼 수 있다. 진보적 기독교인들은 한국 민주주의를 강화하고 약자들을 사회 불의와 억압에서 구하기 위해 사회적으로 참여한다. 이들 신자들과 교회들은 국가의 억압과 폭력에 저항하는 대안적 주체로서 역할을 감당한 것이다.

한국교회의 사회 정치적 참여의 문제를 어떻게 기독교 사랑의 윤리의 관점에서 이해할 것인가? 보수적 교회들은 북한에 대한 국가의 무력 사용을 정당화하면서, 세속 영역에서의 자신들의 사랑을 표현한다. 진보적 교회들이 국가의 폭력과 불의에 대응할 수 있는 역량을 갖추어야 한다고 생각한다면, 이러한 대응은 약자에 대한 우선적 사랑이라는 관점에서 그리스도의 몸으로서의 교회의 실천에 부합된다고 할 수 있을 것이다.

그러나 여기서 주목해야 할 것은 반공 정책을 지지하는 것이 약자들의 주변화marginalization로 이어진 것은 아니라는 점이다. 진보적 기독교인들의 정치 참여는 주로 박정희 정부의 집권 연장 시도와 권위주의적 통치에 반대하는 것이었지, 반공 정책에 대한 것은 아니었다.[4] 그러므로 복음주의 기독교인들과 진보적 기독교인들은 서로 배제하지 않으면서 다른 관심사들을 추구했다고 말할 수 있을 것이다. 한편으로, 복음주의 신자들은 그들의 선교 사역에서 가난하고 소외된 이들을 돌보는 것을 소홀히 하지 않는다. 다른 한편으로, 진보적 신자들은 북한의 위협으로부터 동료 시민들을 보호하고자 하는 국가의 노력을 폄하하지 않는다. 외부적으로 북한의 위협에 대한 고려 그리고 내부적으로 남한 정부의 불의와 억압에 대한 고려는 서로 구별되는 것이지만, 그렇다고 양립할 수 없는 성격의 것들은 아니다. 기독교인들은 공

---

4 강인철은 박정희 정부시기에 진보적 개신교 그룹들도 반공주의 영향 아래 있었다고 주장한다. "1970년대 이후부터 국가와의 대결을 주도했던 개신교 인사들을 중심으로 반공이데올로기 자체에 대한 비판적 태도가 완만하게 강화된 것이 사실이나, 이는 대체로 '수사'(修辭)의 영역에 갇혀 있었으며, '실제에 있어서' 반공이데올로기의 '신성(神聖)함' 자체는 여전히 불가침의 영역으로 남아 있었다." 강인철, 『한국의 개신교와 반공주의』(서울: 도서출판 중심, 2007), 84.

산주의 체제와 이념에 대해 반대하면서, 동시에 약자를 위한 정의로운 투쟁을 지지할 수 있다. 예컨대, 니버 Reinhold Niebuhr 는 이 두 가지를 모두 실행한 사람이다. 한국의 상황에 대한 진지한 고려와 함께 형성된 두 가지 근본적인 질문들이 있다. 기독교 사랑은 정당한 정치적 폭력[5]을 어떻게 보는가(예를 들어, 북한의 무력적 위협에 대한 남한 정부의 폭력 사용의 문제)? 기독교인들은 정당화될 수 없는 정치적 폭력의 사용에 대해 사랑 안에서 어떻게 응답해야 하는가(정치권력이 극단적으로 폭력적이 되고 또 억압적이 되는 경우)?

II

기독교인의 공적 참여를 위한 정치적 사랑의 규범적인 참고 틀 모색

여기에서 필자는 '정치적 사랑'의 규범적 틀을 제시하고자 하며, 이를 위해 어거스틴과 니버의 정치적 사랑으로부터 요더의 정치적 사랑을 비판적으로 성찰하고자 한다. 특별히 기독교 사랑이 폭력 혹은 강제력의 사용을 수용하는 문제에 대해 관심을 두고자 한다. 서구 신

---

5 '폭력'의 개념 이해에 있어 필자는 잭슨(Timothy P. Jackson)의 그것을 따른다. 폭력은 "심리적 혹은 신체적 상해를 입히기 위해 의도적으로 사용된 강압적 힘(force)이다. 특별히 정치적 폭력은 사회적 그룹들이나 대리인들이 개인들이나 다른 그룹들을 대상으로 사용한 그러한 힘인데, 공적 질서, 권력, 정당화, 해방 등을 목적으로 한다." Timothy P. Jackson, *The Priority of Love: Christian Charity and Social Justice* (Princeton: Princeton University Press, 2003), 94.

llllllllllll 사랑에 관한 신학적 윤리적 탐구 사랑의 윤리

학에서 찾아 본 정치적 사랑의 틀을 참고로 하여 한국교회의 그것을 탐구할 것이며(1960년대와 70년대를 중심으로), 본 장의 가장 중요한 목적인데 둘 사이에 만남과 대화의 자리를 마련하여 무언가 서로 배울 수 있는 바들을 찾고자 한다.

1. 창조의 지평을 존중하는 섭리론과 정치적 사랑

요더의 사회윤리[6]는 기독론을 중심으로 구성된다. 다시 말해, 자연법 혹은 세속 철학과 윤리에 근거를 두지 않고 넓게는 신구약 성경(특히 신약 성경에 해석학적 초점이 있다), 좁게는 예수 그리스도에 근거한다. 요더는 기독교 사회윤리를 자연법에 근거하려는 시도는 결국 예수 그리스도를 제외시키는 결과를 낳을 것이라 주장한다. 기독교 사회윤리가 관심해야 하는 바는 "진리를 소종파 운동으로 제한하는 것이 아니라, 자연 계시를 뒷받침하는 상식적 인식론을 비판적으로 검토하는 것"이라고 역설한다.[7] 요더에게 전쟁이라는 주제는 기독교인들이 그리스도 예수를 세상의 빛으로 진정성 있게 인정하느냐 아니냐를 가늠하는 척도이다.[8] 요더는 정당전쟁을 포함하여, 어떤 형태의 전쟁에도 비판적이다. 왜냐하면 기독교윤리의 본질적 원칙을 부정하기 때문이다. 평화주의자들이 믿는 대로, 모든 기독교인들이 마땅히 행해야

---

6 요더의 신학과 윤리에 대해서는 본 저작의 다른 곳(특히 2장)에서도 다루었지만, 여기서는 정치적 사랑을 논점으로 전개하였음을 밝힌다.

7 John Howard Yoder, *The Priestly Kingdom: Social Ethics as Gospel* (Notre Dame: University of Notre Dame, 1984), 43.

8 John Howard Yoder, *The Original Revolution: Essays on Christian Pacifism* (Scottdale: Herald Press, 1971), 134-35.

하는 도덕적 명령은 예수 그리스도의 삶과 말씀 가운데 드러난 비폭력 무저항의 사랑이다.

이러한 그리스도 중심주의 Christo-centrism 는 요더의 교회 이해에서도 드러난다. 요더는 교회를 이 땅 위에서 하나님 나라가 표현되는 어떤 가시적 존재로 이해한다. 그리스도의 통치는 종말론적 완성의 때까지 유보되는 것이 아니라, 현재라는 시간 속에서도 실현되어야 한다. 그런데 그 실현은 세속 영역에서가 아니라 '교회 안에서'이다. 요더의 그리스도 중심주의는 강한 교회론적 내적 지향과 결합하면서, 하나님이 창조하신 세계와 인류에 대해 갖는 포괄적인 사랑의 의도와 역사들을 중시하는 창조신학의 지평에 대한 관심은 부족해 보인다. 그가 인정하는 대로 기독교인들은 지구상에서 소수이지만, 동시에 비非기독교 그리고 후기後期 기독교 신앙의 세계 속에 삶의 자리를 마련하고 살아간다. 요더에게 교회의 사명은 세상을 경영하는 것 manage 이 아니다.[9] 그러나 교회가 세상을 경영하는 것이 적절하지 못하다는 입장을 고수한다고 해서, 교회 밖 정치적 사회적 체제들을 포함하여 온 세상과 인류를 향하신 하나님의 섭리를 소홀히 여겨서는 안 될 것이다.

어거스틴에 따르면, 신의 도성과 세속 도성은 모두 평화를 추구한다. 세속 도성은 이 땅의 삶에 필요한 기본적 조건으로서의 평화를 얻기를 원하고, 신의 도성은 하나님 나라를 향한 지상의 순례에 필요하기에 평화에 이르기를 소망한다. 그러나 이 평화는 완전한 평화로서의 천상의 평화와는 다른 것이다. 추구하는 선善으로서 평화에 대한

---

9 John Howard Yoder, *The Politics of Jesus: Vicit Agnus Noster*, 2nd ed. (Grand Rapids: Eerdmans, 1994), 240.

두 도성의 차이를 감안하면서, 어거스틴은 그럼에도 둘 사이에 공동의 기반 혹은 공감대 common ground를 마련한다.[10] 두 도성 모두가 추구하는 공동의 가치가 있다는 점을 인정하는 것이다. 어거스틴은 신의 도성 사람들에게 세속 도성의 법에 충실하라고 권고하는데, 법에 복종하는 것이 지상의 순례에 도움이 되며 또 이 땅을 사는 모든 사람들의 생존에 필요한 조건들을 마련하는 데 이바지할 수 있는 한에서 그렇다. 어거스틴은 정치적 체제들 안에서 하나님의 섭리를 본다. 하나님은 그러한 체제들로 하여금 인간 사회에서 벌어지는 범법과 악행을 제어하게 하심으로써, 인간의 공동체적 실존에 필요한 기본 요소로서 평화와 질서를 확보하게 하신다. 어거스틴의 정당전쟁에 대한 수용 또한 하나님의 섭리적 사랑을 내포하는데, 왜냐하면 정당전쟁은 평화와 질서의 회복과 유지를 목적으로 삼기 때문이다. 하나님의 창조의 지평을 존중하는 어거스틴의 섭리적 사랑에 관한 견해는 요더의 그리스도 중심주의를 확장하는 데 도움이 되리라고 생각한다. 세속 영역에서 인간과 인간 공동체를 향한 하나님의 사랑을 반영하는 것으로서 기독교인의 정치적 사랑은 교회 밖에 있는 사람들도 그 사랑의 품 안에 두고자 한다. 이 점에서 교회는 신정神政 체제를 열망해서도 안 될 것이고 그렇다고 도피주의 혹은 정적주의靜寂主義에 빠져서도 안 될 것이다. 이 둘을 경계하지 않는다면 기독교는 고유한 도덕적 영역을 확보하는 데 실패하고 말 것이다.

니버는 하나님의 섭리에 대한 이해에서 정치사회적 공동체들은 그리스도의 구속의 역사 안에서 새롭게 되어야 한다는 점을 주장한다.

---

10   Augustine, *The City of God*, trans. Markus Dods (New York: Random House, 2000), XIX. 17.

그리스도의 구속의 역사는 개인에게 죄사함과 구원의 은총을 줄 뿐 아니라 국가와 같은 정치 공동체에도 새로운 변화를 일으킨다는 말이다. 그러한 갱신은 상호 공존과 정의의 공동체를 지향한다.[11] 어거스틴과 함께, 니버는 사랑이 정치사회 영역에서 정의의 수준을 높이는 변화의 역할을 할 수 있다는 여지를 남겨 둔다. 사랑의 변혁의 가능성을 정치 현실에 적용한다. "시민들이 자국의 이익을 뛰어 넘는 어떤 가치에 헌신하여 국가 공동체의 변화를 있게 하는 식으로" 세계 질서 속에서 공공선을 증진하는 데 이바지할 수 있을 것인데, 곧 자국의 이익만을 추구하는 것이 아니라 공생적인 시각에서 공동의 이익을 추구하게 함을 통해서 말이다.[12] 요컨대, 하나님의 섭리의 사랑은 신자들만을 위한 것이 아니라 신앙 공동체 밖에 있는 이들에게도 확장된다. 온 인류와 피조 세계를 포괄하는 창조의 지평을 존중하면서, 기독교의 정치적 사랑은 신자들로 하여금 평화와 공동체적 안전 그리고 생활의 물적 토대 등과 같은 인간 생존을 위한 외적 조건들을 확보하고 증진하는 데 이바지하도록 도전한다.

2. 종말론과 정치적 사랑

요더에게 교회는 예수로 시작된 새 시대aeon의 나타남이다. 다시 말해, 교회는 예수 그리스도 안에서 하나님이 이루시는 종말론적 구원 역사의 사회적 현시social manifestation라고 하겠다.[13] 교회는 본질적으

---

11 Reinhold Niebuhr, *Christian Realism and Political Problems* (New York: C. Scribner's, 1953), 114-15.
12 위의 책, 136-37.

|||||||||| 사랑에 관한 신학적 윤리적 탐구 사랑의 윤리

로 종말론적 존재인데, 세상 안에 있지만 세상에 속해 있지 않다. 하나님 나라 사상의 실천적 본질은 '그리스도를 따름' 곧 하나님의 뜻에 순종함에 있다. 성화된 신자들의 공동체 안에서 하나님 나라는 이 땅 위에 실현되고 있다. 그러므로 요더에게 하나님 나라는 유토피아가 아니라, 교회가 이 땅 위에서 도달하길 열망하는 '역사의 핵'core 이다. 요더와 그의 추종자들에게 교회와 신학의 실천적 목적은 단순히 종말의 때를 기다리는 것이 아니라, 예수 그리스도의 죽음과 부활에서 예기적으로 실현된 하나님 나라 곧 새 하늘과 새 땅을 불러일으키는 것이다. 예수의 산상수훈에 나타난 윤리적 가르침에 비추어 본다면, 하나님 나라 기준으로서 비폭력 무저항의 사랑은 교회 안에서 실현되어야 하고 실현될 수 있다고 믿는 것이다.

천상의 평화는 오직 믿음과 소망과 사랑으로 이루어질 수 있다는 신념을 어거스틴은 견지한다. 다시 말해, 천상의 평화는 이 세상에서 이룰 수 없는 것이다. 교회 안에서 그렇고 교회 밖에서도 그렇다. 이 점에서 어거스틴은 요더보다 낙관적이지 않다. 그러나 신의 도성이든 세속 도성이든 이 땅의 평화가 필요하다. 비록 상대적이고 불완전한 것이지만 말이다. 어거스틴이 정당화하는 전쟁은 천상의 평화를 목적으로 하지 않는다. 여전히 죄의 영향력 아래 사는 사람들에게 필요한 지상의 평화를 위해 싸우는 것이다. 다시 말해, 이 땅에 사는 모든 사람들의 생존에 필수적 조건을 마련하기 위해 정당전쟁을 수용하는 것이다. 어거스틴은 이 땅에서 사람들이 이루는 역사적 성취와 하나님 나라의 완성 사이의 거리 혹은 불연속성을 강조한다. 평화의 관점에서

---

13   John Howard Yoder, *The Christian Witness to the State* (Newton: Faith and Life Press, 1964), 9.

말한다면, 지상의 평화가 기독교인들의 순례에 이바지하는 바가 있다는 점을 인정하지만 동시에 종말론적 완성의 때에 누리게 될 평화와 이 땅에서 역사적으로 성취할 평화 사이에 차이가 있음을 인정하는 것이다. 그리하여 어거스틴은 아가페혹은 천상의 아가페의 실현을 지향하면서 정의를 실현하기 위해 허용되는 강제력 또는 폭력 사용의 가능성을 열어 둔다.

니버는 기독교 종말론을 '이미'와 '아직 아니'의 긴장의 틀에서 논하는데, 이러한 변증법적 종말론은 하나님 나라의 궁극적 완성과 인간 능력에 근거한 역사적 성취 사이에 설정해 두어야 할 건강한 거리 혹은 긴장을 내포한다. 이러한 어거스틴 전통의 관점에서 종말론적 긴장을 견지함을 통해서, 우리는 이 땅에서 하나님 나라의 규범을 추구하는 노력들이 부분적이고 불완전할 수밖에 없다는 점 그리고 요더가 주장한 대로 교회가 하나님 나라의 사회적 드러남이라 해도 그러한 교회가 도무지 하나님 나라와 동일시될 수는 없다는 점을 항상 인정하게 된다. 하나님 나라의 완성은 오직 하나님께 달려 있다는 어거스틴 전통의 신념을 견지하면서, 이 전통은 그럼에도 하나님 나라 기준 혹은 예수의 비폭력 무저항의 사랑의 기준을 기독교인의 도덕적 삶의 궁극적인 기준으로 소중히 간직하고자 한다. 하나님 나라의 완성과 인간의 역사적 성취 사이의 종말론적 간격을 인정할 때, 기독교인의 정치적 사랑의 삶은 정당전쟁과 같은 강제력의 사용을 수용할 도덕적 여지를 마련하게 된다. 또한 이러한 생각의 뿌리에는 사랑 안에서 이루어질 하나님 나라의 완전한 평화는 하나님께 의존할 수밖에 없다는 믿음이 있음을 지적해 두고자 한다.

3. 기독교인의 사회 참여와 정치적 사랑

요더에게 교회의 사명은 복음적 목적들을 실현함을 통해서 교회 신앙의 우선성 primacy을 증거 하는 것이다.[14] 요더의 복음화 개념은 개인 영혼 구원에만 머물지는 않는다. 그렇다고 전면적 사회 개혁을 추구하는 것도 아니다. 오히려 복음적 사명을 감당함을 통해 교회가 내적으로 공동체를 세우고 교회 밖 사회의 실재들이 따를 수 있는 모범이 되고자 한다. 영혼 구원은 교회 안에서 기독교인의 삶의 원칙들을 실현하면서 이루고자 하는 공동체의 건설과 연결되어 있다고 하겠다. 요더는 교회를 정치적 대안 공동체 counter-politics 로 이해한다. 비폭력의 방법으로 사회의 문제를 조금씩 바꾸어 가기 위한 운동에 기독교인들이 참여할 수 있지만, 그러한 참여는 교회 사명의 중심 혹은 우선순위가 되어서는 안 된다고 강조한다. 요더에게 "교회의 강단은 연설단이 아니며 설교가는 대중 선동가가 아니다."[15] 요컨대, 정치적 대안 공동체로서의 교회 이해는 저항의 교회론을 말하지 않는다. 교회가 무저항의 사랑으로 살 때 사회적 영향 social leverage을 끼칠 수 있다고 보는데, 고유한 정신과 문화를 구현하여 보여줌을 통해서이다.[16]

어거스틴은 영적 정부와 세속 정부 혹은 교회와 국가의 절대적 분리를 주장하지는 않는다. 어거스틴은 교회가 국가에 대응하는 권력 구조가 되어야 한다는 그리고 권력 구조의 대체가 될 수 있다는 주장

---

14 위의 책, 17.
15 John Howard Yoder, *For the Nation: Essays Evangelical and Public* (Grand Rapids: Eerdmans, 1997), 115.
16 John Howard Yoder, *The Original Revolution*, 107-24.

에 분명히 반대한다. 그러나 기독교인들이 이웃 사랑이라는 소명에 충실하여 세속 정부의 공적 임무들에 참여할 수 있고 또 협력할 수도 있다고 강조한다. 기독교인들이 정치사회 영역에서 사랑으로 살면 긍정적인 공적 영향을 미치게 될 것이다. 사랑의 사람들로 그 영역 속에서 살아가면 공공선을 증진하고 정의의 수준을 높이는 데 이바지하게 될 것이라고 역설한다. 이 점에서 어거스틴의 정치적 사랑은 요더의 그것과 양립할 수 있다. 그러나 이 둘 사이에는 중요한 차이가 있다. 교회가 고유한 정신과 문화를 구현함으로 사회를 향한 어떤 모델이 되어 영향을 줄 수 있다는 관점에서 볼 때, 요더의 정치적 사랑은 '공동체 내적 지향'을 강하게 내포하며 대안 공동체 건설에 초점을 둔다. 다시 말해, 교회론적 지향이 강하다고 평가할 수 있는데, 왜냐하면 교회는 사회가 궁극적으로 지향해야 할 이상을 구현하는 것을 중대한 사명으로 삼기 때문이다. 어거스틴의 경우, 교회내적 삶과 세상 속에서의 삶, 이 둘 가운데서 한쪽에만 무게 중심을 두지는 않는다. 단지 사회윤리적 관점에서 개인 신자들이 하나님 나라 기준을 따라 세상 속에서 존재하고 또 실천함으로 사회적 영향을 미치는 구도에 우선순위를 두고 있는 듯하다. 어거스틴은 명시적으로 기독교인의 저항을 지지하지는 않는다. 그러나 세속 영역에서도 기독교인들이 사랑으로 살아야 하며 또 국가 권력의 우상 숭배적 시도를 경계하는 등의 사회적 가르침을 고려할 때, 어거스틴에게서 어떤 저항적 사랑 윤리의 가능성을 찾을 수 있다고 본다.

　　니버에게 정치와 경제 영역은 예수의 사랑의 윤리가 이 영역에서 발생하는 문제들에 직접적으로 반응할 수 있는 성격의 공간이 아닌데, 이는 뭔가 실제적인 해결책을 제시하는 식으로는 반응할 수 없다는 점을 내포한다. 오히려 정의의 원칙이 우선 작용해야 할 공간이다. 인간 공동체의 삶에서 꿈틀거리는 죄된 이기주의의 힘을 생각할 때, 인간 사회를 지탱하기 위해 필요한 평화와 질서는 권력의 균점과 같이 이기주의의 힘을 적절히 해소할 수 있는 정의로운 방법을 동원함으로써 또 공적으로 정당성이 부여된 강제력 사용을 통해 과도한 이기적 욕망의 실현을 통제함으로써 얻을 수 있다. 니버에 따르면, 정치권력에 대해 우상 숭배적으로 지지하는 것은 '정치 영역에서 혼란의 근원'이다.[17] 앞에서 언급한 대로, 니버는 보편적으로 악이라 인정되는 개인들이나 집단에 대해 저항할 수 있는 규범적 여지를 만들어 놓는다. 나치즘Nazism이 그 구체적 보기이다.[18] 여기에서 니버는 요더와 분명히 다르다. 요더에게 기독교인들이 국가에 저항하는 것은 옳지 않기 때문이다. 우리의 사랑하는 이웃이 불의한 권력의 억압과 극단의 폭력으로 고통 받고 있다면 이웃 사랑의 계명은 기독교인들로 하여금 그 권력에 저항하도록 도전하지 않는가? 이 질문에 대한 요더의 대답은 부정적이다. 예수의 사랑의 윤리를 따라, 평화주의를 견지하는 것이 해답이기에 그렇다. 필자는 요더와 마찬가지로 예수의 사랑의 윤리는 역사 속에서 기독교인들이 따라야 하는 궁극적 기준이라 생각하지만, 기독교인들은 도덕적 사고에서 아웃카의 주장에 귀 기울여야 한다고 생각한다. 여기에 다시 옮겨본다. "특수 관계들은 고유한 실체적 고려 사항들을 내포하는데, 우리는 그러한 고려 사항들을 기초로 하여 우리 행동을 정당화한다."[19] 공적 정치사회적 영역에서 만나는 관계들

---

17 Reinhold Niebuhr, *An Interpretation of Christian Ethics* (New York: Meridian, 1956), 148.

18 Reinhold Niebuhr, *Christianity and Power Politics* (Hamden: Archon Books, 1969), 35.

19 Gene Outka, "Comment on 'Love in Contemporary Christian Ethics'," 436.

229
제5장 정치적 사랑과 한국교회의 공적 참여

의 실체적 고려 사항들을 중요하게 여김으로써 기독교인들은 사랑의 기준을 신중하게 실현하려고 힘쓰게 된다. 특별히 정당전쟁의 가능성이나 폭력적이고 또 억압적인 권력의 존재와 같은 절박한 상황들을 주목하면서 말이다.

4. 신학적 인간론과 정치적 사랑

요더에 따르면, 제자 공동체로서 교회는 역사의 궁극적 의미를 구현하도록 부름 받았고 또 하나님 나라를 불러 일으켜야 한다.[20] 다시 말해, 이 세상에서 교회의 사명은 그리스도의 사랑의 삶과 가르침의 결정체로서 '십자가'를 구현하는 것이다. 교회 안에서 신자들은 자발적으로 십자가를 지는데, 이는 교회 밖 사람들의 사명은 아니다. 요더의 윤리에서, '해야 함' ought은 '할 수 있음' can을 내포한다고 하겠다. 이 세상에서 소수인 참된 기독교인들은 그리스도의 도덕적 명령을 구현해야 하며 또 할 수 있다. 교회가 교회와 세상이 궁극적으로 부름 받은 바의 이상을 구현하는 의무를 수행해야 한다면 이 의무로 부르심 안에서 그것을 이룰 수 있는 능력도 갖게 됨을 뜻한다. 여기서 우리는 사랑의 완성의 관점에서 도덕적 가능성에 관한 낙관주의를 발견한다.

니버의 현대 평화주의에 대한 비판에서 잘 드러나는 대로, 평화주의의 인간론은 인간과 인간 사회 안에 존재하는 죄악된 경향들에 대한 인식에 있어 부족함이 있다. 현대 평화주의는 이 땅에서 하나님 나라의 이상을 실현할 수 있는 도덕적인 능력을 생래적으로 부여받았

---

20   John Howard Yoder, *The Original Revolution*, 61.

다는 신념을 가지고 있다. 인간 공동체는 완전한 평화를 이루며 살아갈 수 있다고 믿는다. 그러나 니버가 옳게 지적한 대로, 인간의 도덕적 능력에 대한 지나친 낙관론과 인간의 죄성과 유한성에 대한 인식의 결여는 전쟁과 같은 비극적 현실들에 적절하게 반응하지 못하게 하는 이유가 될 수 있다. 적절히 반응하지 못함으로써 갈등이 없는 상황이라면 어떤 것이든 긍정하게 되는 위험에 빠질 수 있으며, 심지어 독재자 아래서 갈등 없이 사는 것이 전쟁보다 낫다는 생각까지 하게 만든다.[21]

어거스틴은 "인류처럼 본능상 사회적인 종족도 없고 또 부패하여서는 인류처럼 반사회적 종족도 없다."고 선언한다.[22] 인간의 '비뚤어지고 부패한 마음'[23]은 극단적으로 소유 지향적 시도들의 상수常數적 내재적 원인이 되고 있으며, 그러한 시도들로는 다른 이들의 재산을 탈취하고 전쟁이라는 극단의 방법으로 다른 나라의 영토를 빼앗으려고 하는 등의 폭력 행위를 생각할 수 있다. 타락 이후에 인간관계를 특징지을 수 있는 모습들 가운데 하나는 반목과 투쟁이 끊이지 않는다는 것이다. 개인들 사이에서 또 집단들 사이에 끊임없이 일어난다. 인간과 인간 사회의 비극적 현실에 대한 예민한 인식에 근거하여, 어거스틴은 정당전쟁과 같은 정당한 폭력 사용을 수용하고 있는 것이다. 다시 말해, 전쟁은 세속 영역에서 평화를 이루어 감에 있어 도구적 가치가 있다고 본 것이다. 파괴적 충돌로 치닫는 것을 막기 위해 또는 전쟁으로 발생한 반목과 무질서로부터 평화와 질서를 회복하기 위해서

---

21 Reinhold Niebuhr, *Christianity and Power Politics*, 41-42.

22 Augustine, *The City of God*, XII. 27.

23 Augustine, "Letter 138, to Marcellinus," in *Augustine: Political Writings*, trans. Michael Tkacz and Douglas Kries (Indianapolis: Hackett, 1994), 209.

그렇다는 것이다.

III

서구 기독교와 한국교회의 정치적 사랑 비교·평가

여기서 필자는 먼저 한국교회의 정치적 사랑을 탐구할 것이다. 그리고 서구 전통과 비교하면서, 건설적 제안을 하게 될 것이다. 한국 교회의 정치적 사랑을 탐구할 때, 필자는 정치권력과 교회의 관계 그리고 교회의 정치 영역에서의 폭력 사용에 대한 견해, 이 두 가지 문제에 집중하여 살피고자 한다. 신학적으로 또 역사적으로 분석할 것인데 박정희 대통령 정부시기를 주로 다룰 것이다. 한국교회의 정치적 사랑을 살핀 후에, 서구 신학과 한국교회의 정치적 사랑을 비교하고 이 비교 과정을 거치면서 결론적으로 기독교 정치적 사랑의 규범적 진술을 도출하고자 한다.

1. 한국교회의 정치적 사랑 1960년대와 70년대를 중심으로

1) 보수적 교회들의 사회윤리와 그 신학적 역사적 배경

박정희 정부시대 두 갈래의 주된 흐름이 교회와 국가의 관계를 설명해 준다. 첫 번째 흐름은 복음주의적 기독교인들 사이에서 찾을 수 있는 바인데, 신학적으로 또 정치적으로 보수적인 경향을 띤다.

신학적 보수주의는 복음주의에 대한 이들의 헌신의 관점에서 설명해야 할 것이다. 이 흐름이 강조하는 신학적 신념들로는 인간의 죄성, 하나님 인식에 있어 계시의 필요성, 하나님과 피조 세계 사이의 존재론적 차이, 법정적 의미에서 그리스도의 의의 전가imputation, 개인의 영혼 구원, 재림을 하나님 나라 완성으로 보는 종말론적 인식 등이 있다. 이러한 신학적 신념들에 뿌리를 둘 때 기독교인의 정치적 사랑의 삶은 윤리적 관점에서, 하나님 나라 기준의 실현에 있어 인간의 도덕적 능력에 대한 한계 인정, 성과 속 혹은 교회와 국가 사이의 분리 강조, 교회 공동체 안에서 영적 삶을 추구하는 것을 우선시하는 교회론 등을 중시하게 될 것이라고 추론할 수 있다.

이러한 사회윤리적 지향을 견지하면서, 복음주의 교회들은 나라 혹은 민족을 사랑하는 가장 중요한 방법은 복음화라고 생각했다. 많은 복음주의 지도자들은 한국을 '제2의 이스라엘'이나 '하나님의 선택된 백성'이라고 불렀다.[24] 이들의 꿈은 모든 한국인이 복음으로 구원받고 기독교인이 되는 것이다. 다시 말해, 한국을 기독교 국가로 만드는 것이다. 1960년대 초에 대한예수교장로회 총회는 전국의 모든 면面에 교회를 세우는 계획을 수립하는 등, 한국의 복음화를 강력히 추진해 간다. 한철하는 60년대와 70년대 복음화 운동의 중요한 기획들을 기술한다.

---

24   Chul-Ha Han, "Involvement of the Korean Church in the Evangelization of Asia," in *Korean Church Growth Explosion*, eds. Bong-Rin Ro and Marlin L. Nelson (Seoul: Word of Life, 1983), 62.

1965년에 한경직 목사와 김헬렌 박사는 '3백만을 그리스도에게로'라는 표어 아래 복음화 운동을 전개했고, 1973년 빌리 그래함 초청 집회는 여의도에 100만 신자를 모이게 하는 당시에 가장 큰 집회였다. 전국을 복음화하고자 하는 뜻이 가장 잘 드러난 사례는 엑스플로 74에서 제시된 신념과 목표이었는데, 이는 한국 CCC 총재인 김준곤 목사가 주도한 것이었다. 이 운동의 주제는 '성령의 계절이 이 나라 위에'였다.[25]

많은 복음화 운동의 지도자들은 한국교회의 성장세를 계속 유지해 가면 멀지 않은 미래에 인구의 절반이 기독교인이 될 것이라고 믿었다. 그들에게 이것은 "기독교인들이 기독교적 원리를 따라 이 나라를 이끌게 되는 것"을 의미했다.[26]

교회와 국가 관계 인식에 있어, 보수 교회들은 로마서 13장 1절과 같은 성경 본문에 근거해서 모든 권력에 복종해야 한다고 생각했다. 때로는 이러한 본문을 문자적으로 해석하여 정치권력의 정당성 혹은 합법성에 대한 고려를 뛰어 넘어 복종해야 한다고 믿기도 했다.

이 시기 교회와 국가 관계를 정부의 반공 정책과 연관해서 생각해 보자. 박정희 정권은 긴급조치들이 요구하는 시민적 권리의 제한을 수용하도록 국민들을 설득했는데, 이 조치들은 북한의 군사적 위협에 효과적으로 대응하는 데 필수적이라는 논리였다. 예컨대, 긴급조치 9호는 다음과 같이 규정한다: "집회, 데모 또는 정치에 간섭하기 위해 학생들이 하는 행위들을 금지한다. 학교 당국이 지도, 감독하는 학문

---

25 위의 논문, 63.
26 위의 논문, 64.

|||||||||||| 사랑에 관한 신학적 윤리적 탐구 사랑의 윤리

적 활동들, 총장이나 교장이 허락하는 활동들이나 다른 일상적이고 비정치적 활동들만이 예외다."[27] 정부의 긴급조치에 대한 보수 교회 지도자들의 입장은 수용해야 한다는 쪽이었다. 일단의 교회 지도자들의 입장 표명이 이를 잘 드러낸다. "정부와 정치 지도자를 비판하는 것은 금지되어 있다. 왜냐하면 그러한 일이 공산주의자들에 의해 세상에 알려지면, 북한에게 남한의 우리가 두 팔 벌려 그들을 맞이할 것이라는 인상을 줄 수 있기 때문이다."[28] 여기서 다시금 보수적 교회들이 교회와 정치의 분리를 강조했다는 점을 주목해야 할 것이다. 박정신이 지적한 대로, "교회는 오직 영혼 구원에만 매진해야 한다고 주장하면서, 개신교 지도자들은 정부의 활동은 물론이고 모든 정치적 현실들로부터 관심을 돌리려고 힘썼다."[29] 요컨대, 보수적 교회들은 정치적 행위에 적극적으로 참여하는 것을 경계하면서도 공산주의 신념과 운동에 열심히 반대하는 모습을 보인다. 정당전쟁의 관점에서, 북한의 군사적 침략에 대응하는 전쟁의 수행은 정당화되어야 하는데, 왜냐하면 전쟁 수행 목적이 나라와 백성의 생명과 안전 그리고 공공선을 지키는 것이기 때문이다. 특별히 군사적 위협 앞에서 생명의 위기를 겪거나 또 그럴 수 있는 이웃에 대한 사랑의 동기가 자리 잡고 있다고 할 수 있다.[30]

한국 보수적 기독교회의 지도자이며 한국 대학생선교회[CCC] 총재였던 김준곤 목사는 한국교회의 공산주의 이념과 운동에 대한 반대를 이끌었다. 공산주의에 대한 그의 입장은 한국 보수교회의 전형이라

---

27 Wi Jo Kang, *Christ and Caesar in Modern Korea: A History of Christianity and Politics* (New York: State University of New York Press, 1997), 97.

28 위의 책.

29 Chung-shin Park, *Protestantism and Politics in Korea* (Seattle: University of Washington Press, 2003), 183.

고 하겠다. 공산주의를 영적인 관점에서 악의 세력으로 보았다. 그러므로 그리스도의 거룩한 영토인 한국에서 축출해야 할 대상이 되는 것이다. 국가 조찬 기도회에서 행한 김준곤 설교의 한 대목이 이를 분명하게 증거 한다. "공산주의, 유물론, 무신론적인 그리고 허무주의적 이념들을 몰아냅시다. 이러한 악한 영들을 쓸어 내야 합니다. 동시에 부끄러운 역사도 몰아냅시다."[31] 이런 맥락에서 기독교와 공산주의의 관계는 적대적일 수밖에 없다. 또 다른 설교에서 "기독교의 정신은 공산주의의 이념과 공존할 수 없[으며] 이 둘은 정반대의 자리에 서 있습니다."[32]라고 역설한다. 그러므로 교회의 사명은 영적으로 공산주의를 반대하는 것이라고 강조한다. 맑스주의를 잘못된 절대주의라고 주장하면서, 김준곤은 한국 기독교인들에게 유일한 절대자이신 예수 그리스도에게 전적으로 복종할 것을 강력하게 권면한다. 이 점을 밝히 드러내는 그의 설교의 한 부분을 들어보자. "맑스와 레닌의 철학은 인간을 파괴하지만, 유일한 절대적 진리이신 예수 그리스도에 대한 믿음은 사람을 살립니다. 그러므로 우리에게 필요한 것은 작지만 온전히 헌신하는 기독교인의 모임입니다. 이 모임은 우리 사회 속에서 누룩이 되어 가장 필요한 영적, 도덕적 혁명을 위해 쓰여질 것입니다."[33]

---

30   한경직 목사 설교의 한 부분을 들어보자: "이 순국 영령들은 말합니다. 다시는 이 형제간에 피흘림이 없게 하라. 다시 말하면 우리 五천만이 다 염원하는 통일은 반드시 평화적으로 이루어져야 한다고 이 순국 영령들이 말하는 줄 생각합니다. 다시는 이 땅을 우리 형제들이 싸워서 피로 물들이면 아니됩니다. 어떠하든지 이 악한 공산당들에게 재침의 기회를 주지 말고 국가 안보와 사회 안정과 계속적인 경제 발전과 번영으로 통일의 때를 기다리며 꾸준히 노력해야 할 것입니다." 한경직, "순국 영령들의 무언의 말씀," 『한경직 목사 설교 전집』 12(서울: 대한예수교장로회 총회교육부, 1977), 348. 우리는 여기서 전쟁 방지 혹은 정당전쟁의 근거에 대한 한경직 목사의 생각을 찾을 수 있다. 무고한 시민의 희생 방지, 사회 공동체의 안전과 복지의 보존과 발전 등을 생각할 수 있다.

31   주서택, 『하나님을 주로 삼는 민족』(서울: 순 출판사, 1998), 26-27.

32   위의 책, 48.

33   위의 책, 81-82.

2) 진보적 기독교인들의 사회적 정치적 참여와 그 신학적 배경

박정희 정권 아래서, 기독교회가 가장 거세게 저항했던 때는 유신 헌법을 제정하여 집권을 연장하려 했던 때이다. 김재준, 박형규와 같은 진보적 교회 지도자들은 헌법 개정 시도를 저항하기 위한 전국적 위원회를 조직한다. 저항의 방법은 기본적으로 비폭력이었는데, 기도회와 침묵시위 등에 참여하도록 사람들을 움직였던 것이다.

진보적 기독교인들의 참여는 집권 연장을 반대하는 것에만 머물지 않았다. 한국 민주주의의 앞날을 심히 염려하고 또 정부의 경제 정책 수립과 집행의 측면에서도 저항하였다. 수출 중심의 산업화 정책의 수행 과정에서, 수많은 농촌의 젊은이들이 도시의 공장 지역으로 내몰렸다. 1957년에서 1960년 사이에 700만 명의 농촌 사람들이 도시로 이주했다는 통계가 있다. 문제는 노동 환경의 열악함이었다.[34] 구가 지적한 대로, "높은 비율의 실업과 불완전 고용의 현실 때문에 노동자들은 교섭 능력을 거의 갖지 못했다. 특히 소규모 산업체들의 노동 조건과 임금 사정은 참으로 열악했지만, 근로자들은 개인 차원에서 대응할 수밖에 없었다."[35] 요컨대, 많은 노동자들이 낮은 임금, 비인간적 노동 환경, 폭압적 노사 관계 등으로 신음하였던 것이다.

정부의 탄압에도 불구하고, 노동자들은 성숙한 형태의 노동 운동의 결실을 향해 힘을 쏟기 시작하는데, 그 구체적 목표로는 회사의 이익을 대변하는 노조에 대응하는 독립적 노조를 건설하는 것 등을

---

[34] Hagen Koo, "The State, *Minjung*, and the Working Class in South Korea," in *State and Society in Contemporary Korea* (Ithaca: Cornell University Press, 1993), 137.

[35] 위의 논문, 137-38.

들 수 있다.³⁶ 이러한 노동 운동의 과정에서 노동자들은 도움의 손길을 기독교 단체들에서 찾게 된다. 1970년대 초 몇몇 교회 단체들이 노동 운동에 열심히 참여했다. 가톨릭 청년 단체들과 도시산업선교회가 대표적인 보기이다. 이들은 정부가 좀 더 인도적이고 정의로운 정책을 수립·집행하도록 자극하고 또 좀 더 나은 노동 환경을 만들어 가는 데 초점을 맞추어 활동했던 것이다. 특히 낮은 임금과 비인간적 노동 조건 등을 개선하는 데 역량을 집중하였다.³⁷ 도시산업선교회의 경우, 특히 노동자들이 노조를 결성할 수 있도록 지원하였으며, 1970년대에 새로 만들어진 노조의 약 20%가 이 선교회의 도움을 받아 된 것이라고 한다.³⁸

진보적 기독교인들이 주도한 도시 선교는 그 시작부터 가난한 노동자들을 척박한 삶의 상황에서 해방시키는 데 선교의 우선순위를 두었다. 진보적 기독교 지도자들은 그리스도의 몸으로서 교회의 주된 사명은 사회적 약자들을 사랑으로 섬기는 것이라고 생각하였다. 진보적 기독교인들의 사랑은 무저항의 사랑은 아니지만, 비폭력의 사랑이었다고 말할 수 있을 것이다. 억압받는 이들을 돕고 보다 정의로운 사회를 건설하는 것을 목표로 하는 정치 참여에 힘씀으로써, 사랑을 구현했다고 할 것이다. 그들은 국가 권력의 억압과 폭력에 반대한다. 그리하여 국가가 극단적으로 억압적이고 폭력적이 될 때, 교회는 그에 저항할 수 있는 적절한 힘을 가져야 한다는 생각을 견지했으리라고 필자는 생각한다. 진보적 기독교 지도자들은 저항의 네트워크를 만드

---

36 위의 논문, 140.

37 Wi Jo Kang, *Christ and Caesar in Modern Korea*, 101.

38 Hagen Koo, "The State, *Minjung*, and the Working Class in South Korea," 140-41.

는 데 긍정적인 역할을 하였다. 이 지도자들은 "주도적으로 정부에 저항하는 단체를 만들었고, 다른 민주화 운동 단체들과 연합하여, 운동에 참여하였"던 것이다.[39] 사람들의 힘을 모아 독재 정권의 불의와 억압에 저항함으로써, 진보적 교회들은 국가에 대한 자신들의 사랑을 구체화했다고 할 수 있다.

　　진보 기독교인들의 정치 참여를 신학적으로 살핀다면, 그 신학적 배경으로 우리는 민중신학을 생각할 수 있다. 진보 기독교인들의 실천이 민중신학의 중요한 근거가 되기도 하고 또 민중신학이 정치 참여의 이론적 토대와 동기 부여의 근거가 되었다고 말할 수 있다. 몇 가지 중요한 신학적 주제들을 살펴보자. 안병무는 '예수사건'이라는 개념을 제시한다. 이 개념을 통해, 예수사건 속에서 민중은 자신들의 고통을 함께 짊어지는 예수와 그 정체성에서 동일시한다. "하나님의 뜻은 완전히 그리고 무조건적으로 민중의 편이 되는 것이다. 이러한 견해는 전통적인 윤리, 문화 그리고 법질서의 틀 안에서는 이해할 수 없다. 하나님의 뜻은 예수사건에 계시되었는데, 하나님은 민중과 예수가 함께 살게 하심으로, 민중을 사랑하신다."[40] 예수사건은 해방의 사건이다. 민중이 권력자들에 의해 야기된 억압과 소외에서 해방을 경험하는 자리에서, 예수사건을 만나게 된다. 민중신학은 해방을 향한 민중의 역사적 투쟁을 예수사건의 구체적 현실로 본다. 여기서 우리는 민중신학의 기독론이 예수를 민중의 구현personification으로 이해하고 있

39　Yun-Shik Chang, "The Progressive Christian Church and Democracy in South Korea," *Journal of Church and State* 40 (1998), 443-44.

40　Byung Mu Ahn, "Jesus and the Minjung in the Gospel of Mark," in *Minjung Theology: People as the Subjects of History*, ed. Yong Bock Kim (Singapore: The Commission on Theological Concern/The Christian Conference of Asia, 1981), 150-51.

음을 또한 볼 수 있다.

　김용복은 한국 기독교의 정치 참여를 '메시야적 정치' messianic politics 라고 일컫는다. 메시야적 정치란 민중이 스스로 예수의 해방의 사역에 참여하는, 하나의 정치적 과정이다. 예수의 메시야적 정치는 민중이 자신들의 역사적 주체성을 실현하도록 돕는다. 역사는 민중이 자신들의 정체성을 실현하는 과정으로, 민중은 역사의 자유로운 주체로 선다.[41] 여기서 민중신학의 종말론을 생각한다. 민중신학에서 하나님 나라는 계속 희망으로만 남는 어떤 타계적 시간과 공간이 아니다. 오히려 역사 속에서 추구해야 하고 또 실현할 수 있는 역사적 실재이다. 민중신학자들은 하나님 나라의 실현과 역사의 주체로서의 민중 사이에 밀접한 관계를 강조하고자 한다.

2. 한국교회의 정치적 사랑과 서구 신학의 정치적 사랑 사이의 만남

1) 개괄적 만남 진술

　1960년대와 70년대 한국의 보수적 교회들은 교회와 국가의 관계에 대해 기본적으로 분리적 입장을 취했다. 이론적으로 교회가 정치문제 혹은 국가 권력과 관련된 문제에 참여하는 것은 하나님이 바라시는 바가 아니라는 입장을 견지한 것이다. 국가와 동포에 대한 사랑과 관심은 주로 '영적인' 일들에 집중되었다. 인구의 절반 이상이 기독

41　Yong Bock Kim, "Messiah and Minjung: Discerning Messianic Politics Over Against Political Messianism," in *Minjung Theology: People as the Subjects of History*, ed. Yong Bock Kim (Singapore: The Commission on Theological Concern/The Christian Conference of Asia, 1981), 191-92.

|||||||||| 사랑에 관한 신학적 윤리적 탐구　사랑의 윤리

교인이 된다면 한국이 성경에 드러난 기독교의 원칙들 위에 세워지는 기독교 국가가 될 수 있다는 주장이 나오기도 했다. 보수적 교회들이 기독교 원칙들의 실천을 강조한 점을 생각할 때, 이들의 교회론이 요더의 그것과 닮은 점이 있다고 할 것이다. 특히 요더가 사회와 역사 속에서 복음적 목적들을 실현함으로 복음 신앙의 우선성을 증거 하는 것이 교회의 사명이라고 강조한 점을 생각할 때 그렇다. 그러나 요더의 복음화는 영혼 구원에 국한되지 않는다. 교회의 내적 삶을 건실하게 세워 감으로써 사회적 모델로서 영향을 미칠 수 있다고 주장한 점을 주목해야 할 것이다. 둘 사이에 유사점이 있지만, 복음화의 이해에 있어 한국의 보수적 교회들은 영혼 구원에 초점을 맞추고 있었음을 지적해 두어야 하겠다.

정당전쟁의 관점에서 북한 공산주의에 대항한 전쟁은 정당화될 수 있을 것이다. 왜냐하면 생명과 안전 그리고 평화와 질서를 지키고 또 회복하는 길이 되기 때문이다. 이 점에서 요더의 평화주의는 한국의 보수적 교회들의 전쟁과 평화의 윤리와는 양립할 수 없다고 하겠다. 특히 한국 민주주의와 교회를 공산주의의 위협으로부터 지키기 위해 국가가 폭력을 사용해야 한다면 교회가 그러한 폭력 사용을 수용할 수 있다는 입장을 취한 것은 분명히 요더가 국가의 강제력 사용을 경찰 기능에 제한한 것[42]에 비하면 많이 앞서 나가는 것이다. 그러므로 보수적 교회들은 한편으로 복음주의적 신앙과 사역들을 강조하는 기독론 중심의 신앙을 견지하면서, 다른 한편으로 북한의 위협에 대해서는 정당한 무력 사용을 허용하는 윤리적 입장을 취하고 있다고 하겠

---

[42]   John Howard Yoder, *The Politics of Jesus*, 204.

다. 이 시기 보수 교회의 정치적 사랑은 어거스틴의 그것과 유사하다고 하겠는데, 어거스틴의 정치적 사랑, 특히 그의 정당전쟁론에서 내포하는 정치적 사랑이 신앙 공동체 안과 밖의 복지와 안전 그리고 평화를 신중하게 고려한다는 점에서 그렇다. 또한 이 교회들의 정치적 사랑은 불의한 군사적 위협 앞에 선 무고한 이웃들에 대한 사랑이 그 동기가 되고 있다고 할 수 있다.

요더의 평화주의의 관점에서 볼 때, 진보적 기독교인들의 사랑은 무저항의 사랑이라기보다는 비폭력의 사랑이라고 말할 수 있겠다. 요더는 기독교인의 정치 참여를 비폭력적 방법을 견지하는 한 전적으로 배제하지는 않지만, 그러한 참여가 교회 사명의 중심이 되어서는 안 된다고 강조한다. 이와 달리, 한국의 진보적 기독교인들은 억압받는 이들을 해방시키고 정의로운 사회를 건설하기 위한 정치 참여에 우선순위를 두는 경향이 있다. 진보적 교회들은 국가 권력의 억압과 폭력에 대응하는 대안 공동체의 기능을 감당했다고 할 수 있다. 진보적 교회 지도자들은 국가 권력에 저항하는 그룹들을 한 데로 묶는 데 힘을 쏟는다. 사람들과 함께 또 사람들의 힘을 모아, 진보적 교회들은 국가 권력의 불의와 부당한 억압에 신음하는 이들과 함께 저항함을 통해 민족과 국가에 대한 사랑 곧 그들의 정치적 사랑을 표현한다. 민중신학과 같은 신학적 흐름과 대화하면서 또 영향을 주고받으면서, 이 교회들은 교회와 국가의 관계를 재정립하려 한다. 하나님의 주권적 의지는 하나님이 창조하신 모든 세계를 포괄한다고 믿는다. 이 점에서 진보적 기독교인들은 교회가 개인 영혼의 구원에도 관심을 갖지만, 동시에 인간 사회에서 정의와 평화를 이루는 일에도 관심을 가져야 한다고 믿는다. 진보적 교회들은 국가 권력이 기본적인 역할을 소홀히 하고 폭력화할 때 그것에 저항했던 것이다. 니버의 사회적 이상은 예수의 사랑의 법을 궁극적 규범으로 삼으면서 상호의존과 정의의 세상을 지향한다. 사회적 정치적 관점에서 하나님의 섭리적 역사들은 신자들 뿐 아니라 교회 밖에 있는 이들도 포괄한다.[43] 니버의 정치적 사랑은 한국의 진보적 교회들의 사랑에서 찾아 볼 수 있겠는데, 기독교인의 참여를 통해 사회와 정치 체제들 안에서 정의의 수준이 높아지는 가능성을 허용한다는 의미에서 그렇다. 그러나 진보적 교회들이 개혁을 위해 힘썼지만, 그렇다고 그들의 헌신이 혁명적 변화 곧 특정 계급의 해방을 위해 다른 계급을 배제하는 식의 변화를 추구하지는 않았다는 점을 지적해 두어야 하겠다. 그들이 꿈꾸는 상호의존과 정의의 세상에서 특정 계급을 배제하려 하지 않는다는 말이다.

2) 만남에 근거한 규범적 진술

첫째, 하나님의 주권과 정치적 사랑이다. 정치적 사랑은 유일한 숭배의 대상인 하나님의 주권에 대한 기독교의 신념을 진지하게 받아들인다. 어거스틴은 이 신념을 투철하게 견지한다. 마니교는 인간의 도덕적 종교적 삶을 구성하는 세계관을 설정한다. 마니교의 세계는 끊임없이 갈등하고 투쟁하는 두 개의 세계 원리 혹은 세력 곧 선과 악으로 구성된다. 어거스틴이 마니교의 이원론에서 가장 문제시하였던 것은 악의 원리가 현재의 인간사를 지배하고 있으며 또 선의 원리가 악

---

43 Langdon Gilkey, *On Niebuhr: A Theological Study* (Chicago: The University of Chicago Press, 2001), 207.

의 원리를 극복할 수 없다는 것이었다. 이러한 이원론은 하나님만이 전능하시며 또 절대적인 주권자이시라는 어거스틴의 확고한 신념에 배치된다. 다시 말해, 하나님과 견줄 수 있거나 혹은 능가할 수 있는 어떤 악의 실체 혹은 세력의 존재는 하나님의 전능과 주권에 대한 신앙을 심각하게 침해하는 것이다. 마니교의 이원론과 투쟁하면서, 어거스틴은 전체 창조 세계에 대한 하나님의 주권 신앙을 더욱 굳게 다진다.

한국 보수 교회들의 공산주의에 대한 반대는 신학적으로 볼 때 하나님의 주권에 대한 신앙에 깊이 뿌리를 내리고 있다고 하겠다. 특히 북한이 그들의 지도자를 유일한 권력자로 또 궁극적인 지위에 올려놓고자 하는 시도에서 보수 교회들은 우상 숭배를 보는 것이고 또 하나님만이 역사와 세계의 주권자라는 신념에 심각하게 반ᴿ한다고 보는 것이다. 정치권력에게 '지나친 충성과 존경'을 보내는 것을 경계하면서, 니버는 일반적으로^{보편적으로} 악이라고 인식되는 정권에 대한 저항을 허용한다. 신학적으로 말해, 나치즘을 악이라고 볼 수 있다. 왜냐하면 역사에 대한 하나님의 주권을 부인하면서 모든 것을 통제하려 하고 또 동료 인간을 극단의 폭력으로 짓밟음으로써 하나님의 모든 인간을 품고자 하는 사랑을 거스르기 때문이다.

니버의 공산주의 비판도 여기서 주목할 만하다. 니버는 공산주의가 "절대적인 그리고 보편적인 입장에 이를 수 있다."고 스스로 믿고 있다고 보았다.[44] 니버에 따르면, 공산주의는 "프롤레타리아의 삶이 절대적 실재와 어떤 신비적 일치를 이루고 있다."고 믿는다.[45] 공산주의의 인간론은 철저한 낙관론을 견지한다고 하겠는데, "사람들이 평등한 권리를 얻기 위해 투쟁하는 바 전환기를 거쳐" 도달할 수 있다는 이상적 세계를 상정하고 있기 때문이다.[46] 공산주의는 한편으로

'절대적이고 보편적인 입장'에 이를 수 있다는 면에서 인간의 능력을 확신하며, 다른 한편으로 인간이 '절대적 실재와 일치'에 이르는 데 있어 하나님의 주권과 섭리를 배제한다.

요컨대, 하나님에 대한 신앙과 하나님 주권에 대한 헌신은 기독교인들로 하여금 자신을 절대적 지위에 올려놓고자 하는 정치권력에 저항하게 하는 이유와 동력을 제공한다. 그러한 우상 숭배적 시도에서 정치권력은 모든 것을 통제하려 하고 또 극단적으로 폭력적인 정권으로 되는 경향이 있다. 하나님만 받으실 수 있는 지위를 인간의 권력이 주장하기 때문에 기독교의 정치적 사랑은 이에 저항한다. 기독교인들은 그들의 정치적 사랑의 삶에서 이러한 우상 숭배적 시도와 주장을 상대화하고 또 비신성화하고자 준비를 갖추고 있어야 할 것이다.

둘째, 종말론적 긴장과 정치적 사랑이다. 정치적 사랑은 기독교인들이 하나님 나라 기준을 궁극적 규범으로 삼고 살아가지만, 하나님 나라의 완성과 인간의 역사적 성취를 동일시하지 않는다는 점에서 종말론적 긴장을 지키고자 한다. 한편으로 정치사회 공동체들의 역사적 성취를 하나님 나라로 동일시할 때 자칫 하나님 나라 기준의 순수성과 본질을 훼손할 수 있다. 다른 한편으로 하나님 나라 이상과 역사적 성취 사이에 철저한 단절을 주장하는 것은 인류와 온 세계에 대한 하나님의 섭리적 사랑을 부정할 위험이 있다. 어거스틴이 지적한 대로, 이렇듯 종말론적 긴장을 유지하는 것은 인간의 역사적 성취들을 비신성화하고 또 상대화하는 데 이바지할 것이지만 그렇다고 인간의 실존

44 Reinhold Niebuhr, *Christianity and Power Politics*, 209.
45 위의 책.
46 위의 책, 145-46.

을 위해 그러한 성취들이 전혀 의미가 없다는 신념과 양립하는 것은 결코 아니다. 완전하고 절대적인 하나님의 평화는 이 땅에서 성취될 수 있는 것이 아니다. 인간이 이 땅에서 누리는 평화는 불완전하고 상대적이다. 이 둘 사이의 긴장을 유지하는 것은 기독교인으로 하여금 정당전쟁의 필요성을 받아들이게 한다. 다만 이러한 전쟁은 하나님 나라의 영원한 평화를 위한 것이 아니라 이 역사 속에서 인간의 생존에 필요한 평화를 위한 것이다.

민중신학과 같은 신학적 흐름에 직간접적으로 영향을 받은 진보 기독교인들의 정치 참여를 종말론의 관점에서 점검할 필요가 있다. 민중신학은 종말론적 하나님 나라와 민중의 역사적 성취를 동일시하는 경향이 있다. 박성은 이 점을 한국적 상황에 비추어 설명한다. "한국에서 천년 왕국이란, 가부장제와 위계주의로부터 자유로운 평등의 사회, 외세의 개입에서 벗어난 자기 결정이 가능한 나라, 분단을 뛰어넘어 통일을 이룬 나라 그리고 북의 전체주의와 남의 권위주의를 초월한 민주 사회를 뜻한다."[47] 민중신학자들에게 하나님 나라는 단순히 유토피아나 타계적 공간이 아니라 '역사의 핵'인데, 민중이 이 땅에서 이루길 간절히 바라는 바이다. 김용복에게 메시야는 "민중으로부터 오며 또 민중이 자신들의 것이라고 느끼는 바의" 한 사람이다.[48] 하나님 나라는 하나님의 정의와 평화가 구체적으로 실현되어야 하고 또 실현될 수 있는 구체적인 세상이다. 그러므로 메시야는 고통받는 사람들로부터 오며 자신을 그들과 동일시한다. 민중의 종으로 오신 메시야

---

47 Andrew Sung Park, "Minjung and Process Hermeneutics," *Process Studies* 17-2 (1988), 122.
48 Yong Bock Kim, "Messiah and Minjung," 188.

예수는 민중을 위해 죽고 죽음으로부터 부활하셨는데, 민중이 "단지 마지막 날만이 아니라 역사적으로 죽음의 세력으로부터 구원받게 하기 위해서이다."[49] 이러한 종말론적 이상에 영향을 받으면서, 진보 기독교인들은 독재의 억압에서 신음하는 이들을 구원하고 보다 정의로운 사회를 이루는 데 헌신하게 된다. 불의와 인권에 대한 폭력적 억압에 대항하여 싸우면서 한국 민주주의 발전에 이바지한 바를 분명히 인정하지만, 하나님 나라 기준을 민중의 역사적 성취로 축소하는^{환원하는} 위험이 있지 않은지 조심해야 할 것이다. 이러한 환원은 역사에서 인간이 이룬 바를 절대화하거나 하나님 나라의 완성의 관점에서 하나님의 궁극적 권위를 부정하는 데까지 이를 수 있다. 이 점에서 기독교 정치적 사랑은 어거스틴이 견지하고자 했던 종말론적 긴장을 소중히 여긴다. 이 정치적 사랑은 한편으로 이 땅에서 하나님 나라의 완성을 볼 수 있다는 순진한 낙관론에 그리고 다른 한편으로 이 세상은 하나님의 주권 아래 있지 않다는 주장에 붙잡혀서 오직 '저 세상적' 하나님 나라를 기다리는 극단적 패배주의에 빠지지 않게 한다.

셋째, 온 인류를 향한 하나님의 애정 어린 섭리와 정치적 사랑이다. 정치적 사랑은 성과 속을 포괄하여 하나님의 창조의 모든 영역에 대한 하나님의 섭리를 소중히 여기는데, 특히 모든 사람들에게 생존에 필요한 필수적 요소들을 제공하고자 하는 하나님의 섭리적 의도를 존중한다.

해방 이후 보수 교회들은 정부의 공산주의에 대한 반대 정책을 지지함으로써 하나님의 섭리적 사랑을 존중한다. 그들의 반대는 남한

---

49 위의 논문, 189.

의 동료 시민들에 대한 사랑 곧 북한 공산주의의 위협 앞에 고통 받거나 고통 받을 수 있는 사람들에 대한 사랑에 근거하고 있다고 하겠다. 그러나 보수 교회들은 하나님의 섭리적 사랑을 존중하면서 동료 시민들의 생명에 대한 배려 뿐 아니라 남과 북이 하나가 되는 역사적 성취까지도 하나님 섭리의 실현이라고 생각한다. 보수적 기독교인들의 북한에 대한 생각은 적대적 정책을 견지한 정권들의 시대를 지나면서 변화를 보이게 된다. 긴장완화와 평화공존을 중요한 목적으로 삼는 햇볕정책을 적극적으로 수행하면서 김대중 정부는 이전 정권들과 달리 민간 부분의 교류를 권장하고 지원했다. 햇볕정책과 그 집행으로 생기게 된 남북 관계의 변화에 부응하면서 보수 교회들도 인도주의 차원에서 북한에 대한 지원 사업에 참여하게 된다. 그 대표적인 보기로 '사랑의 쌀 나누기' 운동을 들 수 있다.

군사 정권 집권기 진보적 기독교인들은 정의를 위해 싸우고 약자와 억압받는 이들을 돌봄을 통해서 정치적 사랑을 실천했다. 정의와 사랑이 지배하는 이상적 사회에 대한 그들의 헌신은 선인과 악인 모두에게 햇빛과 비의 혜택을 주시는 하나님의 섭리적 사랑의 드러남이라 할 수 있다.

이러한 정치적 사랑의 보기들은 신자들에게 공동체 안에서 공공선을 위해 힘쓰라고 하는 어거스틴의 권고를 생각나게 한다. 자기의 유익보다 다른 이들의 유익을 먼저 구하는 기독교인들의 존재와 활동은 정치사회 공동체들의 공공선 혹은 복지를 증진하는 데 유용하며 그러한 존재와 활동을 하나님의 섭리적 사랑의 통로로서 본다는 점을 주목할 필요가 있다. 창조의 모든 영역을 포괄하는 이러한 섭리적 사랑을 존중하는 정치적 사랑은 니버의 '공동의 은혜'common grace라는 개념에서도 찾을 수 있다.[50] 길키 Langdon Gilkey에 따르면, 이 공동의 은혜 안에서 하나님은 사람들로 하여금 결국 자기 파멸에 이르게 하는 자기 중심주의로부터 공동체의 다른 이들의 필요와 이익을 고려하면서 조화롭게 공존하고자 하는 노력으로 전환하도록 도우며, 그리하여 '죄로 인한 자기 파괴를 완화시키는 갱신들과, 좀 더 높은 수준에서 조화롭게 또 정의롭게 사는 사회를 건설하게 하는 새로운 가능성들'을 창조한다.[51] 이러한 갱신들과 가능성들은 하나님의 섭리적 사랑의 드러남이며, 인간의 정치사회적 삶을 보장하기 위함이다. 정치적 사랑은 온 인류를 향한 하나님의 사랑에 반응하여 공동체의 복지를 확보하고 신장하는 데 힘을 기울인다.

넷째, 역사적 상황에 대한 현실적 인식과 정치적 사랑이다. 정치적 사랑은 역사의 특수하고도 절박한 상황들을 적절하게 고려할 줄 아는 지혜로운prudent 사랑이어야 할 것이다. 다시 말해, 기독교 사회윤리는 인간 역사의 현실을 불완전한 것으로 또 하나님 나라 기준으로부터 거리는 있는 것으로 파악하면서 예수의 사랑의 법을 사회적 정치적 문제들에 신중하게 적용해야 할 것이다. 니버는 집단 이기주의의 심각성을 강조하면서 사랑의 근사치적 적용의 필요성을 역설한다.

남한과 북한 사이에 무력 충돌의 가능성이 상존한다는 한국의 고유한 상황은 원칙적으로 정교의 분리를 견지하는 요인이 되기도 하지만 동시에 보수 기독교인들이 정부의 반공 정책을 지지하게 하는 중요한 요인이 된다. 남한의 통일 정책 가운데 대표적인 포용 정책인

---

50 Reinhold Niebuhr, *Faith and History: A Comparison of Christian and Modern Views of History* (New York: C. Scribner's, 1949), 174-75.

51 Langdon Gilkey, *On Niebuhr*, 211.

햇볕정책도 이러한 한반도의 특수한 상황을 진지하게 고려한다. 일관성 있게 남북 화해와 공존을 증진하기 위한 평화적 방안들을 찾아 실행하겠지만, 그럼에도 아주 예민하게 북한의 무력적 위협의 가능성을 상정하며 대비하려고 한다. 안보의 중요성을 결코 소홀히 여기지 않는다는 말이다. 한국교회의 정치적 사랑도 이러한 역사의 절박한 상황들에 민감하게 반응하면서 형성되어 왔다는 점을 지적해 두고자 한다.

다섯째, 신학적 인간론과 정치적 사랑이다. 정치적 사랑은 인간에 대한 현실적 이해를 강조한다. 인간의 죄성과 유한성을 적절하게 인식하지 않는 극단적 낙관론은 이 땅에서 인간의 힘으로 하나님 나라를 완성할 수 있다는 이상주의로 흐를 수 있다. 이상주의에 사로 잡혀, 전쟁과 같은 극한의 갈등 상황에 적절하게 대응하지 못하게 되는 실책을 범할 수 있다. 타락 이후 인간 사회를 규정하는 중요한 특징인 갈등과 분쟁과 적대적 관계의 지속은 정당전쟁을 수용하는 중요한 이유가 된다.

억압받는 이들의 해방을 위해 적극적으로 실천하는 진보적 기독교인들은 민중의 주체성을 강조한다. 김용복은 "[민중은] 역사 드라마의 주역[이자] 주체이며 또한 그들의 사회적 전기는 술어이다."라고 말한다.[52] 민중은 억압적 통치와 사회구조에 대한 투쟁을 통하여 주체성을 실현하고, 그렇게 함으로써 자신들의 운명의 주체가 된다.[53] 민중신학은 역사를 권력자의 관점에서가 아니라 민중의 관점에서 해석한다. 역사는 민중이 자신들의 운명 곧 역사의 자유로운 주체가 되는 바

52　Yong Bock Kim, "Messiah and Minjung," 187.
53　위의 논문 187-88.

를 실현하는 과정이다. 민중신학의 주체성에 대한 강조는 기독교인들이 적극적으로 불의와 억압에 저항하여 일어서게 하는 데 중요한 역할을 했다고 생각한다. 그러나 행위자로서의 능력에 대한 지나친 강조는 두 가지 위험에 이를 수 있다고 본다. 하나는 하나님 나라의 기준과 민중의 역사적 성취를 동일시하는 위험이고 다른 하나는 자신들의 부패 가능성을 소홀히 여길 수 있는 가능성이다. 정치적 사랑의 삶에서 이 두 가지 위험을 어떻게 극복할 수 있을까? 아웃카에 따르면, 니그렌이 기독교인을 하나님 사랑이 흐르는 관 tube 으로 보는 것이 '모든 건강한 거리들'을 무력화할 수 있다고 주장하면서, 바르트의 입장에 대한 자신을 선호를 설명한다. 다시 한 번 바르트 입장에 대한 아웃카의 평가적 서술을 옮겨본다. "우리는 우리의 사랑 안에서, 우리 자신의 수준에 맞추어 그리고 우리의 제한된 능력 안에서 하나님의 사랑에 응답하고 또 증언한다."54 바르트의 입장은 일종의 제3의 길을 선택한 것으로, 하나님과 인간이 완전히 뒤섞이는 것도 거부하고 또 그렇다고 둘 사이의 연속성을 전면 부인하는 주장도 거부한다. 그러므로 정치적 사랑은 사랑의 삶을 살아갈 때 피조물로서의 한계와 잠재성을 모두 인정하면서, 기독교인들이 겸손하게 자신의 도덕적 능력을 실현할 것을 강조하는 신학적 인간론을 지지해야 할 것이다.

---

54   Gene Outka, "Theocentric Agape and the Self: An Asymmetrical Affirmation in Response to Colin Grant's Either/Or," *Journal of Religious Ethics* 24 (1996), 37.

IV

정치적 사랑 실천의 성숙을 위한 윤리적 제안

지금까지 우리는 공적 정치사회적 영역에서 기독교인들의 사랑의 삶을 길잡이 하는 정치적 사랑의 규범적 원리들을 생각해 보았다. 이제 그러한 원리들에 근거하여 몇 가지 윤리적 제안을 하고자 하는데, 이 제안들이 기독교회와 신자들의 정치적 사랑 실천의 성숙에 이바지할 수 있기를 바란다.

첫째, 기독교인들의 사회 참여가 사회의 분열과 혼란을 야기하는 것이 되어서는 안 될 것이다. 예를 들어, 정치적 사랑이 폭력적 권력에 저항하도록 한다 해도, 동료 시민들의 공동체적 실존에 타격을 주지 않는 선을 신중하게 지켜야 한다. 다시 말해, 기독교의 사회 참여가 전체 공동체의 평화로운 공존을 근본적으로 흔들어 놓는 것이 되어서는 안 될 것이다. 어거스틴이 지적한 대로, 기독교인들은 교회 밖 시민들과 함께 공동의 가치 지향들을 가질 수 있으며, 우리는 그 중요한 한 가지로 '평화로운 공존'의 가치를 생각할 수 있다.

둘째, 기독교인들의 사회적 정치적 참여는 교회와 국가 사이에 건강한 거리 두기를 지지한다. 하나님의 역사와 사회에 대한 주권과 섭리의 지평을 존중하면서 사회 참여에 힘써야 하겠지만, 그러한 참여가 교회의 권력에 대한 세속적 추구로 이어져서는 결코 안 될 것이다. 또한 교회와 국가 사이의 적절한 구분을 견지하는 것은 국가 권력이 신앙인들의 내적 영적 삶에 개입하거나 통제하려고 하는 부당한 시도를 차단하는 데 필요한 일이라고 할 수 있겠다.

셋째, 기독교인들은 사회변혁의 동력으로서의 사랑의 힘을 신뢰한다. 니버가 지적한 대로, 정치사회 영역은 우선 정의의 원리가 작용해야 할 공간이다. 그러나 그 영역에서 기독교인들이 사랑으로 살면, 정의의 수준을 더 높일 수 있음도 잊지 말아야 한다. 그 사회의 정의가 단순히 보복적 혹은 보상적 정의에 머무는 것이 아니라, 구성원들이 타자와 공동체를 생각하며 공공선 증진을 위해 참여하도록 한다. 여기서 우리는 사랑이 변화의 동력으로 작용할 수 있음을 주목해야 할 것이다.

제 6 장

평화를 일구는 삶의
규범적 기초로서의 사랑의 윤리

* 이 장은 다음 문헌을 수정·보완한 것이다. 이창호, "역대 한국 정부의 통일 정책에 대한 기독교 윤리적 응답: 전쟁과 평화 전통을 중심으로," 『기독교사회윤리』 20 (2010. 12), 223-68; 이창호, "평화를 일구는 삶의 윤리적 기초 사랑," 전우택 외, 『평화에 대한 기독교적 성찰』(서울: 홍성사, 2016), 39-65. 첫 번째 문헌의 경우, 기독교 전쟁과 평화 전통의 세 가지 흐름 곧 평화주의, 정당전쟁 그리고 거룩한 전쟁(십자군)을 탐구한 부분을 주로 참고하였다.

본 장의 목적은 평화를 일구는 삶의 규범적 기초로서의 사랑의 윤리를 탐색하는 것이다. 평화의 실현을 궁극적 목적으로 삼는 기독교 전쟁과 평화 전통의 주요 흐름들을 윤리적으로 검토하면서, 각각의 흐름의 규범적 요체로서 사랑의 원리가 작용하고 있다는 점을 밝히고자 하는 것이다. 다시 말해, 사랑이라는 규범적 원리가 평화윤리 형성을 위해 이 흐름들에서 어떻게 전개되는지 탐구하고 또 이들을 비교·평가함으로써 그 논의의 지평을 확장하고자 한다.

저명한 교회사가인 베인튼^{Roland H. Bainton}에 따르면, 기독교윤리의 역사에서 전쟁과 평화에 관한 대표적인 세 가지 입장은 평화주의, 정당전쟁 그리고 십자군 전쟁이다. 이에 관한 베인튼의 말을 들어보자.

> 연대기적으로 보면 차례 대로다. 초대교회는 콘스탄틴 황제 이전까지 평화주의를 지향하고 있었다. 그러나 이 황제 때에 이르러서, 부분적으로는 교회와 국가가 밀착되어 있었다는 이유로, 또 부분적으로는 야만족의 침입 때문에 기독교인들은 4세기와 5세기에 고전 세계로부터 정당전쟁 교리를 들여오게 된다. 정당전쟁의 목적은 정의와 평화를 되찾는 것이다. 정당전쟁은 국가의 권위 아래서 치러져야 했고 또 선한 믿음과 인간애^{humanity}의 규범을 지켜야만 했다. 어거스틴이 덧붙인 요소는 그 동기가 사랑이어야 한다는 것과 수도승과 사제들이 참여해서는 안 된다는 것이다. 십자군은 중세에 일어났는데, 이는 일종의 거룩한 전쟁으로 교회나 영감을 받은 종교 지도자의 후원으로 진행되었다. 생명과 재산의

관점에서 정의를 위해 싸운 것이 아니라 이상 곧 기독교 신앙을 위해서 싸웠다.[1]

평화주의, 정당전쟁, 거룩한 전쟁과 같은 전쟁과 평화 이론들의 주된 목적이 평화의 유지와 회복이라는 점, 평화를 목적으로 한 폭력혹은 강제력의 금지 또는 허용을 정당화하는 가장 중요한 윤리적 기준들 가운데 하나가 사랑이라는 점 등을 고려할 때, 이 이론들에 대한 탐구는 평화를 일구는 삶의 규범적 기초로서의 사랑의 윤리를 탐색하는 데 있어 매우 의미 있는 기여를 할 수 있다고 필자는 생각한다. 평화주의는 예수 그리스도의 비폭력 무저항의 사랑의 명령에 철저하게 뿌리를 내리고 모든 형태의 폭력을 거부함으로써 평화를 추구하며, 어거스틴으로 대표되는 정당전쟁 전통 역시 이웃 사랑 계명에 근거하여 폭력의 위협에 직면한 무고한 이웃을 위한 대응폭력의 사용을 용인한다. 심지어 거룩한 전쟁 전통 역시 동료 신자에 대한 배타적 사랑을 규범적 기준으로 견지하면서 사랑의 이름으로 폭력을 정당화한다.

평화주의의 평화 이해와 사랑의 윤리 탐색을 위해 에라스무스 Desiderius Erasmus를 주로 다룰 것인데, 한편으로 에라스무스의 전쟁과 평화 이론이 성경과 교부들의 가르침에 근거하고 있을 뿐 아니라 이성과 인간 본성에도 근거를 두고 있다는 점에서 평화주의의 보편적 토대 형성에 중요한 기여를 했다고 판단하기 때문이다. 정당전쟁을 다룰 때 필자는 어거스틴과 루터 그리고 칼뱅을 선택할 것인데, 어거스틴은

---

1   Roland H. Bainton, *Christian Attitudes Toward War and Peace: A Historical Survey and Critical Re-evaluation* (New York: Abingdon, 1960), 14.

ⅢⅢⅢⅢ 사랑에 관한 신학적 윤리적 탐구 사랑의 윤리

기독교 정당전쟁 전통 형성의 이론적 실제적 시원을 점하는 인물이기 때문이며 루터와 칼뱅은 "도덕적으로 변호할 수 있는 정치적 목적을 위해 사용된 폭력에 대한 주류 기독교의 반응으로서 정당전쟁론이 갖는 주도적 입지"를 강화했다는 평가를 받기 때문이다.[2] 십자군을 중심으로 거룩한 전쟁 전통의 평화와 사랑 이해를 다룰 것인데, 평화가 십자군의 중요한 목적 중 하나이기도 하지만 이 목적을 성취하기 위해 선제적이면서도 침략적인 군사적 폭력 사용을 정당화한다는 점을 고려할 때 평화를 지향하는 사랑의 윤리를 모색함에 있어 비판적 성찰이 요구된다고 할 것이다.

이제 평화주의, 정당전쟁 그리고 거룩한 전쟁 전통의 평화를 지향하는 사랑의 윤리를 탐색하고, 이들을 비교하고 평가하면서 평화를 일구하는 삶의 윤리적 기초로서의 사랑의 관점에서 규범적 방향성을 모색·제안할 것이다. 이러한 작업이 다양한 공적 정치사회적 관계들에서 존재하는 긴장과 갈등 그리고 충돌을 해소하고 평화라는 목적에 조금이라도 더 다가서는 데 이론적으로 또 실제적으로 보탬이 될 수 있기를 바란다.

---

2   Lisa Sowle Cahill, *Love Your Enemies: Discipleship, Pacifism, and Just War Theory* (Minneapolis: Fortress, 1994), 118.

I

평화주의 전통의 평화 이해와 사랑의 윤리:
에라스무스를 중심으로

1. 인간은 본성적으로 평화를 추구한다

기독교인이면서 동시에 르네상스 인문주의자였던 에라스무스
는 개혁가로서 성서와 교부들 뿐 아니라 고대의 고전들에도 의존했다.
카힐 Lisa S. Cahill에 따르면, 에라스무스의 과업은 "기독교 전통 전체를 정
화하기 위해 최상의 인문주의 산물을 핵심적 기독교 교리들에 적용하
는 것"[3]이었다. 그의 개혁의 중요한 한 주제는 강제력의 정치적 사용
에 대한 평화주의적 반대였다. 베인튼은 에라스무스에 대해 "평화는
교육을 통해 교회와 사회를 개혁하고자 하는 그의 기획에 필수적인
것이었다."[4]고 적고 있다.

에라스무스의 평화 옹호는 무엇보다도 자연 질서에 의존한다.
"모든 동물이 싸움을 즐겨하지 않는데, 심지어 야수들도 그렇다. 같은
종의 동물들끼리 싸우지 않을 뿐더러, 다른 종족들과도 싸우지 않는
다. 자연이 그들에게 허락한 무기들을 가지고 싸우지, 악마적 과학이
만들어 낸 기계들을 가지고 싸우는 우리와 같지 않다. 동물들은 고상

---

3   위의 책, 153.
4   Roland H. Bainton, *Christian Attitudes Toward War and Peace*, 131.

한 명분을 가지고 싸우지 않는다. 그저 필요한 먹이를 구하고 어린 생명들을 지키기 위해 싸울 뿐이다. 반면 인간의 전쟁은 야망과 탐욕, 그것이 아니면 내면의 병적 역동이 원인이 되어 발생한다."[5] 인류에게 전쟁은 그야말로 '자연스럽지'natural 않은 것이다. 인간에게 있어서 '자연스러움'은 싸우지 않고 평화롭게 공존하는 것이다.

에라스무스는 인간의 몸육체의 조직과 외형을 세밀하게 관찰한다면, 그것이 전쟁이 아니라 사랑과 우정을 위해 창조되었다는 것을 금방 알아차릴 수 있을 것이라고 강조한다. "서로를 파괴하기 위해서가 아니라 서로 섬기고 서로의 안전을 도모하며, 서로에게 상해를 입히기 보다는 서로를 유익하게 하는 데" 적합한 몸으로 창조되었다는 것이다.[6] 이것이 자연의 질서 혹은 창조의 질서이다. 인간의 몸에서 물리적 싸움이나 폭력에 적응할 수 있는 부분은 전혀 찾아 볼 수 없다.[7] 도리어 인간의 몸은 평화와 사랑을 실천하기에 적합하다. 에라스무스는 자연은 인간에게 풍부한 감성을 전달 수 있는 눈을, 동료 피조물들을 따뜻하게 품어 안을 팔을, 마음과 영혼의 연합의 메시지를 표현할 입술을 허락했다고 강조한다.[8]

몸의 외적 측면뿐만 아니라, 내면적으로도 인간은 평화 친화적으로 창조되었다. "자연은 인간의 마음속에 배타적 삶을 혐오하고 함

---

5   Desiderius Erasmus, "Letter to Antoon van Bergen," lines 30-35. James Turner Johnson, *The Quest for Peace: Three Moral Traditions in Western Cultural History* (Princeton: Princeton University Press, 1987), 155에서 재인용.

6   Desiderius Erasmus, "Antipolemus; Or the Plea of Reason, Religion and Humanity Against War" (1813), reprinted in *The Book of Peace: A Collection of Essays on War and Peace* (Boston: George C. Beckwith, 1845). http://mises.org/daily/4134.

7   위의 글.

8   위의 글.

께 어울려 사는 삶을 사랑하는 지향성을 심겨 두었다. 또한 인간의 심장에 온통 자애로운 애착의 씨앗을 뿌려 놓았다."[9] 인류는 이렇듯 평화로운 공존을 향한 본능적 지향을 내재적으로 간직하고 있기에, 전쟁과 같은 상호 파괴적 갈등은 분명히 본능을 거스르는 것으로밖에 볼 수 없다. 즉 인간 본성의 설계도에는 '상호간의 친밀한 감정적 교류와 사랑과 우정의 애착 관계'의 인자가 심겨 있다고 보는 것이다.[10] 요컨대, 에라스무스는 창조의 질서 혹은 자연의 질서에 빗대어 인간은 본성상 평화로운 공존과 상호의존에 근거한 우정과 사랑을 발전시키기 위해 창조되었다고 주장한다.

2. 평화의 추구는 기독교 제자도의 핵심이다

에라스무스는 모든 기독교인들이 예수 그리스도의 본을 따라 살아야 한다고 생각한다. 그는 오직 소수의 기독교인들만이 복음의 이상을 완수할 수 있다는 기독교 엘리트주의를 배격한다.[11] 평화와 사랑에 힘쓰라는 복음서의 많은 권고들을 무시하는 것은 과히 불가능한 일일 것이라고 강조한다. 다음 인용들은 전쟁이 예수 그리스도의 사랑의 법을 어기는 것이라는 에라스무스의 입장을 분명하게 보여 준다.

어디에서 그토록 많은 완벽한 일치의 맹세들을, 그토록 많은 평화의 교훈들을 찾을 수 있을까? 그리스도가 스스로 자신의 것이라 부른 바, 하

---

9   위의 글.
10   위의 글.
11   Lisa Sowle Cahill, *Love Your Enemies*, 154.

나의 계명 곧 사랑의 계명이 있다. 무엇이 이보다 더 전쟁을 반대할 수 있을까? 예수는 그의 친구들을 복된 평화의 인사로 맞이한다. 제자들에게 오직 평화를 주셨고, 오직 평화만을 남기셨다.[12]

오직 온유만을 설교하시고 또 행하신 그리스도의 뒤를 따르며 스스로를 '기독교인'이라 부르는 것을 자랑스러워하는 우리에게, 한 몸으로 부름 받아 한 성령으로 살고 동일한 성례 가운데 자라가며 또 한 머리에 참여하는 우리에게 … 도대체 그 무엇이 우리로 전쟁에 동참하라고 할 만큼 중요하다는 말인가?[13]

　　여기서 우리는 에라스무스에게 있어서는 평화의 추구가 참된 기독교인의 근본적인 의무라는 것을 확인할 수 있다. 예수의 가르침을 온전히 받드는 이라면 오직 평화와 사랑으로 말하고 또 살 수 밖에 없으리라는 것이다. 또한 에라스무스는 예수는 그렇게 가르친 것으로 끝나지 않으시고, 몸소 사셨고 따르는 이들에게 그러한 삶을 '배우라'고 명하셨음을 강조한다. 그리스도가 '길이요 진리요 생명'임을 인정한다면 기독교인의 윤리적 삶이 그의 가르침과 모범과 달라서는 안 된다고 하면서, 기독교인들은 사랑 자체이시며 사랑과 평화 외에 다른 어떤 것도 가르치지 않으신 '그리스도의 본'을 삶의 구석구석에서 구현해야 한다고 권면한다. 요컨대, 에라스무스는 예수 그리스도의 사랑의

12　Desiderius Erasmus, "Dulce bellum in expetis," in *The 'Adages' of Erasmus*, trans. Margaret Mann Phillips (London: Cambridge University Press, 1964), 327.

13　Desiderius Erasmus, "Letter to Antoon van Bergen," lines 38-44. James Turner Johnson, *The Quest for Peace*, 157에서 재인용.

가르침과 삶의 모범을 충실하게 따름으로 일구어가는 평화의 추구를 기독교 제자도의 핵심으로 옹호하고 있는 것이다.[14]

3. '정당한 전쟁'은 불가능하다

존슨James T. Johnson에 따르면, 에라스무스는 두 가지 의미에서 정당전쟁의 불가능성을 말한다. 곧 전쟁이 야기하는 악한 결과들과 전쟁을 수행하는 지도자들의 사악한 동기가 그것이다. 특히 '정치 지도자들의 전쟁에 대한 관점'의 측면에서, 에라스무스는 마키아벨리적 입장에 극명한 반대를 표명한다. 마키아벨리적 입장은 지혜로운 군주라면 분쟁에서 철저하게 자기 자신의 이익을 추구해야 하고 자신의 이익을 기준으로 삼아 전쟁 수행 여부를 결정해야 한다고 보기 때문이다. 에라스무스는 이러한 형태의 자기 이익의 추구는 개탄해야만 할 일이라 생각한다.[15]

에라스무스는 전쟁 수행의 정당한 동기는 도무지 있을 수 없다고 강조한다. 전쟁의 불의한 동기들을 나열하면서, 에라스무스는 기독교 군주들에게 공동의 선을 추구하라고 권고한다. "기독교 군주들이 전쟁을 선동할 때 드는 헛되고도 피상적인 이유들을 생각하면 부끄러울 따름이다. … 또 어떤 이는 이웃하고 있는 동맹에게 작은 실수라도 있지 않은지 샅샅이 뒤지기도 하고, 타인의 아내를 넘보아 문제를 일

---

14 Desiderius Erasmus, "Antipolemus; Or the Plea of Reason, Religion and Humanity Against War" (1813).

15 James Turner Johnson, *The Quest for Peace*, 159-60.

으키기도 한다."[16] 에라스무스는 기독교 정치 지도자들조차 이처럼 정당하지 못한 동기들로 전쟁을 수행하는 것을 한탄한다. 에라스무스에 따르면, 전쟁의 가장 심각한 범죄적 원인은 "권력을 탐하는 것이다. 어떤 군주들은 평화 정착이 자신들의 존재가 더 이상 필요치 않은 징표라고 여기기 때문에, 권력에서 멀어진다고 느끼면 권력을 유지하고 백성을 억압하기 위해 전쟁을 조장한다."[17] 이와 같이 정치 지도자들이 사익을 위해 전쟁을 악용하는 한, 에라스무스는 전쟁의 정당성을 인정할 수 없는 것이다. 이런 이유로 전쟁을 추구하면, 백성은 평화로운 사회를 도무지 찾을 수도, 누릴 수도 없게 되기 때문이다.

4. 평화주의 전통의 평화를 지향하는 사랑의 윤리 요약

앞에서 본 대로, 에라스무스의 평화주의적 사랑의 윤리는 창조신학적 신념을 본질적 토대로 삼는다. 인간은 평화 친화적으로 창조되었다. 곧 인간은 평화롭게 공존하며 우정과 사랑을 증진하도록 창조되었기에, 전쟁에서의 무력사용과 같은 폭력 실행은 본질적으로 인간 본성에 배치된다. 정의로운 혹은 정당한 폭력이란 있을 수 없는 것이다. 정당전쟁의 가능성을 말하지만 전쟁에서 정의로운just 동기를 찾는 것은 불가능한데 전쟁이 야기하는 악한 결과들과 결정권자의 정당치 못한 동기 때문이다. 그러므로 평화주의자들은 정치적 권위들은 모든 경우에 화해를 이루기 위한 협상이나 중재 등의 평화적인 방법을 사용

---

16   Desiderius Erasmus, "The Complaint of Peace," in *The Essential Erasmus*, trans. John P. Dolan (New York: Mentor-Omega Books, 1964), 188.
17   위의 글.

해야 한다고 역설한다.

또한 평화주의자 에라스무스의 평화 지향적 사랑의 윤리는 성서적이고 기독론적인데, 예수 그리스도의 비폭력 무저항의 사랑을 중심으로 한 성서 해석에 근거해서 자신의 신학적 윤리를 전개해 간다는 의미에서 그렇다. 평화주의 전통은 예수 그리스도의 십자가로 계시된 말씀은 기독교 신앙 공동체와 신자들의 윤리적 삶을 규율하는 규범의 토대라는 점을 굳게 견지한다. 정당전쟁을 포함하여 어떤 형태의 전쟁도 반대하는데, 그렇게 해야 하는 까닭은 한편으로 폭력은 예수 그리스도의 평화와 사랑의 가르침을 본질적으로 위배하기 때문이며 다른 한편으로 모든 기독교인들이 도덕적으로 마땅히 행해야 하는 바는 예수 그리스도의 삶과 말씀 가운데 드러난 비폭력 무저항의 사랑이기 때문이다. 요컨대, 기독교회와 신자들은 한편으로 평화 친화적 존재로 창조하신 하나님의 창조의 본성에 충실하게 응답하고 다른 한편으로 사랑 자체로서 오직 사랑과 평화의 삶을 가르치시고 또 몸소 그러한 삶을 살아내신 예수 그리스도를 모범으로 삼아 철저한 이타성에 근거한 비폭력 무저항의 사랑을 실천함으로써 평화를 일구는 삶을 구현해야 하는 것이다.

사랑에 관한 신학적 윤리적 탐구 사랑의 윤리

Ⅱ

정당전쟁 전통의 평화 이해와 사랑의 윤리:
어거스틴, 루터, 칼뱅을 중심으로

1. 어거스틴의 정당전쟁론과 기독교 사랑의 윤리

어거스틴에게, 세속 도성에서 누릴 수 있는 평화는 '불행에 대한 위로'일 뿐이다.[18] 세속 도성과 신의 도성의 구분은 어거스틴의 평화 이해에서 특징적인 것이다. 천상의 평화는 완전하고 절대적이지만, 이 땅 위에서 이룰 수 없다. 신의 도성 사람들은 하나님을 진심으로 사랑하며, 다른 이들의 유익을 위해 자신의 이익을 희생할 줄 아는 이들이다. 기독교인들이 추구하는 참된 사랑에서 세속 도성 사람들의 이기적 사랑은 찾아 볼 수가 없다. 그들은 공동의 선을 위해, 개인적 유익과 이해를 언제든지 포기할 줄 아는 이들이다. 그들에게 이것은 당연한 일이다. 왜냐하면 그들의 사랑은 다른 이들과 더불어 행복과 선을 나누기 좋아하고 또 공동체 안에서 함께 평화를 누리며 살기 원하기 때문이다. 어거스틴에 따르면, 이것은 "섬기는 사랑인데, 이 사랑은 많은 사람들의 마음을 한 데 모으고, 모두가 기쁨으로 나누는, 곧 완벽한 일치를 이루는 사랑"이다.[19] 다른 한편, 지상의 평화는 불완전하고 부

---

18   Augustine, *The City of God*, trans. Markus Dods (New York: Random House, 2000), XIV. 27.
19   위의 책, XV. 3.

분적이고 상대적이다. 잘못된 자기사랑이 압도할 때, 세속 도성의 사람들은 자신의 이익을 앞세우고 또 다른 이들을 착취하기까지 한다. 어거스틴이 정당화하는 전쟁은 천상의 평화를 위한 것이 아니라, 죄된 인류가 가질 수 있는 지상의 평화를 위한 것이다. 정당전쟁은 갈등의 정당한just 해결을 추구한다. 이러한 해결은 종말론적 완성의 때로 미루어진 '참된 정의'를 반영하는 것이 아니라, 상대적 혹은 최소한의 의미에서 조화로운 질서를 의미한다. 카힐에 따르면, 어거스틴에게 악에 대한 보복적 정의는 "'중간 단계'의 의미를 갖는데, 복수와 저항을 뛰어넘는 '완전한 평화'를 목표로 하나님의 백성을 교육한다는 면에서 임시적 가치를 갖는다. 현재의 질서에서 평화와 사랑은 힘, 폭력적 힘까지도 배제하지 않는다."[20] 어거스틴의 전쟁에 대한 정당화는 그의 세속 정부 이해와 연동하는데, 세속 정부의 기능은 사회 안에서 평화와 질서를 유지하고 인간 실존의 조건들을 보장하는 것이며 또한 이 땅에서 신앙생활을 위한 공간을 마련해 주는 것이다.

어거스틴의 정당전쟁의 정당화와 이와 연동된 세속 정부에 대한 긍정은 인간 역사와 사회적 세계에 대한 하나님의 구원론적 섭리적 역사와 신학적 연관성을 갖는데, 이러한 구원론적 섭리는 온 인류를 포괄하는 하나님의 창조의 지평을 존중한다. 어거스틴에게 평화는 역사 안에서도 가장 좋은 선이다. "평화는 너무나 좋은 것이어서, 이 지상의 삶에서도 그렇게 큰 기쁨으로 들을 수 있는 다른 어떤 것이 없다 할 만큼 기쁘게 하는 것이며, 그토록 열심히 추구할 만한 것이 또

---

20   Lisa Sowle Cahill, "Nonresistance, Defense, Violence, and the Kingdom in Christian Tradition," *Interpretation* 38 (1984), 383.

없을 만큼 추구하는 것이고 또 다른 어떤 것보다도 우리를 만족스럽게 하는 것이다."[21] 그러기에, "신의 도성의 사람들도 지상의 평화를 필요로 한다. 이 땅의 순례에서 믿음과 경건의 삶에 해를 입히지 않는 한에서, 생존에 필수적인 것들에 대한 공동의 의견 일치를 바라고 또 유지해야 하며, 지상의 평화를 하늘의 평화에 연결시켜야 한다."[22] 앞에서 살핀 대로, 어거스틴은 여기서 성과 속을 포괄하는 '공동의 기반'을 허용한다. 이러한 공동의 기반에 대한 두 가지 신학적 논거를 들고자 한다. 먼저 신의 도성 사람들이 세속의 법질서에 복종하는 것에 관한 것이다. 세속 도성의 시민법들이 천국을 향한 순례의 길의 순수성과 진행에 장애가 되지 않는 한에서 따를 것을 권고한다. 신의 도성 사람들의 복종은 이 땅에서 평화를 이루는 데 기여할 것이다.[23] 어거스틴에 따르면, 정치적 체제는 창조의 질서에 속하는 것이 아니라 타락 이후에 인간 공동체가 고안해 낸 것이다. 인간의 죄와 인간 사회의 죄악된 상태의 결과이기도 하고 동시에 치유의 방편이기도 하다. 정치 체제들이 치유의 방편으로 고안되었다고 하지만, 범죄와 타락의 가능성을 늘 갖고 있고 하나님 나라와도 거리가 있음을 기억해야 할 것이다. 정치권력을 오용하거나 인간 통치자를 절대화하려는 우상 숭배적 시도의 위험도 상존한다. 이러한 위험을 감안하면서, 어거스틴은 정치 체제들 안에서 하나님의 섭리가 있음을 강조한다. 하나님은 그들을 사용하여 인간 사회 안에 잠재하고 있고 또 실제로 일어나고 있는 죄와 악행을 제어하고 통제하려 하신다. 또한 인간 생존에 필수적인 요소들

---

21   Augustine, *The City of God*, XIX. 11.
22   위의 책, XIX. 17.
23   위의 책.

을 확보하는 것과 연관이 있다. 세속 정부는 구성원들이 이 땅에서 생존하는 데 필요한 외적 요소들을 제공하고 보장하는 기능을 수행한다. 기본적 질서, 평화, 생존의 물적 토대 등이다.

이 두 가지 논거를 전쟁에서의 정당한 폭력 사용의 문제 곧 정당전쟁의 문제에 적용해 보자. 첫째, 전쟁에서의 정당한 폭력 사용은 불의한 침략자들로부터 무고한 시민들을 보호함으로써 악을 제어하는 데 목적이 있다. 민족과 나라들국가 공동체들 사이에서 벌어지는 극단적 충돌은 성공적으로 해소되기도 하지만, 그렇지 못할 경우도 있다. "이러한 충돌은 적이라고는 존재하지 않는 가장 평화로운 왕국에 이르러서야 종식될 것이다."[24] 어거스틴은 이러한 충돌의 내적 영적 뿌리를 '왜곡되고 타락한 마음'이라고 규정하는데, 사람들은 마음으로 겸손하게 영적인 아름다움을 추구하기 보다는 외적 육체적 위세를 열망하며 강자와 부자를 더욱 부요하게 하기 위해 약자와 가난한 이들을 착취하는 것을 꺼리지 않는다. 이러한 마음을 치유하고 평화를 회복하며 또 약자와 '정복당한 이들'의 선을 보호하기 위해, 방어적 차원에서 정당전쟁을 용인한다.[25]

정당전쟁을 지지하는 두 번째 주된 이유는 질서의 회복과 유지이다. 정당전쟁은 "타자에게 해를 주거나, 복수욕을 해소하기 위해 혹은 지배욕을 충족하기 위해서 수행해서는 안 되며," 사람들이 이 땅에서 기본적인 평화 가운데 살아가는 데 필요한 질서의 회복을 위해 정당화되는 것이다.[26] 어거스틴에게 정당전쟁이 추구해야 할 질서는 공

---

24 위의 책, XX. 9.
25 Augustine, "Letter 138, to Marcellinus," in *Augustine: Political Writings*, trans. Michael Tkacz and Douglas Kries (Indianapolis: Hackett, 1994), 209.

‖‖‖‖‖‖‖‖ 사랑에 관한 신학적 윤리적 탐구 사랑의 윤리

리주의적혹은 결과주의적 계산에 근거한 것이 아니라 하나님의 섭리에 뿌리를 두고 있는데, "지상적 가치들은 하나님의 섭리를 [통하여] 다름 아닌 한 분 참 하나님의 능력과 선택에 속하는 것이다."[27] 인간 사회에 대한 하나님의 관심은 그러한 전쟁을 통해서도 표현된다고 하겠는데, 다시 말하지만 정당한 전쟁은 평화와 질서의 회복에 그 목적을 두고 있다. 정의로운 정치 지도자의 결정과 정당한 전쟁의 수행은 '평화와 공동의 복지'에 기여하는 바가 있다고 보는 것이다.[28] 전쟁을 통한 인간의 사랑의 행위를 하나님의 섭리적 사랑의 한 표현으로 이해하면서, 램지는 어거스틴의 입장을 다음과 같이 정리한다. "어거스틴은 기독교인의 전쟁 참여를 정당화할 때, 내재적 정의만을 근거로 삼지 않는다. 개인적 혹은 공적 방어에서, 기독교인은 내재적으로 그리고 실체적으로 intrinsically and substantially 정당한 것을 수행한다. 정의로부터가 아니라면 질문이 하나 생기는데, 사랑으로부터 된 것이냐 하는 것이다. 개인적 영역에서 사랑을 근거로 정당 방어를 배제하는 것과 같은 방식으로 말이다."[29]

어거스틴의 평화 이해는 인간과 공동체의 죄악 때문에 파괴와 혼란에 빠지지 않도록 하는 차원에서 질서의 회복을 강조하는 그의 '질서' 이해와 깊이 연관되어 있다. 질서에 토대한 평화로운 상태를 구축하기 위해서 인간 공동체는 정당한 강제력 사용과 다스림과 복종이

---

26 Augustine, "Against Faustus the Manichaean," XXII. 73-79, in *Augustine: Political Writings*; Augustine, "Letter 138, to Marcellinus," 221.

27 위의 책, 222.

28 위의 책.

29 Paul Ramsey, *War and the Christian Conscience: How Shall Modern War Be Conducted Justly?* (Durham: Duke University Press, 1961), 37.

라는 정치사회 구조를 받아들여야 한다. 예컨대, 가족은 "다스림과 순종을 매개로 함께 사는 사람들이 맺은 합의"에 근거한다.[30] 국제 질서에서의 강제력 사용은 갈등을 심화하기 위함이 아니라 평화와 질서를 회복하기 위함이다. 정당전쟁은 인간 사회 안에서 제한적이긴 하지만 평화를 회복하기 위해 또 스스로를 방어할 수 없는 무고한 시민을 보호하기 위해 허용되어야 한다. 권력욕을 채우기 위한 전쟁은 결코 안 된다. 그러나 바른 사랑 곧 악을 제어하고 교정하고자 하는 하나님의 사랑과 무고한 이웃을 보호하고자 하는 의미에서 이웃 사랑이 동기가 된 전쟁은 정당하다고 하겠다. 합법적 권위와 정당한 이유를 가지며, 더 중요하게는, 사랑이 동기가 되어 수행하는 전쟁을 도덕적으로 수용할 수 있다고 본 것이다. '엄격함'이라는 형태로 나타나는 하나님의 사랑이라고도 할 수 있을 것이다. 하나님은 사랑으로 심판을 행하시고 그것을 통하여 고치려 하신다. 이런 이유로 사랑은 비통한 심정으로 폭력의 사용을 수용하게 된다. 따라서 정당전쟁의 가능성을 전면 부정하는 것은 이웃에 대한 책임을 거부하는 것이라고 어거스틴은 생각한다. "의무는 타인에게 악을 끼치지 않는 것이기도 하지만 악을 행하지 않도록 제어함으로써, 형벌을 받은 이가 바로 잡게 되고 또 다른 이들이 교훈을 삼게 해야 할 것이다."[31]

---

30 Augustine, *The City of God*, XIX. 14.
31 위의 책, XIX. 17.

2. 루터와 칼뱅의 정당전쟁론과 기독교 사랑의 윤리

1) 군사력을 사용하는 세속 정부의 권위와 정당성의 문제

루터는 영적 정부와 세속 정부를 구분한다. 영적 정부는 예수 그리스도를 믿는 참된 신자들로 이루어진다. 반대로 세속 정부는 참된 신자들을 제외한 사람들로 구성된다. 이 정부 안에서 하나님은 사람들로 법에 복종하게 하셔서, 악행이 제어되고 평화와 질서가 유지되게 하시는 것이다. 달리 말해, 세속 정부는 공적 평화를 유지하고 악행을 통제하며 또 죄의 결과들을 치유하기 위해 존재한다. 베인튼은 루터가 엄격하게 구별되는 두 개의 도덕으로 곧 하나는 교회의 것이고 다른 하나는 국가의 것이라는 식으로 제시하지는 않는다고 지적하면서, 루터의 전쟁 이해 곧 세속 정부가 수행하는 정당한 전쟁에 대해 기술한다.

[루터]는 두 가지 별개의 윤리를 생각하지 않으며, 둘 또는 그 이상의 행동 수칙 code 을 제시하고자 한다. 이 점에서 루터는, 어거스틴이 전쟁에 관하여 통치자, 관리, 성직자, 시민 등 네 부류를 위해 제시한 4가지 수칙을 단순화해서 말하고 있다고 하겠다. 루터는 성직자를 전쟁의 책임에서 제외하고, 다른 세 부류에 대해 구체적으로 언급한다. … [통치자는] 유일하게 하나님의 도구이다. 그는 자신의 과업을 깊은 슬픔으로 수행하는데, 관리는 그 슬픔을 느낄 필요가 없을 것이다. "경건한 재판장은 죄인에게 형벌을 가하면서 괴로워할 것이며, 법이 사형을 집행한다면 그 죽음으로 인해 깊은 슬픔에 잠길 것임을 우리는 안다. 이러한 과업은 겉

으로 보기에는 분노로 가득하고 무자비하지 않으면 수행할 수 없는 일 같지만 무자비해 보이는 그러한 과업에도 온유함이 머물러 있고, 또 단호하게 실행해야 한다 하더라도 마음 깊은 곳에서는 그 온유함이 흘러 나와야 할 것이다" ^WA 6, 267^. 우리는 여기서 다시 한 번 비통에 찬 어거스틴적 통치자를 만난다. 바로 앞의 루터 인용은 분명히 재판관에 대한 것이지만, 이는 군인에게도 적합하다. 왜냐하면 루터는 어거스틴과 마찬가지로 전쟁을 국가의 경찰 기능의 한 측면으로 이해하기 때문이다.[32]

하나님의 도구로서 정치 지도자들은 '칼을 들 수 있는' 정당한 권위를 부여받는다. 그들이 지켜야 할 수칙 code 에 따르면, 평화의 유지와 회복, 불의한 폭력으로부터 무고한 시민들의 보호 등과 같이 정당한 사유로 강제력 혹은 군사력을 사용할 수 있다. 다시 말해, 루터는 자국민을 외적의 공격에서 보호하고 평화를 유지하기 위해 세속 정부가 수행하는 전쟁을 불가피하고도 합법적인 기능 수행으로 이해한다. "군인들도 구원받을 수 있는가"에서 루터는 이 점을 밝힌다. "잘못과 악을 징벌하는데 전쟁 외에 다른 무엇이 있겠는가? 평화를 갈망하기 때문이 아니고서 누가 전쟁에 나아가겠는가?"[33] 또한 이러한 세속 정부의 정당한 전쟁 수행을 사랑의 윤리의 관점에서 설명한다. 이에 관한 루터의 주장을 들어 보자. "기독교인들도 칼의 힘 ^무력^을 사용할 수 있을 것인데, 그리하여 이웃을 섬기며 악한 이들을 제어할 수 있을 것이다. … 그러나 악에 저항하지 말라는 주님의 계명은 여전히 유효하

---

32   Roland H. Bainton, *Christian Attitudes Toward War and Peace*, 138-189.

33   Martin Luther, "Whether Soldiers, Too, Can Be Saved," in *Luther's Works* 46, ed. Jaroslav Pelikan (Saint Louis: Concordia, 1955), 95.

기에, 기독교인이 칼을 들어 강제력을 사용할 수 있다 할지라도 자신을 보호하기 위해서나 복수를 위해서 사용해서는 안 되고 타인들을 위해서 해야 할 것이다. 그러므로 칼을 들어 온 공동체를 방어하고 보호하며 또 백성이 유린당하지 않도록 하는 것은 기독교 사랑의 일이다."[34] 이 인용에서 루터가 '온 공동체를 방어하고 보호하기' 위해 불가피하게 군사력을 사용하는 것은 정당하고 기독교 사랑에 상응하는 것으로 본다는 점을 눈여겨보아야 한다.

칼뱅은 전쟁 시작 전에 숙고해야 할 정의의 기준들의 관점*jus ad bellum* 〈유스 아드 벨룸〉에서 루터와 전체적으로 동의하면서, 한 걸음 더 나아가 전쟁에 참여하는 전쟁 수행자들이 지켜야 할 정의의 기준들의 관점*jus in bello* 〈유스 인 벨로〉에서 몇 가지를 지적한다. 무엇보다도 전쟁 수행자들에게 할 수 있는 대로 절제와 인도주의적 감정을 가지라고 권고한다. 무력 사용을 지휘하는 지도자들은 사적인 감정에 휩쓸리지 않도록 조심해야 하며, 걷잡을 수 없는 분노나 증오 혹은 잔혹함에 빠지지 않도록 힘써야 한다고 말한다.[35] 또한 "사랑의 법에 따라서, 적군이라 하더라도 투항하여 자비를 구하면 살 길을 열어 주어야 한다."[36]고 주장한다. 요컨대, 칼뱅의 정당전쟁론은 그 핵심에 동료 인간에 대한 애정 어린 관심이 자리 잡고 있다고 하겠다. 결론적으로 정당한 전쟁은 무고한 이웃을 보호하기 위해 수행되어야 하는 한편, 전쟁 수행 과정에

---

34   Martin Luther, *Sermons on the First Epistle of St. Peter,* in *Luther's Works* 30, ed. Jaroslav Pelikan (Saint Louis: Concordia, 1955), 76.

35   Jean Calvin, *Institutes of the Christian Religion,* trans. Ford Lewis Battles (Philadelphia: Westminster, 1960), IV. 20. 12.

36   Jean Calvin, *Harmony* III, 53. David F. Wright, "War in a Church-Historical Perspective," *Evangelical Quarterly* 57-2 (April 1985), 160에서 재인용.

서는 '사랑의 법'을 따라 최대한 인간에 대한 기본적인 존중과 애정을 견지해야 한다는 것이다.

2) 방어 전쟁의 정당화와 '마지막 수단으로서 전쟁 수행'이라 는 기준

루터는 오직 방어 전쟁을 허용한다. 이에 관한 그의 말을 들어 보자. "정신 나간 군주가 머리속에 전쟁을 기획하고 시작하는 것은 옳지 않다. 무엇보다도 전쟁을 시작하는 그 사람이 잘못됐으며 또 칼을 빼든 그 사람은 결국 패배하고 형벌을 받게 될 것이라는 점을 말하고 싶다."[37] 전쟁을 수행할 수 있는 권위라는 관점에서 보면, 하나님은 세속 정부에게 '평화를 깨고 전쟁을 시작할' 권위를 주신 것이 아니라 '평화를 유지하고 침략군을 제어하기 위해' 전쟁을 수행할 권위를 주신 것이다.[38] 아울러 정당화될 수 없는 전쟁의 동기 몇 가지를 소개하는데, 이기적 동기,[39] "돈에 대한 욕심",[40] "명예 혹은 영광에 대한 탐심"[41] 등이 그것이다.

방어 전쟁에 대한 루터의 정당화는 '마지막 수단으로서 전쟁 수행'이라는 또 다른 정당전쟁 기준을 내포한다. 군사력을 사용하기 전에 가능한 평화적 수단을 다 써 보아야 한다는 것이다. 앞에서 본 대로, 전쟁을 시작하는 이들은 불의하고 옳지 않다. 몇몇 성경 구절을 인

---

37   Martin Luther, "Whether Soldiers, Too, Can Be Saved," 118.
38   위의 글.
39   위의 글, 113-18.
40   위의 글, 131-32.
41   위의 글, 132-35.

용하면서,⁴² 루터는 하나님의 백성은 갈등을 해소하기 위해 협상에 나서야 하며 적들과 의견 일치에 이르도록 온 힘을 다해야 한다고 강조한다. "[하나님은] 하나님의 백성이 아모리와 가나안 왕국들에 먼저 평화를 제안하게 하시며 또 하나님의 백성이 그들에게 먼저 싸움을 걸어 전쟁을 하게 하지 않으실 것이다. 그래야 하나님의 계명이 확증될 것이다."⁴³ 만일 협상이 실패로 돌아간다면, 누구든지 부당하게 공격당하는 쪽은 방어 전쟁을 수행할 수 있다.

칼뱅은 정당한 방어 전쟁을 '필수적인 것'으로 본다. 정치 지도자들이 자국민과 영토를 보호하기 위해 외부의 침략에 대항하여 무력을 사용하는 것은 허용될 수 있다고 칼뱅은 주장한다.⁴⁴ 칼뱅에게 이러한 전쟁 수행은 '필연적인(필수적인)' 것이다. 불의한 침략에 대응하여 평화를 이루는 것이 전쟁 수행의 본질적 목적이라면 그 전쟁은 정당하다. 정치 지도자는 '극한의 필요에 의한 것' by extreme necessity 이 아니라면 전쟁에 나가서는 안 된다. 또한 루터와 마찬가지로, 극한의 필요라는 조건을 충족했다고 하더라도 전쟁은 마지막 수단이어야 한다고 역설한다.⁴⁵

3) 정당전쟁의 경우에도 전쟁의 결과는 하나님께 달려 있다

"약탈하고 살인하는 농민들에 대하여"에서, 루터는 정치 지도

---

42 민 21:21-30; 신 2:26-37; 민 14:40-45; 왕하 14:8-14; 왕상 22:2-40; 삿 12:1-6; 왕하 23:29. 위의 글, 120.

43 위의 글.

44 Jean Calvin, *Institutes of the Christian Religion*, IV. 20. 11.

45 위의 책, IV. 20. 12.

자들이 농민들을 징벌해야 하는 이유를 말하면서 동시에 그 결과는 하나님의 뜻에 달려 있다는 점을 인식해야 한다고 강조한다. "지도자가 기독교인이고 복음을 수용하고 있다면, … 그 지도자는 두려움으로 일을 진행해 나가야 한다. 먼저 하나님께 맡겨야 하는데, 우리가 이 모든 일을 겪을 만하다고 고백하고 또 아마도 하나님이 온 독일에 형벌을 가하시려고 이 악마를 일으키셨을지도 모른다는 점을 기억하면서 말이다."[46] 그러므로 정치 지도자들은 지금 불가피한 의무를 수행하고 있으며 정당한 사유로 전쟁을 수행한다 하더라도 승리가 결코 보장되어 있는 것은 아니라는 점을 알아야 한다. 결과는 하나님 손에 맡겨야 한다. 하나님께 모든 것이 달려 있고, 이를 놓고 기도하기를 하나님은 바라신다는 점을 기억해야 한다. 이에 대한 루터의 말을 들어 보자. "하나님이 여러분에게 이것 혹은 저것을 맡기셨다는 것을 아는 것만으로 충분하지 않다. 하나님은 아무에게도 여러분 자신의 지혜와 능력에 의지해서 그 어떤 것도 하라고 하지 않으시기 때문에 두려움과 겸손으로 맡기신 일을 수행해야 한다. 하나님은 우리를 통하여 행하길 원하시고 우리가 그분께 기도하기를 바라시는데, 이는 그리하여 우리가 교만해지거나 그의 도움을 잊어버리지 않기를 바라시기 때문이다."[47]

46 Martin Luther, "Against the Robbing and Murdering Hordes of Peasants," in *Luther's Works* 46, ed. Jaroslav Pelikan (Saint Louis: Concordia, 1955), 52.

47 Martin Luther, "On War Against the Turk," in *Luther's Works* 46, ed. Jaroslav Pelikan (Saint Louis: Concordia, 1955), 190-91.

3. 정당전쟁 전통의 평화를 지향하는 사랑의 윤리 요약

사랑은 공적 정치사회 영역에서도 기독교인의 윤리적 판단과 행동을 지시하고 이끌어 가는 기준이어야 한다. 다양한 삶의 영역에서의 기독교인의 사랑은 무엇보다도 온 인류와 피조 세계를 향한 하나님 사랑이라는 창조와 섭리의 지평을 존중한다. 인류와 역사 그리고 세계를 향한 하나님의 애정 어린 섭리의 반영으로서 세속 정부혹은 국가권력의 가치를 인정하지만, 기독교인들은 무조건적으로 세속 정부의 강제력 사용을 정당화하거나 신중한 고려 없이 그러한 사용을 지지하지는 않는다. 정당전쟁에 관해서는, 정당전쟁의 기준들을 충족할 때 비로소 수용할 수 있으며 그것도 참으로 비통하고 무거운 마음으로 그렇게 해야 한다. 불의한 폭력 앞에서 생명의 위협을 겪고 있는 무고한 '우리의 이웃'을 위해 강제력을 사용하여 대응하는 것은 비통한 심정으로 수행해야 하는 불가피한 사랑의 행위로 받아들여야 하는 것이다. 기독교회가 이러한 폭력 사용을 무조건적으로 수용하거나 정치 영역에서 철저히 분리되어 사는 것을 마땅히 수행해야 할 공적 소명이라고 생각한다면, 정치권력이 극도로 폭력화할 때 교회가 마땅히 가져야 할 저항의 힘을 상실하게 될 것이다. 이런 면에서 기독교회와 신자들은 궁극적 규범인 예수 그리스도의 사랑의 윤리를 구현하며 살아가면서 불의한 폭력에 대한 대안으로서의 영향력을 나타내는 것을 중요한 도덕적 책임으로 받아들여야 한다는 것이 정당전쟁 전통의 윤리적 신념인 것이다.

정당전쟁 전통은 하나님 나라의 기준을 오늘의 윤리적 삶의 궁극적 기준으로 존중하면서도, 하나님 나라의 완성과 인간 공동체의 역사적 성취 사이에는 분명한 간격 혹은 차이이 있다는 점을 견지한다. 이러한 종말론적 긴장은 어거스틴 전통의 인간 이해와 맞닿아 있다. 인간의 도덕적 가능성을 전면적으로 부정하지 않지만, 인간의 죄악됨과 유한함에 대한 예민한 인식을 결코 버리지 않는다. 그러기에 사랑은 '손쉬운 가능성' simple possibility 이 아님을 기억해야 한다. 또한 사랑의 이상이 정의의 형태로서 근사치적으로 실현되는 가능성도 열어 두어야 하는 것이다.

III

거룩한 전쟁 전통의 평화 이해와 사랑의 윤리: 십자군을 중심으로

1. 종교적 동기로 수행한 전쟁

에르트만 Carl Erdmann 은 거룩한 전쟁을 "종교적 행위로 여겨지거나 어떤 의미에서든 종교와 직접적으로 연관되어 있는 전쟁"[48]이라고 정의한다. 이어서 "여기서 종교는 그 자체로 전쟁의 구체적 원인명분을 제공하는데, 공공의 복지, 영토 방어, 국가적 명예 혹은 국가의 이해

---

[48] Carl Erdmann, *The Origin of the Idea of Crusade*, trans. Marshall W. Baldwin and Walter Goffart (Princeton: Princeton University Press, 1977), 3.

등을 고려하는 것에 장애받지 않으면서 말이다."⁴⁹라고 하였다.

교황 우르반 2세 ᵁʳᵇᵃⁿ ᴵᴵ가 시작한 십자군 전쟁은 종교적 동기와 목적을 가지고 수행한 전쟁이었다. 이 전쟁의 목적은 무엇보다도 동방에 있는 기독교 공동체를 보호하고 기독교 영토를 회복하는 것이었다.⁵⁰ 1095년 클레르몽 회의 ᶜᵒᵘⁿᶜⁱˡ ᵒᶠ ᶜˡᵉʳᵐᵒⁿᵗ 에서 우르반 2세가 한 연설은 이러한 목적 설정을 분명히 한다.

> 프랑크족의 사람들이여, 여러분의 많은 영토 영역에서, 낮이든 밤이든, 노상의 범법자들 때문에 상해나 물리적 공격을 받지 않고 왕래할 수 있는 이는 아무도 없습니다. 심지어 집에서조차 안전하지 못합니다. 이제 우리의 선조들에게 하나님의 휴전으로 알려진 법을 다시 실행합시다. 여러분 가운데 평화를 유지하기 위하여, 여러분은 동방에서 여러분의 형제자매를 도와야 하는데, 그들은 저주받은 인종에게 협박받고 있고 또 하나님으로부터 철저하게 버려져 있습니다. 우리 주의 성소 ʰᵒˡʸ ˢᵉᵖᵘˡᶜʰʳᵉ 는 한 부정한 백성의 더러움에 의해 오염되고 있습니다. 성소를 향해 출정합시다. 사악한 사람들에게서 그 땅을 회복하고 여러분에게 속하게 합시다.⁵¹

또한 우르반은 십자군 전쟁이 구속적 ʳᵉᵈᵉᵐᵖᵗⁱᵛᵉ 효력을 갖는 것으로 해석했다. 그는 다음과 같이 선언한다. "지금까지 약탈자로 살아왔던 이들을 그리스도의 군사가 되게 하라. 형제와 친지들과 등지고 살

---

49   위의 책.

50   A. J. Coats, *The Ethics of War* (Manchester: Manchester University Press, 1997), 106-107.

51   Roland H. Bainton, *Christian Attitudes Toward War and Peace*, 111-12.

았던 이들로 야만인들과 싸우는 의의 군사가 되게 하라. 몇 조각 은을 얻기 위해 목숨을 걸었던 사람들로 영원한 보상을 위해 투신하게 하라."[52] 십자군의 군사가 되어 신적인 목적을 성취하는 데 이바지함으로써, 사회적·영적인 보상을 얻을 수 있다는 소망을 불러일으키고 있는 것이다. 다시 말해, 하나님의 뜻을 이루는 거룩한 사업인 십자군 전쟁에 참전함으로써, 각종 면제와 사죄의 기회를 얻을 수 있으며 심지어 천국에서 특별한 지위를 얻을 수 있다고까지 선전하였던 것이다. 교황을 비롯한 많은 설교자들이 대중의 마음을 움직였고, 이에 많은 사람들이 '영원한 유익'을 기대하며 십자군에 참여하게 된다. 은자 피터 Peter the Hermit 의 설교를 듣고 1만 5천여 명이 십자군의 부름에 응답하였다는 일화는 하나의 좋은 보기가 될 것이다.[53]

요컨대, 십자군은 공식적으로 종교적 목적을 이루기 위해 시작되었다는 것이 분명해진다. 베인튼이 지적한 대로, 십자군의 명분은 세속적인 것이어서는 안 되고 거룩해야 하며, 하나님의 도우심 가운데 이루어져야 한다. 거룩한 목적과 하나님의 주권 아래에서 수행하는 전쟁이기에, 이 전쟁에서 십자군의 군사들은 거룩하고 그들의 대적은 불경하다는 인식이 깔려 있음도 주목할 만하다.[54]

52 E. Peters, ed., *The First Crusade: The Chronicle of Fulcher of Chartres and Other Source Materials* (Philadelphia: University of Pennsylvania Press, 1971). A. J. Coats, *The Ethics of War*, 107에서 재인용.

53 최덕성, 『종교개혁전야』(서울: 본문과현장사이, 2003), 16-19.

54 위의 책, 148.

ılılılılı 사랑에 관한 신학적 윤리적 탐구 사랑의 윤리

2. 폭력이 기독교 제자도의 핵심이다

처음부터 그랬던 것처럼, 기독교 전통에서 전쟁에 대한 부정적 시각은 지속되었다. 예를 들어, 이교도에 대한 반감은 있었지만 그들에 대한 전쟁을 수용한 것은 아니었다. 에르트만은 이 점을 적시한다. "기독교 세계에 존재한 강한 공동체 의식은 모든 이교적인 것을 거부한 데서 잘 드러난다. 어거스틴의 하나님 왕국과 악마의 왕국 사이의 대조는 인간의 마음 속에 역동하는 것이기도 하고, 때때로 기독교와 이교 사이의 충돌을 표현하기 위해 쓰이기도 했다. 그러나 그렇다고 해서, 교회가 이교도를 멸절하거나 회심을 강제하기 위해 이교도에 대한 전쟁을 원했다는 가정은 지나치다. 전쟁에 대한 이러한 모호함 때문에 교회는 이 방향으로(이교를 멸절하거나 회심을 강제하기 위해 전쟁을 선호하는 방향) 가는 것을 꺼려했다."[55]

전쟁에 대한 교회의 태도는 전쟁에 관한 부정적 인식과 도덕적 신중함으로 특징지을 수 있다. 예를 들어, 성직자가 군인이 되는 것을 막았고, 전쟁에 참가했던 평신도들은 성례에 참여하기 위해서 참회를 해야 했다. 코우츠A. J. Coats는 이처럼 전쟁을 도덕적으로 신중하게 검토하고자 하는 교회의 입장은 십자군 전쟁을 기점으로 큰 변화를 맞게 되었다고 주장한다.[56] 십자군은 자신들의 전쟁 수행을 도덕적으로 또 영적으로 우월하다고 생각했는데, 세속적 영광이 아니라 종교적 목적을 위해 싸우기 때문이다. 이러한 도덕적 정당화는 전쟁에 대해 신중

---

55   Carl Erdmann, *The Origin of the Idea of Crusade*, 97.
56   A. J. Coats, *The Ethics of War*, 106.

한 혹은 모호한 입장을 취해 왔던 전통적 흐름과 사뭇 다른 것이다. 이에 관한 코우츠의 진술은 유익하다. "전쟁의 목적은 (이교도의) 점령지들을 해방시키고 기독교 공동체들을 보호하는 것일 수 있었겠지만, 그것이 갖는 초월적 성격 규정들로 인해 좀 더 제한적이고 온건한 목적들 안에 내포되었던 경계와 통제는 많이 약화되었다. 교황이 전쟁을 정당화함으로써, 전쟁 참여에 대한 유보적 자세를 철회하게 되었고 모든 도덕적 염려를 잠재우며 또 도덕적 의심들을 해소하게 되었다."[57]

십자군이 동방에 도착할 때, 십자군 병사들은 살육의 무리가 되어 이교도들을 무참히 살해했는데 그 가운데는 아이들도 포함되어 있었다. 베인튼은 십자군이 예루살렘을 함락했을 때 일어난 일을 극적으로 기술한다.

> 우리 십자군 병사들 가운데 어떤 이들은 (이들은 좀 더 자비로웠다) 적들의 머리를 절단했고 다른 병사들은 화살을 쏘아 적들을 탑에서 떨어져 죽게 했다. 또 다른 이들은 적들을 불꽃 가운데 집어넣어 고문을 오랜 시간 계속했다. 시체의 잘린 목, 손 그리고 발 더미들이 거리에 가득했다. 사람들과 말들의 시체가 너무나도 많이 깔려 있어 길을 내기가 어려울 정도였다. 그러나 솔로몬 성전에서 일어난 일에 비하면 이것은 작은 일이다. … 솔로몬 성전에서는 무릎까지 차오르는 피의 강을 헤쳐 가야 했다. 이는 실로 하나님의 정의롭고 위대한 심판이시다. 그동안 성전이 겪어야 했던 불경스러운 상황을 생각하면, 이곳은 불신자들의 피로 가득해야만 한다.[58]

---

[57] 위의 책, 108.

여기에 잘 드러나는 것처럼, 어거스틴이나 루터 그리고 칼뱅이 전쟁이나 살인을 정당화할 때 보여준 신중하고도 조심스러운 어조나 분위기는 십자군에서는 찾을 수 없다. 거룩한 전쟁은 절제 혹은 통제restraint를 거두어 버리는 경향이 있다. 카힐은 십자군은 폭력을 기독교 제자도의 핵심으로 바꾸어 놓았다고 해석한다. "십자군은 그때까지의 전통에서 어떤 변화를 이끌어 내었는데, 폭력을 (특히 살인을) 신실한 제자도의 주변이 아니라 중심에 위치시켰다는 점에서 그렇다. 그들은 교회의 이익을 위한 방어적 폭력을 공격적으로 이해하는 방향으로 급선회했으며, 성직자를 단순히 영적인 기사가 아니라 실제적인 군사로 편입시켰다. 그리고 전쟁의 보상으로 영원한 상급을 덧붙였다."[59]

3. 배타적 사랑

어거스틴이 강제력 혹은 폭력 사용을 정당화할 때 제시한 가장 중요한 근거는 이웃 사랑이다. 불의한 침략자의 위협 앞에서 자신을 보호할 수 있는 적절한 능력을 갖추지 못한 무고한 이웃을 구하기 위해 무기를 드는 것을 사랑의 행위라고 본 것이다. 십자군의 경우에도 이웃 사랑의 동기가 완전히 사라지지는 않았다. 그러나 그들의 이웃 사랑은 "같은 민족이나 친족 관계 혹은 종교적인 유대 등의 이유가 있어 동료를 사랑한다."[60]는 의미에서 제한적이다. 라일리-스미스Jonathan

---

58 Frederick Duncalf and August C. Krey, *"Historia Francorum," Parallel Source Problems in Medieval History* (New York: Harper & Brothers, 1912). Roland H. Bainton, *The Christian Attitudes Toward War and Peace*, 112-13에서 재인용.

59 Lisa Sowle Cahill, *Love Your Enemies*, 125.

60 위의 책, 129.

Riley-Smith에 따르면, 교황 우르반은 적에 대한 사랑보다는 기독교 형제 자매들에 대한 사랑과 그들을 구하기 위한 희생을 강조했다.[61] 십자군의 사랑은 보편적 사랑이라기보다는 배타적 사랑 곧 위기에 처한 동료 기독교인들을 향한 제한적 사랑이었던 것이다.

4. 거룩한 전쟁 전통이 지향하는 사랑의 윤리 요약

십자군으로 대표되는 거룩한 전쟁 전통의 전쟁 정당화와 배타적 사랑의 윤리의 요점을 정리해 보자. 군사력은 특정한 이념적 종교적 확신을 보존하고 확장하는 것을 목적으로 하며, 적대하는 쪽을 싸워 이겨야 한다. 영토의 확장을 중요한 목적으로 삼기도 한다. 전쟁은 마지막 수단이 아니어도 무방한데, 오히려 목적 완수를 향한 가장 좋은 방법으로 여겨지기도 하며 선호하는 전쟁의 형식은 침략 전쟁이다. 한편으로 폭력을 통하여 적을 굴복시키는 것이 평화를 이루는 길이며, 다른 한편으로 타자에 대한 관심은 동료에 대한 사랑으로 제한되는데 이러한 사랑은 같은 민족이나 동일한 이념 혹은 종교적 신앙을 공유하는 이들에게만 향하는 배타적 사랑이다.

---

61 Jonathan Riley-Smith, *The First Crusade and the Idea of Crusading* (London: Athlone Press, 1986), 27.

Ⅳ

비교와 평가 및 규범적 방향성 모색

거룩한 전쟁 전통 역시 동료 신자에 대한 배타적 사랑을 근거로 폭력을 정당화하고 힘의 논리에 의한 평화 추구를 중시하는 경향성이 있음을 살필 수 있었다. 그러나 십자군으로 대표되는 거룩한 전쟁 전통이 이념적 종교적 신념의 보존과 확장을 명분으로 선제적 무력 사용과 침략 전쟁을 무비판적으로 수용한다는 점, 폭력을 통한 적의 굴복을 평화의 지름길로 강조한다는 점 등을 고려할 때, 이 전통은 참된 평화의 길과는 배치되며 그리하여 평화를 일구는 사람과 공동체의 윤리 곧 평화를 지향하는 사랑의 윤리를 탐색하는데 있어서 적절치 못하다고 필자는 판단한다. 그리하여 여기서는 평화주의와 정당전쟁 전통의 평화를 지향하는 사랑의 윤리에 대해 비평적으로 성찰할 것인데, 이 둘 사이의 비교와 평가를 통해 평화를 일구는 삶의 윤리적 기초로서의 사랑의 규범적 방향성을 모색하고자 한다.

평화주의 전통 뿐 아니라 정당전쟁 전통은 자아·타자 관계의 관점에서 폭력에 대한 대응폭력을 동반한 응답이 아니라 무저항이 평화를 위한 기독교인의 선택이어야 한다는 점을 강조한다. 우리가 본 대로, 정당전쟁 전통은 일반적으로 예수 그리스도의 비폭력 무저항의 사랑에 관한 윤리적 가르침과 구체적 실천의 모범에 입각하여 자기 자신을 보호하기 위한 불의한 폭력의 실행자에 대한 대응폭력의 사용 혹은 저항을 도덕적으로 금지한다. 예수 그리스도의 삶과 가르침에 근거하여 타자를 위한 철저한 이타적 헌신과 무저항의 사랑을 기독교인의 윤리적 삶의 요체로 견지하는 평화주의 전통 역시 자아와 타자가 연루되고 정당방어가 용인될 수 있는 상황에서도 자기보호를 위한 폭력의 사용을 단호하게 거부한다. 다만 이러한 이타성에 입각한 무저항의 사랑의 윤리에 대한 강조가 자기 자신에 대한 기본적인 배려마저도 부정하는 경직된 이타주의로 흐를 위험이 있다는 점, 불의한 폭력이 개입되어 있는 자아·타자 관계에서 자기희생적인 무저항의 사랑 실천으로 폭력상황의 중단에 이르게 되었으면 그것을 온전한 평화의 상태로 볼 수 있는지 또 그렇게 평화에 이르는 것이 도덕적으로 온전하고 실제적으로 유효한지에 대한 비평적 물음이 불가피하게 요구될 수 있다는 점 등을 신중하게 고려해야 할 것이다. 한편으로 자기 자신도 하나님의 차별 없는 사랑의 대상에 포함된다면, 그러한 하나님의 사랑의 의도를 존중하면서 '나'는 타자 뿐 아니라 자기 자신도 정당한 사랑의 대상으로 품는 것이 마땅하다고 할 것이다. 다른 한편으로 사랑의 대상에 내재된 악의 가능성의 관점에서 무저항으로 구현되는 철저한 자기부정의 사랑을 실천하는 주체가 사랑해야 할 대상, 특히 폭력의 상황에 연루된 대상에 의해 악용될 수 있는 가능성을 적절하게 고려하는 것이 자아의 복지에 대한 기본적 배려, 타자의 악에 대한 교정의 가능성 제고 그리고 불의한 폭력 사용의 중지와 예방을 통한 평화의 목적 실현을 위해서 필요할 것이라고 주장에 대해서 주목할 필요가 있다고 생각한다.[62]

평화교회 전통은 자아·타자 관계뿐 아니라 타자·타자 관계에서도 비폭력 무저항의 사랑을 일관성 있게 또 포괄적으로 구속력 있는 규범으로 존중한다. 그러나 정당전쟁 전통은 자아·타자 관계와 타자·

타자 관계를 구분한다는 점에서 평화주의 전통과 다르다. 타자·타자 관계의 관점에서 신중하게 대응폭력 사용의 여지를 열어 두는데, 정당화의 근거는 사랑 곧 불의한 폭력 앞에 선 무고한 동료인간에 대한 사랑이다. 필자는 어거스틴 전통에 서서 정당전쟁의 상황에서 타자보호를 위한 사랑 실천으로서의 불가피한 대응폭력의 사용을 받아들이는 정당전쟁 전통의 규범적 논지에 기본적으로 동의하면서, 평화주의 전통의 자아·타자 관계와 타자·타자 관계의 구분 철폐에 대해서는 비평적 성찰이 필요하다고 생각한다. 자아·타자 관계와 타자·타자 관계 구분의 철폐에서 타자에 대한 도덕적 책임을 소홀히 할 위험을 탐지할 수 있다.[63] 다시 말하지만 필자는 자기희생적인 비폭력 무저항의 사랑이 역사 속에서 기독교회와 신자들이 궁극적으로 구현해야 할 규범적 기준이라고 역설하는 에라스무스와 같은 평화주의자들에 동의하지만, 공적 정치사회적 영역에서 만나는 관계들을 현실적으로 또 적절하게 검토하면서 그러한 규범적 기준을 적용·실현하는 것이 정치사회적 삶에서의 사랑의 구현과 그것을 통한 평화의 실현에 요구된다는 점을 밝히고자 한다.

자기희생적인 이타적 사랑의 실천은 기독교인들의 윤리적 삶에서 규범적 핵심이라고 할 것이다. 예수 그리스도의 사랑의 가르침과 실천을 기준과 모범으로 삼아 구체적으로 사랑을 구현함으로써 기독

---

62 자아·타자 관계에서 자기희생적 이타성을 기독교 사랑의 규범적 본질로 존중하면서 적절한 자기 배려는 정당한 도덕적 종교적 명령이라는 점을 견지하면서도, 이러한 자기 배려가 자기기만적인 윤리적 자기정당화 곧 폭력의 상황에서 타자는 '악'이고 자기 자신은 '선'이라는 이분법적 구도를 전제한 자기정당화로 변질될 가능성에 대해서 경계해야 할 것이다. 이에 대해서는 2장에서 아웃카의 입장을 중심으로 진술한 바 있다.

63 기독교 사랑의 규범적 본질로서의 자기희생적 이타성에 대해 논구한 2장에서 다루었는데, 참고하길 바란다.

교회와 신자들은 역사의 과정과 일상의 삶에서 참된 사귐의 관계와 공동체를 형성하고 사회적 평화를 일구어가야 하는 것이다. 필자는 기독교인들의 윤리적 삶에서 예수 그리스도가 가르치시고 몸소 보여 주신 자기희생적인 비폭력 무저항의 사랑이 윤리적 규범으로서 핵심적 지위를 보유한다는 점을 다시금 강조하면서, 한편으로 자아·타자 관계와 타자·타자 관계의 구분을 통해 견지하고자 하는 정당전쟁 전통의 '사랑에 근거한 평화'론을 존중하고 다른 한편으로 최소한의 자기 배려도 윤리적 정당성의 범주에서 제외하기까지 사랑의 이타성에 첨예한 비중을 부여하는 입장을 경계할 것을 제안하는 바이다. 아울러 자아·타자 관계와 타자·타자 관계의 구분을 철폐하여 윤리적 상황주의에 저항하고 비폭력 무저항의 사랑 실천을 위해 필연적으로 자기희생이 따를 수밖에 없음을 본질적으로 전제하면서 그러한 자기희생을 평화 구현의 필요충분조건으로 설정하는 평화주의 전통의 근본 취지를 존중하면서도, 평화주의가 생명의 보존과 신장을 위해 이타적인 물리적 사랑의 행동이 요구되는 상황에서 스스로를 보호할 능력이 없는 무고한 이웃에 대한 도덕적 책임을 소홀히 여기는 것은 아닌지에 대한 문제제기는 결코 쉽게 지나칠 수 없는 성격의 것이라는 점을 밝히고자 한다.

제 7 장

한국정부의 통일정책과
기독교 '평화와 사랑'론의 비평적 대화

* 이 장은 다음 문헌을 수정·보완한 것이다. 정부의 통일정책과 기독교윤리적 평가 부분을 주
로 참고하였다. 이창호, "역대 한국 정부의 통일정책에 대한 기독교 윤리적 응답: 전쟁과 평화
전통을 중심으로," 『기독교사회윤리』 20 (2010. 12), 223-68.

본 장에서 필자는 기독교 '전쟁과 평화' 전통을 윤리적으로 논구하여 모색한 규범적 판단의 틀로부터 한국정부의 통일정책을 분석·평가하고자 한다. 이러한 분석과 평가는 한국정부의 통일정책에 내포된 규범적 지향과 평화를 지향하는 기독교 사랑의 윤리 사이의 비평적 대화를 모색하는 데 있어 의미 있는 기반이 될 것이다. 이런 맥락에서 본 장의 목적은 평화를 지향하는 사랑의 윤리의 관점에서 한국정부의 통일정책을 분석하고 기독교 사회윤리적 제안을 하는 것이다. 이를 위해, 먼저 가장 중요한 정책적 목표인 '긴장완화'와 '평화공존'의 관점에서 한국정부의 통일정책을 분석할 것이다. 분단 이후의 이승만 정부로부터 김대중 정부까지, 정부의 통일정책이 그 분석의 대상이 될 것이다. 다음으로 6장에서 다룬 전쟁과 평화의 이론들 곧 평화주의, 정당전쟁, 그리고 거룩한 전쟁에 대한 탐구를 근거로 이들 속에 담긴 정치적 윤리적 함의를 검토하고 "평화주의 유형", "정당전쟁 유형" 그리고 "거룩한 전쟁 유형"으로 유형화할 것이다. 이 유형들은 사회윤리적 규범을 함축하고 있어서 통일정책에 내재하는 규범적 지향^{혹은 특성}을 분석하는데 유용하게 쓰일 것이다. 마지막으로 긴장완화와 평화공존을 강화하고 궁극적으로 통일에 이바지하고자 하는 목적으로 몇 가지 실천적 제안을 할 것이다.

I

통일정책에 대한 신학적 윤리적 성찰의 필요성

한반도에서 남북간의 군사적 충돌 가능성은 상존한다. 그야말로 휴전 상태일 따름이다. 북핵 문제는 진행형이고 군사적 충돌이 일어날 가능성을 늘 경계해야 하는 상황이다. 남북 그리고 북미 정상회담이 이어지면서 한반도의 긴장의 수위가 낮아지고 있다고는 하나, 서로에 대한 불신과 체제에 대한 부정 등이 남한과 북한의 관계를 규정하는 기본적인 표현들에 포함되는 현실을 부정할 수 없을 것이다.

우리가 잘 아는 대로, 김대중 정부는 북한에 대한 전향적 통일정책을 수립·집행하였다. 햇볕정책을 내걸고, 김대중 전 대통령은 북한이 군사적으로 도발하지 않는 한, 흡수 통일을 시도하지 않겠다고 천명하였다. 이 정책의 기본 뼈대는 긴장완화와 상호인정을 기반으로 평화롭게 공존하는 남과 북의 미래를 추구하는 것이다.[1] 요컨대, 긴장완화와 평화공존, 이 두 가지는 통일을 향해 가는 길에 이루어야 할 가장 중요한 정책적 목표라고 하겠다. 햇볕정책 이전의 통일정책들이 정부 주도적이었다고 한다면, 김대중 정부의 통일정책의 특징은 정부와 국민이 함께 하는, 다시 말해 정부와 국민이 합의하고 힘을 모아 실천하는 것이었다고 할 수 있다. 김대중 정부의 이런 정책적 특징을 감안

---

1   Chung-In Moon and David I. Steinberg, eds., *Kim Dae-jung Government and Sunshine Policy: Promises and Challenges* (Seoul: Yonsei University Press, 1999), 11-12.

296
|||||||||| 사랑에 관한 신학적 윤리적 탐구 사랑의 윤리

하더라도, 정부의 정책을 주의 깊게 분석하고 성찰하는 것은 중요한 일이다. 통일을 위한 여러 가지 일들의 주도권은 여전히 정부에 있기 때문이다.[2]

실로, 한반도는 전쟁과 평화의 갈림길에 서 있다. 이러한 현실에 교회는 어떻게 응답할 것인가? 이 분단의 땅에 하나님의 평화를 심고 평화로운 통일을 이루기 위해 교회가 이바지해야 함은 두말할 필요가 없다. 좀 더 구체적으로 말하면, 교회는 긴장완화와 평화공존을 강화하는 방향에서 통일을 위한 노력들에 동참해야 할 것이다. 어거스틴, 아퀴나스, 루터, 칼뱅 등이 대변하는 기독교의 전통적인 사회윤리에 따르면, 세속 정부는 공적 평화를 유지하고 범죄와 악행을 제어하며 또 죄와 악의 결과를 치유하기 위해 존재한다. 세속 정부가 인간의 개인적 공동체적 실존을 지탱하는 데 긍정적 역할을 수행하고 있다면 기독교인들은 세속 정부의 존재와 역할을 긍정적으로 평가할 수 있을 것이다. 이와 같이 기독교인들은 인간 실존의 외적 혹은 공적 요소들을 마련하고 또 증진하는 정부의 노력을 격려하거나 또는 비판적으로 성찰할 수 있다. 한국 상황에서 인간의 개인적 공동체적 생존을 위한 가장 중요한 외적 혹은 공적 요소 한 가지를 꼽으라면, 그것은 분단과 갈등의 현장인 한반도에 평화를 정착시키는 일일 것이다. 교회는 남북의 평화로운 공존과 궁극적으로는 통일을 이루기 위한 정부의 노력을 격려하고 비판적으로 성찰함으로써 통일에 이바지할 수 있다. 보다 구체적으로, 통일을 위한 정책 수립과 그 집행 과정을 기독교의 신학적

---

2   Jin-wook Choi and Sun-Song Park, *The Making of a Unified Korea: Policies, Positions and Proposals* (Seoul: The Korean Institute for National Unification, 1997), 1.

윤리적 신념의 빛에서 성찰·평가하고 기독교적 대안을 제시함으로써 한반도 통일을 위한 교회의 사명을 감당할 수 있는 것이다.

II

긴장완화와 평화공존의 관점에서의 통일정책 분석

1. 이승만 정부 1948-1960

이승만 정부의 통일정책은 북진 정책으로 요약된다. 공산주의 자들을 멸절하기 위해서라면 전쟁도 불사한다는 강경책이다. 심지어 휴전 협정을 무력화하려는 시도를 하기도 했다.[3] 1954년 4월 27일 제네바에서 남한 정부는 통일을 위한 하나의 제안으로서 북한에서 총선거를 치르자고 하였다. 총선거는 남한의 헌법적 과정에 기초해야 하며 유엔UN의 감독 아래 이루어져야 한다는 것이 이 제안의 내용이었다.[4]

북진정책이나 총선거 제안 등과 같은 대북 정책 혹은 통일정책의 함의는 남한 정부가 북한 정권의 합법성 혹은 정통성을 인정하지 않는다는 것이다. 기본적으로 이승만 정부는 한반도의 유일한 합법 정부는 남한이라는 신념을 굳게 지켰던 것이다.

---

3   양영식, 『통일정책론』(서울: 박영사, 1997), 11-15.
4   위의 책, 15-20.

2. 박정희 정부 1962-1979

북한과의 협상을 완전히 배제하지는 않지만, 박정희 정부는 기본적으로 북한에 대한 불신을 가지고 있었다. 이런 맥락에서 한반도가 하나 되게 하는 가장 효과적인 방법은 승공勝共이라고 생각하였다. 승공 통일정책은 '선先건설 후後통일'로 그 방향성이 구체화되었다. 남한이 정치, 경제, 사회, 문화 등 제 분야에서 북한을 능가할 때, 비로소 통일을 이룰 수 있다고 생각했던 것이다. 1960년대 후반에 발생했던 북한 무장 게릴라의 남침과 같은 폭력적 사건들은 반공을 기치로 내건 안보 정책을 강화하는 중요한 요인으로 작용했다.[5]

1970년대에 들어서면서 박정희 정부의 통일정책은 급격한 변화를 맞게 된다. 미국과 소련이 화해의 길로 들어서면서, 그러한 화해 분위기가 한반도에도 영향을 미치게 된 것이다. 1970년 광복절 기념사에서 박정희 대통령은 남과 북 사이에 '발전과 건설 그리고 창조의 경쟁'이 있어야 할 것임을 천명한다.[6] 이것은 분단 이후 처음으로 남한이 북한과 평화롭게 공존하기를 희망한다는 뜻을 밝힌 것이어서 그 중요성이 자못 크다고 할 수 있다.[7] 앞에서 본 대로, 남한 정부가 북한을 합법적인 정부로 인정하려 하지 않았다는 점을 고려하면 평화공존을 향한 남한 정부의 변화는 특기할 만한 것이다. 이러한 변화의 근본적인 이유로 남한이 경제 성장을 바탕으로 하여 북한 체제에 대한 어

---

5 Jin-wook Choi and Sun-Song Park, *The Making of a Unified Korea*, 49.

6 *A White Paper on South-North Dialogue in Korea* (Seoul: National Unification Board, 1982), 315-20.

7 Hak-joon Kim, *Unification Policies of South and North Korea* (Seoul: Seoul National University Press, 1978), 299-300.

떤 자신감을 갖게 되었다는 점을 들 수 있겠다.[8]

나라 안과 밖에서 생긴 호의적인 변화는 역사적인 '7·4 남북 공동성명'의 중요한 배경이 된다. 1971년 말에 있었던 남북적십자회담에 이어 가졌던 여러 차례의 비공식적인 접촉은 공동성명을 내기에 이른다. 이 성명에서 남과 북은 '자주, 평화 그리고 민족대단결'이라는 원칙 아래 통일을 위해 함께 힘쓰기로 합의한다. 성명과 더불어, 통일에 관한 여러 문제를 논의할 남북협력위원회를 발족시킨다. 이는 남북관계를 새로운 시대로 접어들게 하는 중요한 계기로 작용한다.[9]

그러나 불행하게도, 미국과 소련 사이의 우호적 관계는 그리 오래 가지 못했다. 동서 냉전이 다시 강화되고, 그러한 국제 정세의 변화는 한반도에도 직접적인 영향을 주게 된다. 무엇보다도 7·4 공동성명의 해석을 두고 남북한은 갈등하기 시작한다.[10] 북한 정권은 자주의 원칙은 미군 철수를 통해, 평화의 원칙은 남한 군대 현대화의 중단으로, 그리고 민족대단결의 원칙은 남한 모든 인민의 정치적 활동의 자유를 보장함으로써 실현될 것이라고 주장한다.[11] 이러한 해석은 근본적으로 남한 체제의 전복을 목표로 하는 김일성의 '3대 혁명강화계획'에서 그 뿌리를 찾을 수 있다고 하겠다. 이에 반하여 남한 정부는 공동성명의 3대 원칙을 이와는 사뭇 다르게 해석한다. 첫째, 자주의 원칙은 남과 북 사이의 직접 교류를 중요하게 내포하고, 미군의 주둔은 짐이 아니라 평화를 유지하는 도구로서의 의미를 가진다. 둘째, 평화의 원칙

---

8 양영식, 『통일정책론』, 160.

9 Hak-joon Kim, *Unification Policies of South and North Korea*, 304-11.

10 Jin-wook Choi and Sun-Song Park, *The Making of a Unified Korea*, 63-65.

11 위의 책, 65-66.

사랑에 관한 신학적 윤리적 탐구 사랑의 윤리

은 상호 불가침 조약을 통한 평화공존을 의미한다. 셋째, 민족대단결의 원칙에 따르면, 통일은 이념과 체제를 초월하여 남과 북이 한민족이라는 공감대 위에서 추구해야 하는 것이다.[12]

또한 1970년대 중반 남과 북 사이에 존재했던 경제적, 군사적 경쟁은 남북 관계에 더 큰 긴장을 가져다주는 주된 원인이 되었다. 북한은 남한 체제 전복 혹은 남한 내부에서의 혁명의 완성이라는 목표를 포기하지 않았고, 베트남 전쟁의 결과는 북한을 더욱 자극하였다. 이러한 상황에서 남한 정부는 북한의 위협에 대하여 안보 태세를 강화할 수밖에 없었다. 안보 강화를 이루기 위해, 남한 정부는 무엇보다도 미국과의 군사적 협력 관계를 더욱 공고히 하게 된다. 팀스피리트Team Spirit 합동 군사 훈련이나 율곡 사업 등이 그 구체적인 보기들이다.[13]

3. 전두환 정부[1980-1987]

전두환 대통령은 이전 통치자들과는 달리, 명시적으로 '북진통일'과 같은 공격적 통일정책을 천명하지는 않았다. 그럼에도 불구하고, 북한을 능가해서 통일을 이루고자 하는 승공적 정책을 고수했다고 할 수 있다. 특히 이념적으로 민주주의의 가치를 내포하는 남한 체제로 북한을 압도함으로써 이루어지는 통일을 바라보았던 것이다.[14]

전두환 정부의 통일정책을 면밀히 살펴보면, 긴장완화와 평화

---

12   위의 책.
13   위의 책, 67-68.
14   B. C. Koh, "South Korea's Unification Policy," in *The Prospects for Korean Unification*, eds. Jay Speakman and Chae-Jin Lee (Claremont: The Keck Center for International and Strategic Studies, 1993), 78.

공존이라는 목적에 이바지할 수 있는 내용들을 담고 있음이 발견된다. 남한 정부는 남북한 지도자의 상호 방문[1981]을 제안하고 나서, 곧 이어서 남북정상회담을 제안하였다. 만약 이 제안이 성사되었다면 분단 이후 최초의 남북정상회담이 열릴 수 있었을 것이다. 전두환 정부의 이와 같은 제안은 비정치적 교류뿐만 아니라 정치적인 요소가 긴장완화와 평화공존의 증진에 중요하다는 인식에서 비롯되었다. 이러한 접근은 '민족화합민주통일방안'[1982]에서도 잘 드러난다. 이 방안은 크게 두 가지 축으로 이루어져 있다. 첫째, 민족통일협의회를 구성하여, 남북 국민들의 염원을 담은 통일 헌법 초안을 작성하는 것이다. 헌법안은 남과 북의 국민투표에 붙이고, 최종적으로는 통일 헌법에 근거해 통일 의회와 통일 정부를 수립하는 것까지 포함한다.[15] 둘째, 남북 관계에 관한 잠정합의서는 구체적인 통일 방안들을 제시한다. 상호평등에 근거한 우호적 관계 유지, 모든 분쟁의 평화적 해결, 국내 문제에 대한 불간섭, 휴전 체제의 유지와 군사비 증액 중단, 남과 북이 서명한 모든 국제 조약 존중, 이러한 문제들을 논의하고 해결하기 위한 연락 사무소 개소 등이 그것이다.[16]

정책 수립 차원에서의 이러한 진전에도 불구하고, 대한항공 007편 피폭 사건과 랑군[Rangoon] 폭파 사건 등 1983년에 일어난 비극적 사건들은 남북 관계를 급속히 악화시킨다. 이런 상황에서 북한은 1984년 1월에 남한과 북한과 미국 간의 3자 회담을 제안한다. 그러나

---

15 김근식 외 3인, 『통일·남북관계 사전』(서울: 통일부 통일교육원, 2004), 141-142.

16 Young Whan Kihl, "South Korea's Unification Policy in the 1980's," in *Korean Reunification: New Perspectives and Approaches*, eds. Tae-Hwan Kwak, Chonghan Kim, and Hong Nack Kim (Seoul: The Institute for Far Eastern Studies, Kyungnam University, 1984), 34-36.

〰〰〰〰〰 사랑에 관한 신학적 윤리적 탐구 사랑의 윤리

이 회담은 실제로는 별개의 두 회담을 포함하는데, 하나는 미군 철수를 의제로 한 미국과의 회담이고 다른 하나는 불가침 조약 수립을 위한 남한과의 회담이다. 남한과 미국은 이 제안을 거부하고 남북 직접 대화를 제안하지만, 북한이 이를 거부한다.[17]

남북 관계가 악화일로로 치닫고 있을 때, 엄청난 홍수 피해로 고통하던 북한이 남한에게 구호의 손길을 요청하는 일이 발생한다. 남한 정부는 북한의 요청을 수용하였고, 이 일이 남북 관계 개선의 계기로 작용하게 된다. 1984년 9월과 10월에 구호물자가 북한으로 운반되면서 이는 다양한 남북 교류로 이어진다. 1973년 이후로 중단되었던 적십자회담이 재개되고, 남북한 의회의 만남을 논의하기 위한 회담이 열린다. 일련의 접촉의 성과로 남과 북은 부총리급 인사가 주도하는 경제 협력 기구 구성에 합의하게 된다. 1985년에는 이산가족상봉과 예술가들의 상호 방문이 이루어지는 등 남북 관계에 훈풍이 분다. 남북관계에 유연한 태도를 가지게 된 김일성은 3자 회담이든 당사자 간의 직접 대화이든 만나자는 의사를 표명하기에 이른다.[18]

4. 노태우 정부 1987-1992

노태우 정부의 통일정책은 '한민족공동체통일방안'으로 집약된다. 이 방안의 중요한 특징들은 다음과 같다. 먼저 대화를 통해 신뢰를 회복하고 남북정상회담을 통해 '민족공동체헌장'을 채택하려 한다는

---

17 Jin-wook Choi and Sun-Song Park, *The Making of a Unified Korea*, 68-69.
18 Hak-joon Kim, *Unification Policies of South and North Korea*, 418-21.

것이다. 즉 화해와 협력을 통한 민족 공동체 형성을 지향한다. 말하자면 이 공동체는 통일의 완성을 앞에 둔 전환기적 시기를 일구어내는 것과 같다고 할 것이다. 마지막으로 통일 헌법이 제정되면, 이에 준하여 통일국회와 통일정부를 구성하는 것이다.[19]

이 통일방안의 핵심에는 남과 북의 민족적 유대 회복이라는 목적이 있다. "남과 북이 사회의 모든 영역에서 교류와 협력을 통하여 하나의 민족 공동체를 이루고 또 정치적 통합을 위한 조건이 충족될 때 하나의 국가를 이룰 수 있을 것이다. 국가 건설은 민족 건설을 통해 성취될 수 있는 것이다."[20]

노태우 정부의 통일정책은 남북 화해의 진전이라는 측면에서 두 가지 결실을 주목할 만하다. 첫째는 '화해, 불가침 및 교류협력에 관한 남북한 기본합의서'에 이른 것으로서, 이는 1991년 12월 제5차 남북한 고위급회담에서 채택되었다. 다른 하나는 '한반도 비핵화에 관한 공동선언'이다. 전자는 기본적 남북 관계에 관해 남북한 당국자가 서명한 공식 문서로는 첫 번째라는 데 의의가 있다. 이것은 정치, 군사, 다방면의 교류와 협력 등, 세 가지 중요한 영역에서 남북관계를 다룬다. 후자는 남한과 북한 모두 핵무기나 핵 재처리 혹은 우라늄 가공시설을 가져서는 안 된다는 것을 규정한다. 뿐만 아니라 여기에는 한반도가 비핵화 지역인지를 확인할 수 있도록 사찰을 받아야 한다는 내용도 포함된다. 특히 북한은 국제원자력기구[IAEA] 협정에 서명하고 또 사찰단의 북한 핵시설 사찰을 수용하였다.[21] 이러한 일련의 진전은

19   김근식 외 3인, 『통일·남북관계 사전』, 143-44.
20   Jin-wook Choi and Sun-Song Park, *The Making of a Unified Korea*, 104.
21   양영식, 『통일정책론』, 287-302.

남한과 북한의 평화공존이 공고해질 수 있다는 희망을 갖게 했다.

그러나 1992년 북한이 '화해, 불가침 및 교류협력에 관한 남북한 기본합의서'를 일방적으로 파기하면서 북한에 대한 불신이 급격히 증대된다. 북한은 1년 후 '핵확산금지조약'에서도 탈퇴한다. 이렇듯 북한의 갑작스럽고도 일방적인 조치들로 인해, 평화공존을 목표로 하여 상호간에 맺었던 정치적 약속이나 합의에 대한 신뢰성이 심각하게 훼손된다.

5. 김영삼 정부 1992-1997

김영삼 정부는 1994년 광복절에 '민족공동체통일방안'을 제안한다. 이 방안은 근본적으로 남한 체제가 북한 체제보다 우월하다는 확신에 기초한다. 통일은 공산주의가 아니라 자유민주주의에 더 비중을 두고 이루어져야 한다는 것이 강조되어 있다.[22]

김영삼 정부는 전쟁포로이자 열성적 공산주의자인 이인모를 북송하고 또 식량 지원을 하는 등 북한을 향한 포용적 정책 방향을 완전히 버리지는 않았다.[23] 그러나 북한의 전쟁 위협과 다른 적대적 행위들에 직면하면서, 매파적 정책 hawkish policy 방향을 전체적으로 유지하게 된다. 한 예를 들면, 1996년 9월 북한의 잠수함 침투를 명백한 군사적 침략 행위로 규정하고 이 문제를 유엔에 회부하였다. 이러한 점들로 미루어 볼 때, 김영삼 정부는 북한을 향한 강온 정책을 혼합함으로써

---

22 김근식 외 3인, 『통일·남북관계 사전』, 144-45.
23 양영식, 『통일정책론』, 353-55.

대북 혹은 통일 정책 수립과 실행에서 일관성을 견지하지 못했다고 평가될 수 있을 것이다.[24]

6. 김대중 정부 1997-2002

김대중 정부가 대북 정책으로 내세운 햇볕정책은 북한이 평화와 개방과 개혁을 향해 점진적으로 또 자발적으로 움직일 수 있도록 유도하는 적극적이면서도 선제적인 정책이다. 햇볕정책은 이를 위해 화해와 교류협력을 추구한다. 김대중 대통령의 취임 연설에 이 정책의 세 가지 원칙이 드러나며 거기로부터 구체적 실천 원리들을 추론할 수 있다.

> 南北問題 해결의 길은 이미 열려 있습니다. 1991년 12월 13일에 채택된 南北基本合意書의 실천이 바로 그것입니다. 남북 간의 和解와 交流協力과 不可侵, 이 세 가지 사항에 대한 완전한 合意가 이미 남북한 當局間에 이루어져 있습니다. 이것을 그대로 실천만 하면 南北問題를 성공적으로 해결하고 統一에의 大路를 열어나갈 수 있습니다. 저는 이 자리에서 北韓에 대해 당면한 3原則을 밝히고자 합니다. 첫째, 어떠한 武力挑發도 결코 용납하지 않겠습니다. 둘째, 우리는 北韓을 해치거나 흡수할 생각이 없습니다. 셋째, 남북 간의 和解와 協力을 가능한 분야부터 적극적으로 추진해 나갈 것입니다.

---

24 Kook Shin Kim, "The Kim Dae-jung government and inter-Korean exchanges and cooperation," *The Korea Journal of National Unification* 7 (1998), 12.

남북간에 交流協力이 이루어질 경우, 우리는 北韓이 美國, 日本 등 우리의 友邦國家나 國際機構와 교류협력을 추진해도 이를 지원할 용의가 있습니다. 새 정부는 현재와 같은 경제적 어려움에도 불구하고 北韓의 輕水爐 건설과 관련한 약속을 이행할 것입니다. 食糧도 政府와 民間이 합리적인 방법을 통해서 지원하는 데 인색하지 않겠습니다. 저는 北韓 當局에게 간곡히 호소합니다. 수많은 離散家族들이 나이 들어 차츰 세상을 떠나고 있습니다. 하루 빨리 南北의 家族들이 만나고 서로 소식을 전하도록 해야 합니다. 이 점에 관해서 최근 北韓이 긍정적인 조짐을 보이고 있는 점을 銳意 주목하고 있습니다. 그리고 文化와 學術의 교류, 政經分離에 입각한 經濟交流도 확대되기를 희망합니다.

저는 南北基本合意書에 의한 남북간의 여러 분야에서의 交流가 실현되기를 바랍니다. 우선 南北基本合意書의 이행을 위한 特使의 교환을 제의합니다. 북한이 원한다면 頂上會談에도 응할 용의가 있습니다.

새 정부는 海外同胞들과의 긴밀한 유대를 강화하고 그들의 權益을 보호하기 위해서 적극적인 노력을 기울일 것입니다. 우리는 해외동포들이 居住國 市民으로서의 권리와 의무를 다하면서 韓國系로서 安定과 矜持를 가질 수 있도록 적극 돕겠습니다.[25]

세 가지 원칙으로 정리하면, 북한의 군사적 위협이나 무력 도발에 대한 불관용의 원칙, 흡수 통일의 공식적 포기와 북한을 위협하거나 무너뜨리고자 하는 그 어떤 시도들에 대한 부정, 그리고 1991년 남북기본합의서의 충실한 이행을 통한 교류와 협력 증진이다.

[25] 김대중 대통령 취임사.

문정인은 이 세 가지 원칙을 실현하기 위한 몇 가지 구체적 실천 원리들이 있음을 밝힌다. 첫째, 전략적 선제성이다. 과거 정권들의 대북 정책은 대부분의 경우 북한의 행동에 대한 반응으로 나타났는데, 이 점이 일관적이지 못한 결과를 산출하는 이유가 되기도 했다. 이에 반하여 김대중 정부는 주도권을 갖고자 노력함으로써 이러한 대응적 정책 수립과 집행을 교정하려 했다. 북한이 부정적인 반응을 보인다 하더라도, 부단한 교류와 협력을 통하여 포용적 입장을 견지하려고 하였다.[26]

둘째, 유연한 이원론이다. 포용 전략의 조건들은 다음과 같다: "쉬운 과업을 먼저 하고 어려운 과업은 나중에 한다"; "경제가 먼저이고 정치는 나중이다"; "비정부 시민단체들이 먼저고 정부는 나중이다"; "주는 것이 먼저이고 받는 것은 나중이다."[27] 유연한 이원론의 핵심은 정치와 경제의 분리에 있다. 이전 정부들에서는 거의 예외 없이 정치에 우선순위를 두고 그 다음에 경제에 연결고리를 설정하려 하였다. 과거에 사회적 경제적 차원에서의 교류를 통해 남북 관계가 좋아지다가도, 정치적 장애들이 생기거나 북한의 군사적 위협이 생기면 호전되던 관계가 악화의 길로 가는 경우들이 많이 있었다. 그러나 김대중 정부는 북한이 정치적으로 혹은 군사적으로 도발해 온다 하더라도 경제 교류와 협력은 그러한 도발에 상관없이 수행할 것임을 천명함으로써, 관계 악화의 전형적 도식을 깨뜨리려고 시도했다.[28]

---

26 Chung-In Moon, "Understanding the DJ Doctrine: the Sunshine Policy and the Korean Peninsula," in *Kim Dae-jung Government and Sunshine Policy: Promises and Challenges*, eds. Chung-In Moon and David I. Steinberg (Seoul: Yonsei University Press, 1999), 38.

27 Dong-won Lim, "North Korean Policy under the Kim Dae-jung Government," *a speech delivered at a breakfast meeting with the National Reconciliation Council* (March 11, 1999), 3.

셋째, 포용과 안보의 동시 추구이다. 김대중 정부는 북한의 군사적 위협이라는 현실을 예민하게 인식하고 있었으며 안보 강화를 통하여 그러한 위협을 억제하고자 하였다. 김대중 정부는 포용 정책은 남한이 북한의 군사적 위협에 대해 효과적으로 대비해야만 성공할 수 있다고 믿었던 것이다.[29]

넷째, 국제 공조에 대한 강조이다. 국제 공조는 한반도의 갈등 상황 통제에 유용하고 북한의 연착륙을 돕는데 필요하기 때문에 매우 중요하다. 다섯째, 국내 의견 일치의 중요성이다. 박정희 정부의 7·4 공동성명이나 노태우 정부의 화해 분위기 조성과 같은 진전된 남북 관계는 대개의 경우 당국자간의 비공개 접촉을 통해 이루어졌다. 이러한 특징 때문에 통일정책의 수립과 집행 과정에서 일반 국민들이 배제되고 당국자들만이 참여하는 엘리트주의로 흐르는 경향이 강했다.[30] 김대중 정부는 남북 관계를 정치적으로 이용할 뜻은 전혀 없으며 더 나아가 정책 수립과 집행에서 투명성과 국내의 의견일치를 견지할 것임을 천명하였다.

마지막으로 햇볕정책은 가상 통일pseudo-unification을 상정한다. 남북이 합의와 국민투표를 통해 실질적 통일을 이루기까지는 오랜 시간이 필요하다. 이러한 현실을 고려하여 김대중 정부는 가상 통일이라는 목표를 설정하였다. 이 단계에서 인적·물적 자원의 충분한 교류와 남북 간의 신뢰 형성과 군축이 완성을 보게 된다. 가상 통일이라는 개념 안에서 햇볕정책은 교류와 협력을 통한 북한과의 평화공존의 중요성

---

28   Chung-In Moon, "Understanding the DJ Doctrine," 39.

29   위의 논문, 40.

30   위의 논문, 41-42.

을 강조한다.[31]

III

평화주의, 정당전쟁, 거룩한 전쟁 "유형" 진술과 통일정책 분석·평가

1. 세 가지 유형들

긴장완화와 평화공존의 관점에서 통일정책을 평가할 때, 윤리적 분석을 위한 두 가지 초점은 군사력 사용에 대한 입장과 한반도에서 평화를 증진하기 위한 노력이다. 이 두 가지 초점은 전쟁과 평화에 관한 이론의 세 가지 유형을 개념화하는 데 사용할 기준이기도 하다. 여기에서는 6장에서 살펴 본 바에 근거하여 전쟁과 평화에 관한 이론의 세 가지 유형을 기술할 것이다. 특히 거룩한 전쟁의 경우, 그것의 종교적 신념을 정치적으로 해석하려 한다. 다시 말해, 십자군 전쟁에 담긴 정치적 윤리적 함의를 추적할 것이다.

---

31 위의 논문.

‖‖‖‖‖‖‖‖‖ 사랑에 관한 신학적 윤리적 탐구 사랑의 윤리

1) "평화주의 유형"

전쟁은 본질적으로 인간 본성에 배치된다. 인간은 평화롭게 공존하며 우정과 사랑을 증진하도록 창조되었다.

전쟁에서 정의로운just 동기를 찾는 것은 불가능한데, 전쟁이 야기하는 악한 결과들과 결정권자의 정당치 못한 동기 때문이다.

정치적 권위들은 모든 경우에 화해를 이루기 위한 협상이나 중재 등의 평화적인 방법을 사용해야 한다.

2) "정당전쟁 유형"

공동체의 안전을 지키고 무고한 시민을 보호하며 평화와 질서를 확보하려는 목적으로 군사력을 사용한다. 동료 시민에 대한 사랑이 근본 동기이다.

전쟁 수행은 마지막 수단이어야 한다. 군사력을 사용하기 전에 갈등을 해결할 수 있는 모든 평화적 수단을 동원해야 한다.

폭력 사용의 원인 혹은 의도가 정당해야 한다. 그렇다 하더라도 군사력을 사용하는 원인이나 의도가 갖는 정당성에 대한 확신이 절대적일 수는 없다.

3) "거룩한 전쟁 유형"

군사력은 특정한 이념적 확신을 보존하고 확장하는 것을 목적으로 하며, 적대하는 쪽을 싸워 이겨야 한다. 영토의 확장을 중요한 목적으로 삼기도 한다.

전쟁은 마지막 수단이 아니어도 무방하다. 오히려 목적 완수를 향한 가장 좋은 방법으로 여겨지기도 한다. 선호하는 전쟁의 형식은 침략 전쟁이다.

폭력을 통하여 적을 굴복시키는 것이 평화를 이루는 길이다.

타자에 대한 관심은 동료에 대한 사랑으로 제한되는데, 이러한 사랑은 같은 민족이나 동일한 이념 혹은 종교적 신앙을 공유하는 이들에게만 향한다.

2. 세 가지 유형의 관점에서의 통일정책 분석·평가

1) 이승만 정부

이승만 정부의 정책은 기본적으로 "거룩한 전쟁 유형"의 관점에서 이해될 수 있다. 북한을 평화공존의 대상으로 여기기보다는 대결과 극복의 대상으로 여기는 듯하다. 이념적 지향을 분명히 갖고 있으며, 이 정부는 전쟁을 수행해서 통일을 이룰 수 있다면 그렇게 할 것이다. 이것은 '북진'이나 '멸공' 등의 개념에서 잘 드러난다.

2) 박정희 정부

박정희 정부의 통일정책은 이승만 정부의 그것만큼 공세적이거나 대결적이지는 않지만, 이 역시 북한 공산 정권의 극복을 추구한다. 근본적인 정책인 '선건설 후통일' 정책은 이른 바 승공 통일을 지향하는데, 이러한 통일은 정치, 경제, 사회, 과학 등의 영역에서 북한을 앞서 나감으로써 이루어질 것이다. 통일을 위해 군사력을 동원할 것이라고 명시적으로 언급하지는 않지만, 선제적 공격을 통해 통일을 추구할 수 있다는 여지를 열어 둔다. 이 점에서, 이 정부의 통일정책을 잠재적 "거룩한 전쟁 유형"의 정책이라 일컬을 수 있을 것이다.

박정희 정부의 정책은 분명히 "평화주의 유형"과는 다르다. 장면 정부제2공화국는 여러 분야에서 남북 교류를 시도하고 또 궁극적으로 평화로운 통일을 추구했다. 반대로, 박정희 정부는 장면 정부 때 잠시나마 활발하게 성장했던 통일 운동을 인정하지 않았으며 오히려 억압했다. 1960년대 후반 북한 무장 게릴라의 침투 등과 같은 군사적 행위들은 통일 운동을 "평화주의 유형"의 방향으로 전개하는 것을 배제하도록 정책적 방향을 잡게 한 중요한 원인이 되었다.

1970년대 초 국제 질서의 변화와 발맞추어 남과 북의 관계에도 훈풍이 불기 시작했는데, 이러한 긍정적 변화는 통일 운동에 의미 있는 밑거름을 제공했다. 남과 북은 역사적인 '7·4 공동성명'에서 통일을 위해 함께 힘을 모으기로 하는데, 이는 자주, 평화 그리고 민족대단결이라는 공동의 원칙에 기반을 둔 것이었다. 이 원칙들은 본래적으로 군사력을 통한 통일 시도를 배제하며 긴장완화와 평화공존이라는 굳건한 기반 위에서 통일을 추구해야 한다는 점을 강조한다. 궁극적인 목적의 측면에서 보면, 이 선언은 "평화주의 유형"의 시각으로 통일을 보고 추구하는 강한 경향성을 반영한다고 하겠다. 다시 말해, 남과 북은 어떤 경우에도 평화적인 방법으로 화해와 통일에 이르겠다는 의지를 가지고 있었다는 말이다. 그러나 위에서 언급했듯이, 미국과 소련의 관계 악화가 남과 북의 관계에도 좋지 않은 영향을 미치게 되었다.

그것은 남과 북이 7·4 공동성명을 각기 다르게 해석하는 것으로 드러났다. 북한의 해석은 1964년 김일성의 '3대 혁명역량강화계획'을 직접적으로 반영한다. 김일성의 계획은 남한의 전복이다. 이 계획은 나라 안팎에서 혁명 역량을 강화하여야만 이루어질 것이다. 무력을 통해서라도 상대방을 넘어서려 하고 그렇게 함으로써 평화가 온다고 믿는 점 또 이념의 확산을 중요한 목적으로 삼는다는 점에서 북한의 해석은 "거룩한 전쟁 유형"에 가깝다고 볼 수 있다.

남한은 '자주의 원칙'을 통일을 성취하기 위해 남과 북이 직접적인 교류를 해야 하는 것으로 해석한다. 그러나 북한은 미군의 남한 주둔에 대해 이의를 제기하면서 미군의 남한 주둔은 명백하게 이 원칙을 위반한다고 주장한다. 여기에서 남북은 해석의 차이를 보이는데, 남한은 미군의 남한 주둔을 문제로 여기지 않고 오히려 평화를 유지하는 수단이라고 생각하기 때문이다. 남한의 이러한 이해는 "정당전쟁 유형"의 관점에서 설명할 수 있을 것이다. 북한이 남한을 군사력으로 전복하고자 하는 의도를 버리지 않는다면, 남한은 북한의 위협에 직면하여 남한의 안전을 위해 적절한 대응 수단을 강구할 수밖에 없기 때문이다.

개념적으로 보았을 때, 상호 불가침 조약'평화의 원칙'을 통한 평화공존의 추구와 본래 한민족인 남과 북이 이념적 체제적 차이를 초월하려고 한 시도'민족대단결의 원칙'는 "평화주의 유형"의 관점에서 이해할 수 있는 부분이다.

3) 전두환 정부

전두환 정부는 북진 통일과 같은 공세적인 정책을 채택하지는 않았지만, 북한 공산주의에 대하여 남한의 이념적 우월성을 확고히 함으로써 통일에 가까이 나아가야 한다는 확신에 대북 정책의 뿌리를 둔다. 여기에는 분명히 "거룩한 전쟁 유형"의 동기가 내재되어 있다. 그러나 정부 초기에 발표한 정책 중에는 남북 간의 긴장완화와 평화 공존에 이바지할 수 있는(물론 실행은 다른 문제였다) 것들이 있다. 남북 정상회담 제안은, 만일 성공했다면, 둘 사이의 관계 개선에 획기적 계기를 제공했을 것이다. '민족화합민주통일방안'에는 통일 헌법을 제정하는 협상위원회가 포함되어 있는데, 이는 책임 있는 당국자들의 참여와 같은 평화적인 방법을 통하여 정치적으로 통일에 접근한 사례이다. 이어서 평화공존의 가능성을 증진하기 위해 제안한 남북관계기본합의서는 모든 분쟁의 평화적 해결, 국내 문제 불간섭, 상호평등의 원칙에 근거한 상호 관계 유지 등을 그 방책으로 한다. 이러한 정책적 시도들은 남과 북의 화해와 협력을 위해 평화적 방법들을 추구한다는 점에서 "평화주의 유형"에 속한다고 볼 수 있다.

4) 노태우 정부

노태우 정부의 통일정책은 '한민족공동체통일방안'으로 집약되는데, 이는 두 가지의 중요한 단계를 밟는다. 앞에서 본 대로, 첫 번째 단계는 대화, 교류, 협력을 통해 상호신뢰와 평화공존을 회복하는 데 그 목적이 있다. 평화공존이 남과 북 사이에 뿌리를 내리면 그 다음 단계는 민족공동체를 이루는 것이다. 그 핵심에는 민족적 유대의 회복이 자리 잡고 있다. 원칙적으로 이 방안은 평화적 방법을 통한 통일을 추구하고 폭력적 군사적 방법의 채택을 분명히 배제한다. 이 정책의 특기할 만한 점은 통일 운동 과정에서 민족적 유대의 회복을 가장 중요한 목표로 설정했다는 것이다. 공동체적 유대의 강화라는 목표 설정은 "평화주의 유형"의 전제를 상기시킨다. "평화주의 유형"에서 인류는 평화롭게 공존하도록 창조되었고, 상호간의 사랑과 우정을 발전시키는 지향성은 인간 본성에 속하는 것으로 이해되기 때문이다. 한국의 상황에서 본다면, 민족적 유대의 추구는 "거룩한 전쟁 유형"의 배타적 사랑을 극복하는 시도로 이해할 수 있을 것이다. 남북간의 이념적 대립을 해소하고자 하는 노력과 밀접하게 연관되어 있기 때문이다.

앞에서 지적한 대로, 노태우 정부가 도출한 두 가지 공식 합의서인 '화해, 불가침 및 교류협력에 관한 남북한 기본합의서'와 '한반도 비핵화에 관한 공동선언'은 남북 관계의 진전에 중대한 기여를 한다. 이 두 합의서의 실천은 평화공존의 강화에 이바지하였으며, 특히 후자는 한반도에서 핵의 위협을 제거하는 목표를 가진다는 면에서 더더욱 그러하다. 이 합의서는 평화를 이루기 위해 폭력적 혹은 군사적 수단의 사용을 정당화하는 입장에서("거룩한 전쟁 유형" 혹은 "정당전쟁 유형") 군사력 사용의 억제를 포함하는 평화적 방법을 가장 효과적인 통일 전략으로 상호 인식하는 입장으로("평화주의 유형") 그 방향을 바꾸는 계기를 제공함으로써 남북 관계에 의미 있는 전환을 일구어내었다.

5) 김영삼 정부

앞에서 본 대로, 김영삼 정부는 이인모 노인의 석방과 같은 포용 정책을 채택했다. 당시 이인모의 석방은 인도주의적이고 이념적인 측면에서 실로 혁명적인 사건이었다. 이인모의 석방은 그의 이념적 선호를 인정함으로써 이념적 차이를 수용할 여지를 남겨두는 상징적 의미가 있었기 때문이다. 이 점에서 김영삼 정부는 평화공존에 이바지할 수 있는 방향으로 정책을 잡아갔다고 평가할 수 있다. 그러나 북한의 전쟁 위협과 일련의 적대적 도발은 김영삼 정부로 하여금 대북 정책의 포용적 방향을 재검토하게 하고, 결국 강성 정책으로 전환하도록 유도한다. 김영삼 정부는 북한의 잠수함 침투 문제를 유엔으로 가져가는데, 이는 북한의 무력 위협과 실제적 침략 행위에 대해서는 무력으로 대응할 수 있다는 점을 분명히 드러낸 것이다. 전체적으로 볼 때, 김영삼 정부의 통일정책은 "평화주의 유형"과 "거룩한 전쟁 유형" 사이를 오가는 어떤 지점을 점한다고 할 수 있겠다.

6) 김대중 정부

김대중 정부는 포용정책을 일관적으로 추진했다. 김대중 정부가 기치로 내건 햇볕정책은 북한의 변화를 적극적으로 이끌어 내고자 입안된 것으로서, 화해와 교류협력을 참을성 있게 추진함으로써 북한이 개방과 개혁으로 전진하도록 돕고자 하였다. 햇볕정책의 세 가지 원칙을 다시 생각해 보면, 첫째는 북한의 군사적 도발에 대해서는 관용하지 않는다는 것이고, 둘째는 흡수 통일 의도의 공식적 폐기이며,

셋째는 1991년의 화해, 불가침 그리고 교류와 협력에 관한 기본 합의서 실행을 통한 교류와 협력 증진이다.

세 원칙을 기독교 전쟁과 평화의 전통으로부터 각각 분석해보자. 우선 첫 번째 원칙은 "정당전쟁 유형"의 특징을 갖는다고 할 수 있다. 남한 국민이 북한의 분명한 위협에 노출될 때, 안전 보장을 위해 무력을 사용할 수 있다는 점을 밝히고 있기 때문이다. 정부는 북한의 위협이 상존한다는 것을 인정하며, 안보 강화를 통해 기꺼이 그러한 위협을 제어하고자 한다. 안보의 강화가 효과적인 포용 정책 집행을 위해 필요한 것임을 김대중 정부는 강조하고 있는 것이다. 두 번째 원칙은 "거룩한 전쟁 유형"과는 명백하게 양립할 수 없다. 왜냐하면 이념적 혹은 정치적 경제적 측면에서의 극복이나 제압을 목적으로 하지 않는 것이 원칙이기 때문이다. 세 번째 원칙은 "평화주의 유형"을 반영하는데, 정말 불가피한 경우를 제외한 모든 경우에 평화적 방법을 통해 긴장완화와 평화공존을 추구한다는 점에서 그렇다. 요컨대, 김대중 정부의 통일정책은 "평화주의 유형"에 매우 가깝다고 하겠다. 그러나 동시에, 안보적 긴장을 늦추지 않는다는 점에서 "정당전쟁 유형"의 가능성을 완전히 배제하지는 않고 있다. 1998년 북한의 일련의 도발에 직면하여 햇볕정책이 시험대에 오르기도 했지만, 이 상황에서도 김대중 정부는 햇볕정책의 기조를 지속적으로 유지했다.

가상 통일 pseudo-unification 원칙의 관점에서도 "평화주의 유형"과의 친화성을 찾을 수 있다. 인적 물적 자원이 활발히 교류되고 동시에 상호 신뢰와 군축이 충분히 이루어지는 상황을 가상 통일 상황이라 보고, 이를 추구했던 것이다. 특별히 이산가족에 대한 인도주의적 관심과 실천은 이 가상 통일을 정당화하는 중요한 요소라고 할 것이다.

IV

통일정책 수립과 실천을 위한 윤리적 제안

여기서 필자는 기독교 전쟁과 평화 전통에 의존하지만 이를 무비판적으로 받아들이지는 않으면서, 기독교 전쟁과 평화 전통의 관점에서 몇 가지 제안을 하고자 한다. 이 제안들이 남북 간의 긴장완화와 평화공존을 증진하는 데 건설적으로 기여할 수 있기를 바랄 뿐이다. 필자의 제안은 기독교 정당전쟁과 평화주의 전통을 긍정적인 시각에서 활용한 윤리적 제안이 될 것이다. 그러나 "거룩한 전쟁 유형"에 친화적인 통일정책은 통일을 위한 가장 중요한 정책적 목표라고 할 수 있는 긴장완화와 평화공존에 배치되기에, 거룩한 전쟁의 전통에 대해서는 비판적 성찰이 요구된다는 점을 밝힌다.

첫째, 정부의 권위와 군사력 사용의 정당성 사이의 관계에 관한 것이다. 정부는 안전을 보장하고 무고한 시민들을 보호하며 평화를 유지·회복하기 위해 북한의 군사적 위협에 대응해 무력을 사용할 수 있는 합법적 권한을 가지고 있다. 포용과 안보는 함께 가야 한다. 효과적인 포용 정책은 전쟁 억제를 위해 충분한 대비가 되어 있을 때 가능하다. 그러나 앞에서 언급한 대로, 무력을 쓰기 전에 가능한 한, 모든 평화의 수단들을 동원해야 한다.

대부분의 역대 정부들에서 공통적으로 발견되는 바는 남북 관계 혹은 통일 문제를 국내 정치의 목적을 위해 사용하기도 했다는 것이다. 이른바 '북풍'으로 규정되는 북한 관련 정치 행위를 그 예로 들

수 있을 것이다. 대통령 선거나 국회의원 선거를 앞두고 군사적 긴장을 의도적으로 조성하거나 북한이 야기한 긴장을 활용하면서 정치적 이익을 추구하였던 것이다. 그런데 이러한 정치적 행위가 장기적으로는 남북 관계를 악화시키는 결과를 낳게 된다는 것은 주지의 사실이다.[32] 정치 지도자들이 합법적 테두리 안에서 주어진 강제력 혹은 폭력을 사용하려고 할 때, 그 정당성을 해치지 않아야 하며 자신들의 정치적 목적을 위해 오용하지 말아야 한다. 여기서 다시, 가장 불의한 전쟁의 이유는 권력에 대한 욕구라는 에라스무스의 비판적 성찰을 되새길 필요가 있겠다. 또한 어거스틴, 루터, 칼뱅이 공히 주장하는 것처럼, 하나님이 세속 정부에게 허락하신 바로서 군사력을 사용할 수 있는 권한은 오직 정당한 사유들 곧 평화를 유지하거나 무고한 시민들을 보호하는 일 등에 제한된다는 점을 주목할 필요가 있다.

둘째는 통일의 방식에 관한 것이다. 지금까지 살펴본 대부분의 정부들은 기본적으로 정치, 경제, 문화, 학문 등 여러 분야에서 북한보다 우월한 위치를 차지함으로써 통일에 이르고자 하는 의도를 갖고 있었다. 아시아태평양안보연구원은 1998년에 한반도 화해의 시나리오에 초점을 두고 국제 정치군사 시뮬레이션을 실시하였다. 이 시뮬레이션의 중요한 발견 가운데 하나는 화해에 진전이 있기 위해서는 무엇보다 남한과 북한 사이에 존재하는 제로섬zero-sum 사고방식에 변화가 있어야 한다는 것이었다.[33] 매닝Robert A. Manning 은 "미국과 남한은 북

▶

32 Chung-In Moon, "Understanding the DJ Doctrine," 41-42.

33 "International Game 1998: Exploring Reconciliation on the Korean Peninsula," Report of the Asia Pacific Center for Security Studies, Honolulu, Hawaii, (April 27, 1998). H. C. Stackpole and Jin Song, "Kim Dae-jung's Sunshine Policy and the Korean Peace Process," *The Korea Journal of National Unification* 7 (1998), 47에서 재인용.

▶

한이 흡수 통일에 대해 가지고 있는 두려움을 잠재울 방법을 찾아야 한다."[34]고 주장하였다. 이에 비추어보면, 햇볕정책의 두 번째 원칙인 흡수 통일 의도의 공식적인 폐기는 남한과 북한 사이에 존재하는 제 로섬 사고방식을 교정하는 데 도움이 될 것이다. 제로섬 사고방식을 수정하게 되면, 극단적인 대결을 피하고 함께 이길 수 있는 길을 찾는 방향으로 전진하는 데 도움이 될 것이다. 다시 말해, 화해의 증진을 위 해서 남과 북은 자신들의 냉전적 사고에 변화를 일으켜야 한다는 것 이다.

셋째, 평화를 이루기 위해 남한과 북한이 민족적 유대를 강화해 야 한다. 여러 가지 측면에서 남과 북이 갈등하고 있지만, 이러한 차이 점들 이전에 둘은 한민족이라는 사실이 중요하다. 긴장완화와 평화공 존이라는 목표를 향해 통일 운동을 전개해 갈 때 민족적 유대를 강화 하는 것은 필수적이라고 본다. 북한의 정치적 군사적 도발이 관계 진 전에 찬물을 끼얹는 경우에도 교류를 지속하려고 노력해야 하며, 아울 러 교류와 협력이 이루어지는 영역을 점점 넓혀 가야 할 것이다. 정치 와 경제 영역에서 뿐 아니라 사회와 문화 영역, 더 나아가 민간 부분의 교류에까지 확대해 나갈 때, 민족적 유대를 강화하는 데 큰 도움이 될 것이다.

---

34 Testimony by Robert A. Manning, Senior Fellow, *Progressive Policy Institute, before the House International Relations Asia and Pacific Subcommittee hearing on* "US Policy Toward North Korea," (February 26, 1997). H. C. Stackpole and Jin Song, "Kim Dae-jung's Sunshine Policy and the Korean Peace Process," *The Korea Journal of National Unification* 7 (1998), 47에서 재인용.

참고문헌

강인철. 『한국의 개신교와 반공주의』. 서울: 도서출판 중심, 2007.

김근식 외 3인. 『통일·남북관계 사전』. 서울: 통일부 통일교육원, 2004.

김용복. "민중의 사회전기와 신학." NCC 신학연구위원회 편. 『민중과 한국신학』. 서울: 한국신학연구소, 1982.

서남동. "두 이야기의 합류." NCC 신학연구위원회 편. 『민중과 한국신학』. 서울: 한국신학연구소, 1982.

안병무. 『민중신학이야기』. 서울: 한국신학연구소, 1988.

양영식. 『통일정책론』. 서울: 박영사, 1997.

이창호. "정치적 사랑에 대한 기독교 윤리적 모색." 『신앙과 학문』 15-3 (2010), 195-227.

_____. "진 아웃카(Gene Outka)의 윤리 사랑: 사랑의 윤리를 중심으로." 장로회신학대학교 교회와사회연구부 편. 『윤리신학의 탐구』. 서울: 도서출판 케노시스, 2012.

_____. "사랑이 행복이다!: 현대 기독교윤리학계의 '사랑의 윤리' 담론 탐색." 『기독교사회윤리』 23 (2012), 83-121.

_____. "사랑의 규범적 본질에 관한 신학적 윤리적 탐구." 『장신논단』 47-1 (2015. 3), 203-231.

임성빈. "세대 차이와 통일인식에 대한 신학적 반성." 『장신논단』 46-2 (2014. 6), 247-270.

주서택. 『하나님을 주로 삼는 민족』. 서울: 순 출판사, 1998.

최덕성. 『종교개혁전야』. 서울: 본문과현장사이, 2003.

한경직. "순국 영령들의 무언의 말씀." 『한경직 목사 설교 전집』 12. 서울: 대한예수교장로회 총회교육부, 1977.

Ahn, Byung Mu. "Jesus and the Minjung in the Gospel of Mark." In *Minjung Theology: People as the Subjects of History*, 138-52. Edited by Yong Bock Kim. Singapore: The Commission on Theological Concern/ The Christian Conference of Asia, 1981.

Aquinas. *Summa Theologica of St. Thomas Aquinas* I. Translated by Fathers of the English Dominican Province. New York: Benziger, 1947.

_____. *Summa Theologiae*. http://www.newadvent.org/summa/

Augustine. *The City of God*. Translated by Markus Dods. New York: Random House, 2000.

_____. *Confessions*. Translated by Chadwick, Henry. New York: Oxford University Press, 1991.

_____. "Against Faustus the Manichaean XXII. 73-79." In *Augustine: Political Writings*, 220-29. Translated by Michael Tkacz and Douglas Kries. Indianapolis: Hackett, 1994.

_____. "Letter 138, to Marcellinus." In *Augustine: Political Writings*, 205-12. Translated by Michael Tkacz and Douglas Kries. Indianapolis: Hackett, 1994.

Bainton, Roland H. *Christian Attitudes Toward War and Peace: A Historical Survey and Critical Re-evaluation*. New York: Abingdon, 1960.

Barth, Karl. *Church Dogmatics*. Edinburgh: T.&T. Clark, 1956-75.

Cahill, Lisa Sowle. *Love Your Enemies: Discipleship, Pacifism, and Just War Theory*. Minneapolis: Fortress, 1994.

Calvin, Jean. *Institutes of the Christian Religion* I. Translated by Ford Lewis Battles. Philadelphia: Westminster, 1960.

_____. *Institutes of the Christian Religion*. Vols. I, II. Edited by John T. McNeill. Translated by Ford Lewis Battles. Philadelphia: Westminster, 1960.

Chang, Yun-Shik. "The Progressive Christian Church and Democracy in South Korea." *Journal of Church and State* 40 (1998), 437-65.

Choi, Jinwook and Park, Sun-Song. *The Making of a Unified Korea: Policies, Positions and Proposals*. Seoul: The Korean Institute for National Unification, 1997.

Childress, James F. and John Macquarrie, eds. *The Westminster Dictionary of Christian Ethics*. Philadelphia: Westminster, 1986.

Coats, A. J. *The Ethics of War*. Manchester: Manchester University Press, 1997.

Cobb, John and Griffin, David. *Process Theology*. 류기종 역. 『과정신학』. 서울: 열림, 1993.

Emergency Measures No. 9. Seoul: Korean Overseas Information Service, 1975.

Erasmus, Desiderius. "The Complaint of Peace." In *The Essential Erasmus*. Translated by John P. Dolan. New York: Mentor-Omega Books, 1964.

_____. "Antipolemus; Or the Plea of Reason, Religion and Humanity Against War"(1813). Reprinted in *The Book of Peace: A Collection of Essays on War and Peace*. Boston: George C. Beckwith, 1845. http://mises.org/daily/4134.

_____. *Dulce bellum in expetis*. In *The 'Adages' of Erasmus*. Translated by Margaret M. Phillips. London: Cambridge University Press, 1964.

Erdmann, Carl. *The Origin of the Idea of Crusade*. Translated by Marshall W. Baldwin and Walter Goffart. Princeton: Princeton University Press, 1977.

Fretheim, Terence E. *The Suffering of God: An Old Testament Perspective*. Philadelphia: Fortress, 1984.

Gilkey, Langdon. *On Niebuhr: A Theological Study*. Chicago: The University of Chicago Press, 2001.

Grant, Colin. "For the Love of God: Agape." *Journal of Religious Ethics* 24-1 (1996), 3-21.

Gutiérrez, Gustavo. "Faith as Freedom: Solidarity with the Alienated and Confidence in the Future." *Horizons* 2-1 (Spring 1975), 25-60.

_____. *The Power of the Poor in History*. New York: Orbis, 1983.

Hallett, Garth L. Christian Neighbor-Love: An Assessment of Six Rival Versions. Washington D.C.: Georgetown University Press, 1989.

Han, Chul-Ha. "Involvement of the Korean Church in the Evangelization of Asia." In *Korean Church Growth Explosion*, 74-95. Edited by Bong-Rin Ro and Marlin L. Nelson. Seoul: Word of Life, 1983.

Hartwell, Herbert. *The Theology of Karl Barth: An Introduction*. London: Gerald Duckworth & CO. LTD., 1964.

Hayes, Richard B. *The Moral Vision of the New Testament: Community, Cross, New Creation. A Contemporary Introduction to New Testament Ethics*. New York: HarperCollins, 1996.

Heyd, David. *Supererogation: Its Status in Ethical Theory*. Cambridge: Cambridge University Press, 1982.

Irwin, Alexander C. "The Faces of Desire: Tillich on 'Essential Libido', Concupiscence and the Transcendence of Estrangement." *Encounter* (January 1990), 339-358.

Jackson, Timothy P. *The Priority of Love: Christian Charity and Social Justice*. Princeton: Princeton University Press, 2003.

Johnson, James Turner. *The Quest for Peace: Three Moral Traditions in Western Cultural History*. Princeton: Princeton University Press, 1987.

Kang, Wi Jo. *Christ and Caesar in Modern Korea: A History of Christianity and Politics*. New York: State University of New York Press, 1997.

Kelsey, David H. "Human Being." In *Christian Theology: An Introduction to Its Traditions and Tasks*. Revised and Enlarged Edition, 167-94. Edited by Peter C. Hodgson and Robert H. King. Philadelphia: Fortress, 1985.

Kihl, Young Whan. "South Korea's Unification Policy in the 1980's." In *Korean Reunification: New Perspectives and Approaches*, 23-47. Edited by Tae-Hwan Kwak, Chonghan Kim and Nack Hong. Seoul: The Institute for Far Eastern Studies, Kyungnam University, 1984.

Kim, Hakjoon. *Unification Policies of South and North Korea*. Seoul: Seoul National University Press, 1978.

Kim, Kook Shin. "The Kim Dae-jung Government and Inter-Korean Exchanges and Cooperation." In *The Korea Journal of National Unification* 7 (1998), 7-24.

Kim, Yong Bock. "Messiah and Minjung: Discerning Messianic Politics Over Against Political Messianism." In *Minjung Theology: People as the Subjects of History*, 185-96. Edited by Yong Bock Kim. Singapore: The Commission on Theological Concern/ The Christian Conference of Asia, 1981.

Koh, B. C. "South Korea's Unification Policy." In *The Prospects for Korean Unification*. Edited by Jay Speakman and Chae-Jin Lee. Claremont: The Keck Center for International and Strategic Studies, 1993.

Koo, Hagen. "The State, *Minjung*, and the Working Class in South Korea." In *State and Society in Contemporary Korea*, 131-62. Edited by Hagen Koo. Ithaca: Cornell University Press, 1993.

Kwak, Tae-Hwan. Chonghan Kim and Hong Nack Kim, eds. *Korean Reunification: New Perspectives and Approaches*. Seoul: The Institute for Far Eastern Studies, Kyungnam University, 1984.

Lee, Jung-Yong. "Minjung Theology: A Critical Introduction." In *An Emerging Theology in World Perspective*, 3-34. Edited by Jung-Yong Lee. Mystic, Conn.: Twenty-Third Publications, 1988.

Lim, Dong-won. "North Korean Policy under the Kim Dae-jung Government." A speech delivered at a breakfast meeting with the National Reconciliation Council, March 11, 1999.

Luther, Martin. *Lectures on Romans*. Translated and edited by Pauck, Wilhelm. Philadelphia: Westminster, 1961.

_____. *Sermons on the First Epistle of St. Peter. In Luther's Works*. Vol. 30. Edited by Jaroslav Pelikan. Saint Louis: Concordia, 1955.

_____. "On War Against the Turk." In *Luther's Works*. Vol. 46. Edited by Jaroslav Pelikan. Saint Louis: Concordia, 1955.

_____. "Whether Soldiers, Too, Can Be Saved." In *Luther's Works*. Vol. 46. Edited by Jaroslav Pelikan. Saint Louis: Concordia, 1955.

_____. "Against the Robbing and Murdering Hordes of Peasants." In *Luther's Works*. Vol. 46. Edited by Jaroslav Pelikan. Saint Louis: Concordia, 1955.

Meilaender, Gilbert C. *Friendship: A Study in Theological Ethics*. Notre Dame: University of Notre Dame Press, 1985.

McCann, Dennis P. "Hermeneutics and Ethics: The Example of Reinhold Niebuhr," *Journal of Religious Ethics* 8 (1980), 27-53.

McDowell, John C. *Hope in Barth's Eschatology: Interrogations and Transformations beyond Tragedy*. London: Ashgate, 2000.

Moltmann, Jürgen. *Theologie der Hoffnung*. 전경연 · 박봉배 역. 『희망의 신학』. 서울: 대한기독교서회, 1973.

_____. *Der gekreuzigte Gott*. 김균진 역. 『십자가에 달리신 하나님』. 서울: 대한기독교출판사, 1979.

_____. *Trinität und Reich Gottes*. 김균진 역. 『삼위일체와 하나님의 나라』. 서울: 대한기독교출판사, 1982.

_____. *On Human Dignity*. Translated by M. Douglas Meeks. Philadelphia: Fortress, 1984.

_____. *Gott in der Schöpfung*. 김균진 역. 『창조 안에 계신 하나님』. 서울: 한국신학연구소, 1986.

_____. *Der Weg Jesu Christi*. 김균진 · 김명용 역. 『예수 그리스도의 길』. 서울: 대한기독교서회, 1990.

_____. *Der Geist des Lebens*. Translated by Kohl, Margaret. *The Spirit of Life*. Minneapolis: Fortress Press, 1992.

_____. *Der Geist des Lebens*. 김균진 역. 『생명의 영』. 서울: 대한기독교서회, 1992.

_____. *Das Kommen Gottes*. Translated by Margaret Kohl. *The Coming of God*. Minneapolis: Fortress Press, 1996.

Moon, Chung-In and David I. Steinberg, eds. *Kim Dae-jung Government and Sunshine Policy: Promises and Challenges*. Seoul: Yonsei University Press, 1999.

_____. "Understanding the DJ Doctrine: The Sunshine Policy and the Korean Peninsula." In *Kim Dae-jung Government and Sunshine Policy: Promises and Challenges*, 35-56. Edited by Chung In Moon and David I. Steinberg. Seoul: Yonsei University Press, 1999.

Niebuhr, Reinhold. *Christianity and Power Politics*. Hamden, Conn.: Archon Books, 1969.

_____. *Faith and History: A Comparison of Christian and Modern Views of History*, New York: C. Scribner's, 1949.

_____. *Christian Realism and Political Problems*, New York: C. Scribner's, 1953.

_____. *An Interpretation of Christian Ethics*, New York: Meridian, 1956.

Nygren, Anders. *Agape and Eros*. Translated by Philip S. Watson. Philadelphia: Westminster, 1953.

_____. *Agape and Eros*. 고구경 역. 『아가페와 에로스』. 서울: 크리스챤 다이제스트, 1998.

O'Donovan, Oliver. *Problem of Self-love in St. Augustine*. New Haven: Yale University Press, 1980.

Outka, Gene. *Agape: An Ethical Analysis*. New Haven: Yale University Press, 1972.

_____. "The Protestant Tradition and Exceptionless Moral Norms." In *Moral Theology Today: Certitudes and Doubts*, 136-64. Edited by Donald G. McCarthy St. Louis: The Pope John Center, 1984.

_____. "Following at a Distance: Ethics and the Identity of Jesus." In *Scriptual Authority and Narrative Interpretation*, 144-60. Edited by Green, Garrett. Philadelphia: Fortress, 1987.

_____. "Universal Love and Impartiality." In *The Love Commandment: Essays in Christian Ethics and Philosophy*, 1-103. Edited by Edmund N. Santurri and William Werpehowski. Washington, D.C.: Georgetown Univ. Press, 1992.

_____. "Theocentric Agape and the Self: An Asymmetrical Affirmation in Response to Colin Grant's Either/Or." *Journal of Religious Ethics* 24-1 (1996), 35-42.

_____. "The Particularist Turn in Theological and Philosophical Ethics." In *Christian Ethics: Problems and Prospects*, 93-118. Edited by Lisa S. Cahill and James F. Childress. Cleveland: Pilgrim, 1996.

_____. "Agapeistic Ethics." In *A Companion to Philosophy of Religion*, 481-88. Edited by Philip Quinn and Charles Taliaferro. Oxford: Blackwell, 1997.

_____. "Comment on 'Love in Contemporary Christian Ethics'." *Journal of Religious Ethics* 26 (1998), 435-40.

_____. "Theocentric Love and the Augustinian Legacy: Honoring Differences and Likenesses between God and ourselves." *Journal of the Society of Christian Ethics* 22 (2002), 97-114.

Park, Andrew Sung. "Minjung and Process Hermeneutics." *Process Studies* 17-2 (Summer 1988), 118-26.

Park, Chung-shin. *Protestantism and Politics in Korea*. Seattle: University of Washington Press, 2003.

Peters, E., ed. *The First Crusade: The Chronicle of Fulcher of Chartres and Other Source Materials*. Philadelphia: University of Pennsylvania Press, 1971.

Pope, Stephen J. "The Moral Centrality of Natural Priorities: A Thomistic Alternative to 'Equal Regard.'" In *Annual of the Society of Christian Ethics*, 109-29. Washington, D.C.: Georgetown University Press, 1990.

_____. *The Evolution of Altruism and the Ordering of Love*. Washington, D.C.: Georgetown University Press, 1994.

_____. "Love in Contemporary Christian Ethics." *Journal of Religious Ethics* 23 (1995), 167-97.

_____. "'Equal Regard' versus 'Special Relations'? Reaffirming the Inclusiveness of Agape." *Journal of Religion* 77-3 (1997), 353-79.

Post, Stephen. *A Theory of Agape*. London: Bucknell University Press, 1990.

_____. *Spheres of Love*. Dallas: SMU Press, 1994.

Rahner, Karl. *Foundations of Christian Faith: An Introduction to the Idea of Christianity*. New York: Crossroad, 2000.

Ramsey, Paul. *Basic Christian Ethics*. New York: Scribner's, 1950.

_____. *Christian Ethics and the Sit-in*. New York: Association Press, 1961.

_____. *Nine Modern Moralists*. Englewood Cliffs: Prentice Hall, 1962.

Son, Chang-Hee. *Haan of Minjung Theology and Han of Han Philosophy*. New York: University Press of America, Inc., 2000.

Stackpole, H. C., and Song Jin. "Kim Dae-jung's Sunshine Policy and the Korean Peace Process." *The Korea Journal of National Unification* 7 (1998), 43-58.

Tillich, Paul. *Systematic Theology* I. Chicago: The University of Chicago Press, 1951.

_____. *Love, Power, and Justice: Ontological Analyses and Ethical Applications.* New York: Oxford University Press, 1954.

_____. *Morality and Beyond.* London: Routledge and Keegan Paul, 1963.

_____. *Systematic Theology* I-III. Chicago: The University of Chicago Press, 1967.

_____. *Theology of Culture.* 남정우 역. 『문화의 신학』. 서울: 대한기독교서회, 2002.

Thomas, W. H. Griffith. *The Principles of Theology: An Introduction to the Thirty-Nine Articles.* London: Church Book Room Press, 1945.

Urmson, J. O. "Saints and Heroes." In *Essays in Moral Philosophy.* Edited by A. I. Melden. Seattle: University of Washington Press, 1958.

Vacek, Edward. *Love, Human and Divine: the Heart of Christian Ethics.* Washington, D.C.: Georgetown University Press, 1994.

_____. "Love, Christian and Diverse: A Response to Colin Grant." *Journal of Religious Ethics* 24 (1996), 29-34.

Vulgamore, Melvin L. "Tillich's Erotic Solution." *Encounter* 45 (January 1984), 193-212.

White Paper on South-North Dialogue in Korea. Seoul: National Unification Board, 1982.

Yoder, John Howard. *The Politics of Jesus: Vicit Agnus Noster.* 2nd edition. Grand Rapids: Eerdmans, 1994.

_____. *The Christian Witness to the State.* Newton: Faith and Life, 1964.

_____. *The Original Revolution.* Scottdale: Herald, 1971.

_____. *The Priestly Kingdom: Social Ethic as Gospel.* Notre Dame: University of Notre Dame Press, 1984.

_____. *For the Nation: Essays Evangelical and Public.* Grand Rapids: Eerdmans, 1997.